꼭 한번은 가봐야 할 사찰

꼭 한번은 가봐야 할 사찰

지은이·사진 남민
펴낸날 2021년 2월 25일 초판 1쇄
2022년 9월 15일 초판 7쇄

펴낸곳 (주)여행문화콘텐츠그룹
발행인 남민
편집·디자인 총괄 강대현
교열 김형숙
출판신고번호 제2016-000072호
출판신고일자 2016년 3월 8일
주소 06043) 서울시 강남구 강남대로 584, 6층 609호 (논현동, 성일빌딩)
전화 02)540-3664 | **팩스** 02)540-3665
이메일 suntopia@hanmail.net

저작권 ⓒ2021 남민
출판편집 저작권 ⓒ(주)여행문화콘텐츠그룹

값 18,000원
ISBN 979-11-957873-2-6   03980

테마있는명소는 (주)여행문화콘텐츠그룹의 인문·여행·문화·예술·자기 계발 분야 출판 브랜드입니다.
잘못 만들어졌거나 파손된 책은 구입하신 곳에서 교환해 드립니다.
이 책은 저작권법에 의해 보호받는 저작물로 저자와 (주)여행문화콘텐츠그룹의 서면 허락 없는 무단 복사, 복제, 전재 등은 저작권법에 저촉됩니다.
(주)여행문화콘텐츠그룹은 각 분야의 참신한 원고를 환영합니다.

※ 본문 일부 이미지: Designed by Freepik, pixabay.com

꼭 한번은 가봐야 할
사찰

남민 지음

테마있는 명소

들어가는 글

#1. 사찰 여행의 이유
　　천년 고찰에서 미래 천년을 내다본다

　사찰은 나에게 뜻밖에도 현재를 통찰하고 미래를 내다보게 하는 도서관이다.
　사찰로의 여행은 언제나 정서적으로 평온함을 느끼게 한다. 대체로 적막한 산속에 있기 때문이기도 하겠지만 종교라는 성역도 은연 중 그런 분위기를 안겨줬을 것이다. 그 공간 속에서 향유한 우리 조상들의 삶과 생각들이 놀랍게도 500년, 1000년, 2000년이 지난 지금 '최첨단'이라는 이름으로 등장하고 있으니 놀랄 따름이다. 첨단 정보 통신 시대와 더불어 코로나와 같은 질병의 영향으로 국가 기관과 기업, 학교에서는 원격 화상 회의와 온라인 수업이 진행되고 있다. 최첨단이자 미래 트렌드로 떠오른 것이다. 그런데 이 아이디어를 이미 2000년 전 우리 조상이 활용했다는 이야기가 사찰에서 전해온다. 놀랍지 않은가!
　우리나라의 대체적인 불교 역사는 정사正史의 기록으로는 고구려를 시작으로 해서 1700년 가까이 된다. 가야 김수로왕 때 불교가 들어온 게 사실이라면 무려 2000년이나 된다. 오늘의 대한민국이 삼국 시대·고려·조선을 거쳐왔음을 생각하면 불교는 곧 우리 민족의 삶과 궤를 함께한 것임을 부인할 수 없다.

  일상의 많은 부분이 불교 문화에서 태동했고 불교의 많은 흔적이 우리의 문화유산이 된 것이 사실이다. 외형적으로는 특히 건축물과 기록, 예술 분야에서 큰 발전을 이루어왔고 이는 우리의 전통문화가 되었다. 지금도 한국을 대표하는 전통 건축은 궁궐과 사찰 건축물이 주류를 이룬다. 내면적으로는 조상들의 지혜가 곳곳에 배어 전해온다. 2000년 전 비대면 원격 화상 회의는 물론, 1000년 전 김치냉장고, 500년 전 부엌 지붕의 환풍구 아이디어가 놀랍게도 오늘날 우리 생활에 첨단 기능으로 채택되고 있다. 사찰은 우리 조상이 남긴 오랜 세월의 지혜가 그나마 가장 잘 보존되고 전승되어 온 도서관 자료실과 같은 곳이다. 실로 유구한 전통의 힘이다.

  수많은 사찰마다 서로 다른 이야기와 문화가 남아 있어 그것을 지혜롭게 통찰하면 우리는 사찰 문화에서 새로운 1000년을 내다볼 수 있을 것이다. 필자는 사찰 여행의 궁극적인 가치를 여기에 두고 있다.

#2. 사찰에 숨은 가치
유구한 한국적 문화 K한류

  우리나라에서는 어디를 가든 사찰을 만날 수 있다. 이는 유럽을 여행할 때 가는 곳마다 만나는 성당이나 수도원과 같다. 그 역시 유럽인들의 삶이 되고 문화 예술을 낳은 터전이다. 이렇듯 사찰이나 성당과 같은 인류 문화 유산은 여행에서 빠뜨릴 수 없는 곳이 됐다.

  대부분의 사람이 유럽의 성당 여행에선 종교와 관계없이 내부에 들어가 둘러보는 데 반해 우리의 사찰 여행에선 그냥 경내를 한번 둘러보고 가는 것이 전부다. 성당에선 유명 화가의 작품이라는 의미를 곁들여 성화聖畵를 보지만, 사찰에서 불화佛畵를 볼 생각을 하지 않는다. 사실 불화의 개념도 잘 알 수 없는 데다 그린 사람의 존재감 또한 알지 못하기 때문이기도 하다. 숭유억불 조선 시대 사회상이 선비들의 풍류를 그린 화가의 이름은 크게 떨쳤지만, 불화를 그린 금어金魚(화승의 존칭)에 대해 우리 스스로 내세우지 않은 잘못이 크다. 유교에 지배당한 불교의 비애이자, 예술에 대한 편협된 사고의 결과다. 이제라도 의미있는 불화와 금어를 재발견하고 불교 미술을 좀 더 대중화·세계화하는 선구자가 나와주길 소망해 본다. 이는 우리 사찰도 유네스코 세계 문화유산에 당당히 이름을 올린 세계인의 보편적 가치이기 때문이다. 또한 문화 예술 사대주의에서 벗어나고 K한류와 같은 유구한 한국적 문화를 세계인에 알리는 방법이 될 것이다.

 기존 환경 속에서의 사찰 여행은 시간이 좀 지나면 이 사찰이 그 사찰 같고, 그 사찰이 이 사찰 같아 구분이 안 된다. 사찰은 그저 다 같은 사찰일 뿐이라는 생각을 하게 된다. 크나큰 오류다.

 사람이 저마다 태어난 곳이 다르고, 얼굴이 다르며, 성격 또한 다르듯이, 사찰도 고유 지향점이 다르며 가진 역사와 문화 자산이 다르다. 그걸 들여다보지 않았기 때문에 산속의 기와집 몇 채가 다 똑같은 사찰로 각인된 것이다. 이는 여행자만의 문제가 아니다. 사찰의 폐쇄 지향적 성향이 그렇게 만들기도 한다. 사찰의 근엄한 분위기에 주눅든 사람들이 예불 보러온 신도가 아니라면 감히 대웅전에 들어가 둘러볼 엄두가 나지 않는다. 때문에 그 안에 무엇이 있고 그 무엇이 어떤 의미와 또한 중대한 역사성을 갖는지에 대해 접할 기회가 없다. 공간이 좁고 예불에 방해가 되며 자칫 화재와 파손의 우려도 상존한다. 일반인이 사찰에 좀 더 가까이 다가가고 싶어도 이러한 부분이 근본적으로 선결되지 않으면 영원히 마당만 맴돌다 돌아가게 된다.

#3. 어떤 이야기들이 있나?
왜 금강산이라 부르고 왜 1만 2000봉인가

필자는 오랫동안 전국 수백 개의 사찰을 여행하면서 많은 사람의 사찰 여행을 관심있게 지켜봐 왔다. 먼길을 왔음에도 대부분 산책하듯 슬쩍 둘러보고 가는 실정이었다. 여행자 입장에서는 그 사찰에 대한 구체적 정보도 없을 뿐 아니라 이 사찰에서는 무엇을 봐야 하는지도 잘 알지 못한다. 그러니 때론 입장료가 아까울 수밖에 없다. 엄밀히 말하자면 그 입장료에 해당하는 문화재는 대체로 실내에 많기 때문에 돈만 내고는 보지 않은 것이나 다름없다.

그래서 일반인이 우선 종교를 떠나 사찰 여행을 가장 유익하게 할 수 있는 책의 필요성을 느꼈다. 이 책을 쓴 배경이다. 사찰마다 누가 왜 창건했으며, 무엇을 지향하고 무엇을 남겼는지, 천년 고찰 역사 속에서 어떤 중대한 일이 일어났고, 그것이 오늘날 어떤 의미와 가치를 전하고 있는지를 짧고 임팩트 있는 글로 쓰기로 한 것이다. 그리고 종교 성역인 만큼 사찰 예절을 준수하되 허용된 곳이라면 필요한 전각 안에 들어가 볼 것도 귀띔한다. 사찰 측에서는 성보박물관으로의 접근을 활성화하는 것도 매우 중요하다. 좁은 전각 안에서 해결할 수 없는 부분을 대안 삼을 수 있다. 성보박물관이 기능을 발휘할수록 사찰의 품격 또한 높아질 것이다.

　이 책은 여행자 입장에서 가장 맛깔스러운 사찰 여행이 되도록 하는 데 초점을 맞췄다. 때문에, 통도사와 법주사, 대흥사가 어떻게 다른지는 각각의 사찰 글을 통해 자연스럽게 알게 될 것이다. 금강산은 왜 금강산이라 불렀을까? 금강산은 왜 하필이면 1만 2000봉일까? 자주 듣는 조계종·조계사는 무슨 의미일까? 사찰 이름의 유래와 사찰이 위치한 산 이름에 대한 흥미로운 이야기가 이 책에서 마구 쏟아질 것이다. 이 사찰이 탄생할 수밖에 없었던 연기 설화를 접하다 보면 자신의 인생 또한 어디서 와서 어디로 가는지를 생각해보는 시간이 될 것이다. 이러한 이야기 속에서 불교를 이해하는 데 필요한 지식과 역사, 상식, 지혜를 엿볼 수 있다. 중요한 역사를 남긴 사찰, 문화·예술을 꽃피운 사찰, 과학 기술을 발전시킨 사찰 이야기가 파노라마 식으로 펼쳐지는 가운데 그 무언가의 생각을 안겨줄 것이다.

#4. 왜 다시 사찰인가?
50가지 이야기 속 나를 향한 메시지

　필자는 어느 해 비바람이 몹시 몰아치던 날, 왼손에 우산을 받쳐 들고 오른쪽 어깨에 카메라를 맨 채, 오대산 상원사에서 중대 적멸보궁으로 올랐던 일을 잊을 수 없다. 비바람이 몰아치니 무거운 카메라를 우산 든 팔에 건 채 찍어야 했던 그 순간들, 그 추억은 험한 경험이었기에 소중하다. 이 역시 곰곰이 생각해보니 그 사찰의 남다름을 이해하기 위한 '작은 고행'이었던 것이다.

필자는 최근까지 10여 년간 계획적으로 약 500개 사찰을 답사했다. 주로 험한 산길이다 보니 도중에 '고행'의 순간도 많았다. 그때마다 길 위에서 만난 많은 사람에게 도움을 받았다. 설악산 봉정암에서 하산할 때 탈진 상태에서 한 고교 교사가 건네준 초콜릿과 과일도 큰 힘이 됐다. 취재에 도움을 주신 스님과 선생님도 많다. 이 모든 분께 감사함을 전하고 싶다.

이제 새로운 사찰 여행 문화를 제안하고자 한다. 마당만 돌고 오는 사찰 여행 대신 그 사찰의 진가를 발견하는 '관찰 여행'을 권한다. 그 관찰은 곧 자신도 모르게 '성찰'이 될 것이다. 성찰은 또 자신도 모르게 자기 인생을 더욱 갈고 다듬을 의지를 갖게 할 것이다. 이 책을 통해, 코로나 시대에 더욱 굳건한 마음으로 나 자신의 존재와 삶의 의미를 찾아갈 질문과 지혜를 얻기를 소망해 본다. 사찰은 다 내려놓고 찾아가는 곳이다. 그러면 비운 만큼 더욱 새로운 것으로 채워진다. 사찰 여행을 통해 관찰하고 사유하면서 자신을 재발견하는 여행자가 많아지기를 희망해 본다. 이 책이 누군가에게 또 다른 창조적 상상의 씨앗이 되길 소망해본다.

여기 50개의 사찰은 저마다 색다른 이야기를 갖고 있다. 50곳을 '관찰 여행'하면 50가지의 이야기가 들려올 것이다. 만해 스님은 적막한 밤, 바람 소리에 문득 깨달음을 얻었다고 한다. 은연 중 조상이 남긴, 인생을 바꿀 메시지가 들려올 것이다. 누가 그 메시지를 읽을 것인가?

길 위에서 성찰하는 작가,

남민

[읽어두기]

- 이 책은 사찰 여행자를 위한 책이다. 따라서 종교를 떠나 우리에게 전해온 생활 문화사를 이해하는 데 주안점을 뒀다.
- 50개의 사찰은 대체로 잘 알려진 대형 사찰 중심이지만 중소형 사찰과 암자도 포함된 것은 우리에게 전하는 메시지가 뚜렷한 사찰을 우선으로 삼았기 때문이다.
- 50개 사찰 선정과 주제별 구분은 전적으로 필자의 주관에 의한 판단임을 밝힌다. 포함되지 않은 사찰 중에서도 규모나 명성 또는 콘텐츠가 뛰어난 사찰이 있을 수 있음을 밝힌다.
- 50개 사찰 중 여러 개의 주제에 중복으로 해당되는 사찰은 그중 가장 핵심 가치를 갖는 주제에 우선 배정했지만, 이 역시 필자의 주관적인 판단임을 밝힌다. 이는 전적으로 독자에게 최적의 콘텐츠를 제공하기 위한 결정이었다. 이 책이 여행자 중심으로 쓰인 이유다.
- 사찰마다 중요한 문화재가 많지만 일일이 '국보' 또는 '보물'이라는 설명은 붙이지 않고, 흐름상 꼭 필요한 부분에서만 언급했다.
- 맞춤법에 있어서 띄어쓰기는 한글 맞춤법 기준에 따르되, 불교 및 사찰 용어와 그에 관련된 낱말은 가독성을 높이기 위해 예외적으로 붙여쓰기를 했다.(예 : 자장 율사는 자장율사로, 진신 사리는 진신사리로, 화엄 종찰은 화엄종찰로, 삼층 석탑은 삼층석탑으로 등)
- 본문에서『 』는 서적 이름에, < >는 서적의 편명·시 제목·예술 작품명·서체를 설명하는 현판명 등에, " "는 직접 화법에, ' '는 강조어 등을 나타내는 기호로 쓰였다.

꼭 한번은 가봐야 할
사찰

차례

꼭 한번은 가봐야 할 사찰

들어가는 글 • 4
읽어두기 • 10

1장. 적멸보궁 "부처님이 그곳에 계신다"

1편. 양산 영축산 통도사 부처님 진신사리의 성지 • 22
자장 '불교의, 불교에 의한, 불교를 위한 탄생'
통도사 존재의 이유 '금강계단' | 통도사에서 꼭 봐야 할 것들

2편. 평창 오대산 상원사·중대 세조, 두 번의 이적 체험 • 32
성덕왕이 도 닦고 세운 진여원이 상원사 | 고양이, 세조를 살리다
상원사·중대에서 꼭 봐야 할 것들

3편. 인제 설악산 봉정암 치유와 깨달음의 가피 • 42
세상에서 가장 공평한 길 | 봉황이 점지해준 곳 불뇌사리보탑
봉정암에서 꼭 봐야 할 것들

4편. 영월 사자산 법흥사 만세의 안녕 누릴 무릉도원 • 52
정토 위에 세운 구산선문 사자산문 | 또 하나의 무릉도원 '만다라'
법흥사에서 꼭 봐야 할 것들

5편. 정선 태백산 정암사 이상향으로 안내하는 수마노탑 • 62
자장율사 입적한 사찰 | 신비스러운 수마노탑의 비밀
정암사에서 꼭 봐야 할 것들

2장. 대표사찰 순례 1번지

1편. 경주 토함산 불국사·석굴암 불국토 위에 세운 부처님의 궁전 • 74
적선이 가져다준 현세의 발복 | 시간과 공간의 세계 모두를 품다
불국사·석굴암에서 꼭 봐야 할 것들

2편. 순천 조계산 송광사 **스님이 보물이다** •84
보조국사와 정혜결사 | 16국사 배출한 '승보사찰' | 송광사에서 꼭 봐야 할 것들

3편. 공주 태화산 마곡사 **봄의 왈츠 춘마곡** •94
풍수왕 세조가 감탄한 땅 김구 은둔 | 불화 꽃피운 남방화소 갤러리 |
마곡사에서 꼭 봐야 할 것들

4편. 평창 오대산 월정사 **5만 불보살 지혜의 땅** •104
문수보살 성지가 된 오대산 | 사찰에 꽃피운 조선 왕실 문화 |
월정사에서 꼭 봐야 할 것들

5편. 서울 대한불교총본산 조계사 **한국 불교의 상징** •114
대승의 보살 정신 '조계' | 궁전 꿈꿨던 대웅전 건물의 사연 |
조계사에서 꼭 봐야 할 것들

3장. 국보보물 산속의 박물관

1편. 영주 태백산 부석사 **의상의 걸작 화엄종찰** •126
'출가하고 싶은 사찰' 1순위 | 두 개의 고려 시대 건축물 |
부석사에서 꼭 봐야 할 것들

2편. 합천 가야산 해인사 **팔만대장경 지킨 연화장세계** •136
7차례 화재 속에서도 무사 | 여왕과 신하의 '사랑과 영혼' |
해인사에서 꼭 봐야 할 것들

3편. 구례 지리산 화엄사 **모방 불가 불후의 명작** •146
각황전에 담긴 영조대왕 탄생 비밀 | 전설 그윽한 4사자석탑 |
화엄사에서 꼭 봐야 할 것들

4편. 김세 모악산 금산사 **미륵신앙 중심 도량** •156
이상 세계로 인도하는 미륵 | 하생의 미륵전·상생의 방등계단 |
금산사에서 꼭 봐야 할 것들

5편. 보은 속리산 법주사 **미륵도량에 꽃피운 불교 예술** •166
속세를 떠나 법이 머무는 곳 | 목조탑 팔상전에 피어난 문화의 향기 |
법주사에서 꼭 봐야 할 것들

4장. 소원성취 "간절하면 이룬다"

1편. 안성 칠현산 칠장사 삼수생 어사 박문수 장원 급제 • 178
소년 궁예 활쏘고 임꺽정 불상 남기다 | 인목왕후 10년 한 풀다 |
칠장사에서 꼭 봐야 할 것들

2편. 경산 팔공산 선본사 갓바위 한 가지 소원은 꼭 들어준다 • 188
'전국 명성' 기도성지 갓바위 부처님 | 간절하면 정성을 다한다 |
선본사 갓바위에서 꼭 봐야 할 것들

3편. 양양 오봉산 낙산사 보타낙가산 관음성지 • 198
창건주 의상대사와 뒤따라온 원효대사 | 전설 같은 파랑새 이적 홍련암 |
낙산사에서 꼭 봐야 할 것들

4편. 강화 낙가산 보문사 꼭 필요할 때 손길 내미는 나한 • 208
바다에서 온 22개 석상 | 석굴 속 나한이 나를 보고 있다 |
보문사에서 꼭 봐야 할 것들

5편. 순천 조계산 선암사 백일기도 순조 탄생 • 218
정조 임금 소원 들어준 사찰 | 달에서 방아 찧는 토끼 |
선암사에서 꼭 봐야 할 것들

5장. 신화신비 상상의 세계로

1편. 강화 정족산 전등사 단군신화 품에 쓴 역사 • 230
고조선 유물부터 근현대 역사까지 | 사찰 이름에 전하는 정화궁주의 애환 |
전등사에서 꼭 봐야 할 것들

2편. 하동 지리산 칠불사 전설적인 가야 불교 발상지 • 240
신화 같은 아자방·옥보고의 거문고
2000년 전 인류 최초 '비대면 원격 화상 회의' | 칠불사에서 꼭 봐야 할 것들

3편. 장성 백암산 백양사 흰 양도 깨닫고 환생 • 250
양이 설법을 듣다 | 고려·조선 명사들의 풍류 로망 '쌍계루' |
백양사에서 꼭 봐야 할 것들

4편. 화순 영귀산 운주사 **천불천탑 신들의 정원** • 260
　　미완으로 남은 천년의 미스터리 | "와불이 일어서는 날 새 세상 열린다"
　　운주사에서 꼭 봐야 할 것들

5편. 경주 함월산 골굴사 **희귀한 인도풍 석굴사원** • 270
　　절벽 위 부처의 방 | '한국의 소림사' 선무도 | 골굴사에서 꼭 봐야 할 것들

6장. 문화감성 **지적인 유혹**

1편. 경주 분황사 **모전석탑에서 피어나는 신라 향기** • 282
　　선덕여왕의 '향기나는 절' | 자장·원효·설총·솔거·추사를 만나다
　　분황사에서 꼭 봐야 할 것들

2편. 하동 삼신산 쌍계사 **선·차·불교 음악 성지** • 292
　　'항아리 속 별천지' 화개동 | 최치원 불후작 <진감선사탑비>
　　쌍계사에서 꼭 봐야 할 것들

3편. 안동 천등산 봉정사 **가장 오래된 목조 건물** • 302
　　왕건·공민왕·엘리자베스여왕 '왕들의 사찰' | 극락전 그리고 아담한 한옥 정원
　　봉정사에서 꼭 봐야 할 것들

4편. 부안 능가산 내소사 **지지 않는 문살의 꽃** • 312
　　능가산이 뿜는 소생의 기운 | 전설과 예술의 보고 대웅보전
　　내소사에서 꼭 봐야 할 것들

5편. 영천 팔공산 은해사 **은빛 바다 위 극락정토** • 322
　　조선 왕실이 애지중지한 사찰 | 은은하게 피어오르는 추사체 향기 <불광>
　　은해사에서 꼭 봐야 할 것들

7장. 사유힐링 **"나는 누구인가?"**

1편. 예산 덕숭산 수덕사 **덕을 닦고 깨우쳐라** • 334
　　경허·만공 스님이 떨친 선풍 | 백미는 고려 건축물 대웅전
　　수덕사에서 꼭 봐야 할 것들

2편. 해남 두륜산 대흥사 **존재하는 것에는 이유가 있다** • 344
　불교 속 유교 사당 표충사 | 서체·다향과 함께하는 사유의 시간 |
　대흥사에서 꼭 봐야 할 것들

3편. 고창 도솔산 선운사 **예약된 미래의 이상향** • 354
　미륵이 머무는 내원궁 | '극락왕생 서원' 3대 지장기도처 |
　선운사에서 꼭 봐야 할 것들

4편. 강진 월출산 무위사 **아무것도 하지 않을 자유** • 364
　고통받는 영혼들의 안식처 | <비너스의 탄생> 떠올리는 <백의관음도> |
　무위사에서 꼭 봐야 할 것들

5편. 서울 수도산 봉은사 **맥 끊기던 불교 다시 살리다** • 374
　조선 불교 순교자 보우대사 | 추사체 최후의 작품 <판전> |
　봉은사에서 꼭 봐야 할 것들

8장. 도전개척 "누군가는 길을 연다"

1편. 영광 불갑산 불갑사 **백제 불교 1번지 상징** • 386
　마라난타 고향 같은 사찰 | 9월에 펼쳐지는 붉은 융단 꽃무릇 |
　불갑사에서 꼭 봐야 할 것들

2편. 구미 태조산 도리사 **신라 불교 발상지** • 396
　아도화상, 신라에 부처의 길 내다 | 신라 불교 초전지 도개리 |
　도리사에서 꼭 봐야 할 것들

3편. 대구 팔공산 동화사 **진화하는 약사신앙** • 406
　진표율사 계승한 법상종 | 약사여래에 담은 통일 염원 |
　동화사에서 꼭 봐야 할 것들

4편. 장흥 가지산 보림사 **구산선문의 상징** • 416
　'조계종 종조' 도의선사 가지산문 | '왕권 회복의 희망' 철조비로자나불 |
　보림사에서 꼭 봐야 할 것들

5편. 고성 금강산 건봉사 **극락왕생 이적 아미타 정토** • 426
　만일염불회 처음 시작한 곳 | 치아사리 또 하나의 이적 | 건봉사에서 꼭 봐야 할 것들

9장. 여승사찰 천상의 정원

1편. 청도 호거산 운문사 영원한 승가 캠퍼스 · 438
원광법사의 '화랑 세속오계 | 여승들의 합창 청아한 새벽 예불 소리 |
운문사에서 꼭 봐야 할 것들

2편. 김천 불령산 청암사 폐위 안현왕후의 간절한 기도처 · 448
궁궐 상궁들이 몰려오다 | 사찰에 유교식 솟을대문이 있는 이유 |
청암사에서 꼭 봐야 할 것들

3편. 울진 천축산 불영사 인현왕후 환궁 미리 알다 · 458
죽은 사람 살리고 죽을 사람도 살리다 | 연못에 비치는 부처바위 |
불영사에서 꼭 봐야 할 것들

4편. 울산 가지산 석남사 비구니 승가의 상징 · 468
어수선한 왕권, 호국 기도 위해 창건 | 산이 여승을 부르다 |
석남사에서 꼭 봐야 할 것들

5편. 진천 보련산 보탑사 황룡사 구층목탑을 꿈꾸다 · 478
통일 염원하는 '통일대탑' | 사철 화사한 여승 꽃동산 |
보탑사에서 꼭 봐야 할 것들

10장. 절경이색 "절이 예술이다"

1편. 해남 달마산 도솔암 까마득한 절벽 위 수행처 · 490
달마대사가 살 만한 산 | 공룡 바위 너머 다도해 |
도솔암에서 꼭 봐야 할 것들

2편. 여수 금오산 향일암 떠오르는 해 품은 암자 · 498
용궁으로 향하는 거북이 | 7개 석문 지나면 소원 성취 |
향일암에서 꼭 봐야 할 것들

3편. 서산 간월도 간월암 하루 두 번은 섬이 된다 · 506
달을 보고 깨우침 얻다 | 만공선사 천일기도 사흘 후 광복 |
간월암에서 꼭 봐야 할 것들

4편. **용인 연화산 와우정사** 동남아풍 불탑·불상 • 514
경내는 동남아 불교문화 박물관 | 외국인에 더 알려진 '부처님 동산' |
와우정사에서 꼭 봐야 할 것들

5편. **보성 천봉산 대원사** 티베트 사원을 옮겨왔나 • 522
석가모니 후예 석가족이 만든 불상 | 울다 지쳐 잠든 갓난아기 영혼의 엄마 |
대원사에서 꼭 봐야 할 것들

참고문헌 • 530

1장

적멸보궁

"부처님이 그곳에 계신다"

통도사
상원사·중대
봉정암
법흥사
정암사

금강계단과 적멸보궁

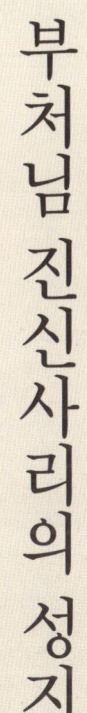

1편

양산 영축산 통도사

부처님 진신사리의 성지

자장 '불교의, 불교에 의한, 불교를 위한' 탄생

진한辰韓의 진골 출신 김무림은 고위 관직을 두루 지냈으나 아들이 없었다. 그는 삼보불보·법보·승보에 귀의해 천부관음에게 "만약 아들을 낳으면 불법佛法 바다의 나루터와 다리로 삼겠습니다." 하고 비니 부인의 품속으로 별이 떨어지며 잉태해 석가모니 생일과 같은 사월 초파일 아이를 낳았다.『삼국유사』아버지는 '으뜸으로 선한 아이'라는 뜻으로 선종랑善宗郎이라 이름 지었다. 그가 자장율사다. 선종랑이라는 속명의 의미가 '자비로운 마음을 깊이 간직하다'라는 법명 자장慈藏으로 이어받은 것이다.

자장은 결혼했지만 부모를 여의자 처자식을 두고 험준한 곳에 들어가 고골관枯骨觀을 닦았다. 고골관은 시신이 썩어 없어지는 과정을 상상하며 자신의 몸과 일체 만물이 무상함을 깨닫는 수행법이다. 자장은 작은 방에 가시덤불을 치고 맨몸으로 앉아 움직이면 찔리게 하고 머리는 천장에 매달아 정신이 혼미해지지 않도록 한 후 수도했다.

처음으로 여왕이 된 선덕여왕이 즉위와 함께 자신을 보좌해 줄 재상으로 자장을 불렀다. 여러 번 불러도 나오지 않자 목을 베겠다고 엄포를 놓았다. 자장은 "하루라도 계율을 지키다 죽을지언정 백 년 동안 계율을 어기며 살고 싶지 않다."라며 거절하자 왕은 출가를 용인했다.

서기 636년선덕여왕 5년 자장은 왕의 칙명을 받아 당나라로 유학을 떠나

7년간 머물며 문수보살을 친견하고 석가세존의 가사와 진신사리를 건네받았다. 그리고 고국의 명주溟州(오늘날 강릉 일대) 땅 오대산에 문수보살이 있으니 가서 친견하라는 말을 듣고 돌아왔다.

선덕여왕의 요청으로 조기 귀국 서기 643년한 자장은 대국통불교 총괄 벼슬자리이 되어 황룡사에 호국 구층목탑을 세우고 전국의 승려들에게 계율을 지키는 규범을 만들어 다스렸다. 이로써 그는 율사律師가 되었으며 가져온 진신사리를 황룡사와 울산 태화사에 봉안하고 나머지는 통도사를 창건해 모셨다.

자장율사 진영 [사진=통도사 성보박물관 소장]

신라에 불교가 공인서기 527년된 지 100년이 지나 자장율사에 의해 처음으로 불교가 제대로 체계를 갖추며 융성하게 됐다. 그 중심에 통도사가 있다.

통도사 존재의 이유 '금강계단'

불교에서는 '불·법·승佛·法·僧'이라는 세 가지 보물, 즉 '삼보三寶'가 있고 삼보사찰이 있다. 부처님의 말씀을 기록한 팔만대장경 경전을 지닌 해인사는 법보사찰, 많은 고승 대덕을 배출한 송광사는 승보사찰, 그리고 가장 중요한 부처님의 진신사리를 간직한 통도사는 불보사찰로 불린다.

통도사는 선덕여왕 15년_{서기 646년} 자장율사에 의해 특별히 기획 창건된 사찰이다. 그것은 사명에서도 드러나는데 '승려가 되려면 부처님의 진신사리를 모신 금강계단에서 계를 받아야 한다_{爲僧者通而度之}.'라는 의미에서 '통도사通度寺'로 지었다고 한다.

자장율사가 귀국 후 설법할 때 열 집 중 여덟아홉 집에서 몰려왔다고 하니 너도나도 승려가 되고자 했다. 승려가 되고자 하는 사람은 통도사 금강계단에서 계를 받아야 한다는 것이니 통도사야말로 계율의 심장부 역할을 한 것이다.

통도사가 있는 영축산靈鷲山은 석가모니가 『법화경』을 설한 산 이름에서 따왔다. '영축산 영산회상도'의 산을 의미한다. 이곳에 통도사를 지은 것도 당나라 종남산에서 스님으로 화한 문수보살에게 점지 받은 땅이기 때문이다.

주차장에서 삼성반월교를 건너면 푸른 양산천이 속세의 찌든 때를 시원스레 씻어준다. 다리를 건너 왼쪽으로 바라보면 일주문이다. 일주문은 사찰로 들어가는 첫 관문이다. 삼문 형식을 갖춘 세 칸짜리 문으로 독특하다. 〈영축산 통도사〉 한자 현판은 흥선대원군의 글씨다. 기둥의 주련 〈국지대찰 불지종가〉 한자는 한말 서예가 해강 김규진의 글씨다.

이어 천왕문을 들어서면 경내가 상로전·중로전·하로전으로 구분된다. 시기별로 사찰이 확장돼 왔기 때문이다. 맨 먼저 만나는 극락보전

극락보전 뒷벽 반야용선도

과 약사전, 만세루, 영산전이 삼층석탑을 중심으로 동서남북에 서서 마주보는 이 영역이 하로전下爐殿이다.

극락보전은 건물을 한 바퀴 돌면서 봐야 하는데 뒷벽엔 반야용선도가 그려져 있다. 20세기 초 그림으로 알려진 이 반야용선도는 중생이 반야의 지혜에 의지해 용선을 타고 험한 물결의 바다를 건너 극락정토로 향하는 모습을 담고 있다. 잠시 주시하다 보면 생과 사, 이승과 저승의 경계선에 선 듯한 느낌이 든다. 건물 옆쪽 땅바닥엔 붉은색의 판석이 있는데 처녀와 스님의 애절한 사랑이 담긴 호혈석虎血石이다. 나물 캐던 처녀가 스님을 사모했지만 받아주지 않자 죽어 호랑이로 변해 스님의 목숨을 앗아갔다. 그후 호랑이 기운을 누르기 위해 깔았다는 이야기를 갖고 있다. 응진전 옆에도 하나 더 있다.

하로전의 중심 건물은 영산전이다. '영산'은 영축산의 준말로, 사찰에 따라 팔상전으로 부르기도 한다. 석가모니의 일대기를 8개의 시기로 나눠 그린 탱화를 봉안한 전각이다. 통도사에서 석가모니불은 대웅전이 아닌 영산전에 모셔져 있다. 내부에는 귀한 다보탑 그림이 있어 불국사 다보탑과 비교해 보는 것도 좋다. 영산전 뒤 왼편에는 돌기둥 위 항아리처럼 생긴 둥근 돌의 봉발탑이 있다. 가섭존자가 석가의 발우와 가사를 56억 7천만 년 뒤에 올 미래불인 미륵불에게 전하기 위해 기다린다는 『불경』의 내용을 상징화한 것이다. 영산전 맞은편의 만세루는 보통 누각으로 짓는데 지금의 모습은 현판명과는 완전히 다른 일반 건축물이다. 초창기 만세루 누각이 중건 과정에서 일반 건축물로 바뀐 것으로 추정해 볼 수 있다.

약사전 옆 불이문을 들어서면 중로전中爐殿 영역이다. 이곳의 중심 건물은 넓은 광장의 우측 안쪽에 자리한 대광명전이다. 광장의 중심엔 관음전이 있고 그 뒤편에 통도사만의 건축물 개산조당이라는 솟을삼문이 있다. 사찰에서 보기 드문 건축물이다. 바로 뒤 자장율사의 영정을 봉안한 해장보각으로 들어가는 문이 있다. 해장보각 뒤에는 장경각이 있고 그 오른쪽 큰 건물이 비로자나불을 봉안한 대광명전이다.

개산조당 왼쪽 옆에는 세존비각인데 금강계단 불사리에 관한 내용을 기록한 것이다.

세존비각을 지나면 상로전上爐殿 영역이다. 일주문과 천왕문, 불이문을 통과해 도달하는 통도사의 심장이자 존재의 이유인 금강계단 영역이다. 먼저, 앞에 넓은 마당을 펼치고 대웅전 건물이 웅장한 모습으로 서 있다. 1645년 중건해 오늘에 이르고 있는 국보다. 이 건물은 동서남북 사면으로 서로 다른 네 개의 현판을 갖고 있다. 정면에서 바라보는 동쪽은 대웅전, 남쪽은 금강계단, 서쪽은 대방광전, 그리고 북쪽은 적멸보궁이다. '적멸寂滅'은 번뇌가 남김없이 소멸되어 고요한 열반의 상

봉발탑

대웅전

태를 말하고, '보궁寶宮'은 보배 같은 궁전을 뜻한다.

적멸보궁 현판 쪽에 금강계단 불사리탑이 봉안돼 있다. 사각형의 넓은 축대 2단 위에 복련과 앙련 받침대에 올려진 석종石鐘 불사리탑이 오랜 세월의 이력을 말해준다.

자장율사가 당나라에서 문수보살에게 받은 불사리를 모셨기에 여기 대웅전에는 불상을 봉안하지 않았다. 대신 장엄한 불단 너머 창을 통해 불사리탑을 직접 보며 예불을 드리게 돼 있다.

금강계단金剛戒壇이란, 불교에서 모든 것을 깨뜨릴 수 있는 가장 단단한 것을 금강diamond이라 하는데, 계율은 깨지지 않고 영원히 실천해야 하므로 금강처럼 굳건해야 한다. 그렇게 세운 계율의 단이 금강계단이다. 자장이 재상으로 임명한 임금의 명령도 거부하며 '하루를 살지언정 계율을 깨뜨리지 않겠다'고 한 말은 바로 이 금강계단으로 대변된다.

대웅전 건물 서쪽 작은 뜰에는 동그랗게 생긴 연못 구룡지가 있다. 대웅전과 금강계단 일대가 원래 연못이었고 이곳엔 아홉 마리의 독룡毒龍이 살았다. 자장율사는 중국에서 친견한 문수보살로부터 이 독룡이 백성을 괴롭힐 것이니 연못에 금강계단을 조성하고 불사리를 봉안하면 재난을 떨칠 수 있다는 이야기를 듣고 용을 쫓았다. 그러나 8마리는 달아나고 오직 한 마리가 이곳에 남아 터를 지키겠다고 맹약하자 연못의 일부만 남긴 것이 지금의 구룡지라고 한다. 통도사 창건 설화를 간직한 연못이다. 아무리 가물어도 물이 줄지 않아 이래저래 신비한 이야기를 갖고 있다.

경내를 돌고 마지막으로 처음 주차장에서 건넜던 다리 앞의 성보박물관에서 불교 미술의 작품을 봐야 통도사 여행이 끝난다. 수많은 불화와 청동 은입사 향완, 그리고 가사 등 유물 약 4만점을 소장하고 있다.

통도사에는 아름다운 꽃나무도 있다. 1650년경 스님들이 자장율사의 뜻을 기리기 위하여 심은 매화나무 '자장매慈藏梅'다. 2~3월엔 홍매화가 만발하는 곳, 통도사는 우리의 자랑스런 문화유산이자 유네스코 세계 문화유산으로 전 세계인의 자산이다.

---

* 통도사에서 꼭 봐야 할 것들
일주문 현판, 홍매화, 극락보전 뒤 벽화 반야용선도, 호혈석, 영산전 내부 다보탑 벽화, 봉발탑, 관음전, 관음전 앞 석등, 해장보각, 개산조당(솟을삼문), 세존비각, 금강계단, 대웅전 건물 동서남북 현판, 구룡지, 명부전 토끼와 자라 벽화, 성보박물관 내부

문수전과 오대보탑

2편

평창 오대산 상원사·중대

세조, 두 번의 이적 체험

성덕왕이 도 닦고 세운
진여원이 상원사

신라 신문왕제31대(재위 681~692년)의 두 아들 보천과 효명태자가 오대산에 숨어들어와 연꽃이 핀 곳에 초막을 짓고 5만 보살에 예를 올리며 살았다. 친형인 효소왕제32대이 죽자 나라에서 군사를 보내 두 태자를 찾아 다음 왕으로 옹립하려 하니 보천은 울면서 사양했고 할 수 없이 효명이 왕위에 올랐다. 그가 신라 제33대 성덕왕재위 702~737년이다.

성덕왕은 즉위 4년서기 705년 모든 신하를 거느린 채 오대산을 찾아 자신이 수도하던 곳에 진여원眞如院을 세우고 문수보살을 모셨다. 그리고 주변 고을의 토지와 곡식을 진여원에 바치게 했다. 이곳은 60년 전 자장율사가 부처님 진신사리를 모시기 위해 초막을 지었던 근처로 자장에 의해 문수성지가 되어 있었다.

진여원은 고려 말 폐사된 후 그 원院 위上에 다시 절을 지으니 오늘날의 상원사上院寺가 된 것이다. 진여원 때의 절터는 지금의 부도밭 자리이다.

상원사는 월정사의 말사로, 월정사에서 계곡과 비포장길을 따라 8.7km 올라간 해발 900m의 산속에 위치한다. 그 산 위에 부처님이 계신다.

상원사 입구 주차장 앞에는 '오대산 상원사'라는 커다란 표석이 서 있다. 특이한 점은 네모 선으로 낙관 형식을 취해 '적멸보궁'과 '문수성

적멸보궁 봉분토탑

'지' 글자를 새겼다는 것이다. 그런데 낙관에 흔히 찍는 인주 색깔을 따르자면 붉은 글씨여야 하지만 음양오행에 따르면 이곳이 동서남북의 중앙에 있는 중대中臺이니 상징색이 황금색이다. 동쪽은 청색, 서쪽은 백색인데 흔히 '좌청룡 우백호'가 여기서 나온 말이다. 남쪽은 적색, 북쪽은 흑색으로 '남주작 북현무'가 여기에 해당한다.

 오대산은 자장율사 이후 동대·서대·남대·북대 그리고 가운데 중대, 이 다섯 개의 '대臺'가 있어 오대산五臺山이라 부르는데 상원사 적멸보궁이 있는 곳이 중대이다. 동서남북 사방엔 서로 다른 부처가 머물고 중앙엔 문수보살이 상주하는데, 이로써 오대산은 문수성지임을 상징한다.

고양이,
세조를 살리다

세조世祖(재위 1455~1468년)는 전국의 많은 사찰과 인연이 있지만 상원사와는 질병 치료에다 목숨까지 건진 특별한 연을 맺었다. 세조는 즉위한 지 10년1464년이 되던 해 피부 부스럼을 치료하기 위해 오대산을 유람했다. 등창이 심했으니 신하들을 물리고 오대천 물속으로 들어갔다. 이때 동자가 나타나 등을 밀어줬는데 몸이 날아갈 듯 가벼워지며 나왔다. 세조는 동자에게 '어디 가서 임금의 등을 밀어줬다'는 말을 하지 말라 했고 동자는 '대왕께서도 문수보살을 친견했다고 말하지 말아달라'며 사라졌다. 정신이 번쩍 든 세조는 노스님에게 자신이 본 동자의 모습을 그리게 했는데 미처 설명을 듣지도 않고 그린 그림이 동자의 모습과 너무나 닮았다. 그리곤 구름을 타고 하늘로 사라졌다. 동자와 노스님 둘 다 문수보살이었다. 세조는 문수보살을 두 번이나 친견한 것이다.

입구 표지석에서 들어서자마자 버섯 모양으로 생긴 석조물 관대걸이를 만난다. 세조가 오대천에서 목욕할 때 의관을 벗어 걸어둔 곳임을 알려준다.

숲길을 조금 걸어 가파른 계단을 오르면 상원사의 큰 법당 문수전文殊殿이다. 상원사엔 대웅전이 없다. 이유는 산 정상 중대中臺에 부처님 진신사리를 모신 적멸보궁이 있기 때문이다. 진신이 있는데 불상을 모시는 대웅전을 굳이 세울 필요가 없기 때문이다. 대신 세조와 인연이 깊은 문수동자와 문수보살을 봉안한 문수전을 큰 법당으로 삼고 있다. 문수보살에서 세조의 딸 의숙공주의 발원문 등 복장 유물이 나와 놀라

문수동자상(왼쪽)과 문수보살상(오른쪽)

게 했다. 세조가 신하들의 반대를 뿌리치고 상원사를 대대적으로 중창했는데 〈상원사 중창 권선문 국보 제292호〉이 그 증거다. 이웃 월정사 성보박물관에서 볼 수 있다. 상원사에 모신 문수동자와 문수보살은 사실 한 몸이다.

문수보살은 지혜의 화신이다. 우리나라 오대산과 문수신앙은 자장율사에 의해 탄생했다. 문수보살은 보현보살과 함께 주로 대웅전 석가모니불 좌우에서 협시보살로 봉안된다. 보현보살은 실천적 구도자이다. 그러니 석가모니불을 중심으로 지혜와 실천의 역할을 분담해 소임을 다한다. 문수보살은 주로 오른손에 지혜의 칼을, 왼손엔 푸른 연꽃을 들고 있는 경우가 많다. 문수보살은 청사자를 타며, 보현보살은 흰 코끼리를 탄다. 동물의 차이와 함께 색상도 청백으로 달리한다.

주로 협시불이어야 할 문수보살을 주존으로 모신 것은 오대 중 중앙이라는 점과 세조가 문수보살을 친견한 인연에서 기인한다.

세조가 상원사에 와서 법당으로 들어가려는 순간, 어디선가 고양이가 나타나 세조의 옷깃을 물어 발길을 멈추게 했다. 기이한 상황이 발생하자 머뭇거리는 사이 이상한 낌새를 느꼈고 이어 법당 안에 숨어있던 자객을 붙잡았다. 세조는 고양이 덕에 암살을 모면했다. 세조는 은혜에 보답하기 위해 상원사에 고양이가 굶지 않고 잘 살 수 있도록 보살피게 하고 고양이 앞으로 토지를 하사했다.

문수전 앞 한 쌍의 고양이 석상이 목숨을 잃을 뻔했던 세조와 고양이의 인연을 말해준다. 그래선지 이 석상을 어루만지면 소원이 이루어진다는 믿음이 생겨 오늘날 많은 방문객의 사랑을 받고 있다.

문수전에 봉안한 문수동자상과 문수보살좌상에서는 각각 1466년과 1661년에 조성된 복장 유물이 발견돼 세조와 상원사의 관계를 선명하게 보여줬다. '발원문'에는 불상을 만든 이유, 만든 사람들, 후대의 보수 기록이 있다. 세조의 의숙공주와 남편 정현조가 세조와 왕실의 안녕을 기원하기 위해 불보살상을 조성했다고 기록돼 있다.

문수전 마당 건너편 작은 전각에는 상원사 동종이 있다. 상원사 동종 국보 제36호은 성덕왕 24년 서기 725년에 조성한 우리나라에서 가장 오래된 종이다. 성덕대왕신종 에밀레종 보다 46년 앞선다. 전체적으로 균형미가 빼어난 데다 구름 위에서 천의 자락을 휘날리는 쌍雙 비천상은 아름답기 그지없다. 각각 악기를 들고 있는 모습인데 이는 음악을 넘어 당시 불교 세계관을 암시한다. 8세기 불교 조각 예술의 정수를 보여준다. 종에 새겨진 명문이 이 종의 이력을 대변한다. 세조가 상원사를 중창한 후 1469년 예종이 왕위를 이으면서 가장 아름다운 소리를 내는 종을 수소문했다. 이때 안동의 오래된 이 종이 알려져 옮겨오게 된 것이다. 옮길 때 또 전설이 없을 수 없다. 죽령에 왔을 때 종이 더이상 움

1. 고양이 석상 **2.** 동종

직이지 않았다고 한다. 그래서 종뉴 하나를 떼서 안동으로 돌려보내고 제를 올린 후 옮겨올 수 있었다는 이야기다. 지금도 종뉴 하나가 없는 상태다. 옮기는 도중 하나가 빠져나간 것에서 지어낸 말일 테다.

종을 치는 '타종'에는 재미있는 의미가 담겨 있다. 용과 고래의 한판 승부 이야기다. 용 중에서 겁쟁이 용이 포뢰蒲牢다. 고래를 보면 겁을 먹고 크게 운다. 그래서 용뉴龍鈕(종을 매달기 위해 만든 용 조각의 고리)에 용을 조각하고, 종을 치는 종메는 고래와 같은 물고기 형상의 나무로 만들어 친다. 무서운 고래에 두들겨 맞으니 포뢰 종의 소리가 우렁찰 수밖에 없다는 논리다. 이 상원사 동종은 어떤 소리일까? 이 종은 현역 은퇴했다.

영산전 앞 심하게 파손된 삼층석탑은 천년의 세월을 외로이 지켜왔

영산전 석탑

다. 어쩌면 탑이라기보다 돌 크기에 따라 겹겹이 쌓아 올린 소박한 모습이다. 고려 시대 조성된 것으로 추정하는데 자세히 보면 탑신에 불상이 조각돼 있다. 영산전은 1946년 화재 때 유일하게 살아남은 전각이다.

한국 전쟁 1·4후퇴 때 국군이 청야전술 차원에서 상원사를 태우려 하자 한암대종사가 "나는 부처님의 제자이니 법당을 지키는 것이 도리요. 불을 지를 테면 지르시오."라며 법당에서 버티자 군인들이 감동해 문짝만 뜯어 태우고 떠났다고 한다. 자기 자리를 책임지고 지키는 사명감을 배우게 한다. 한암대종사는 탄허 스님의 스승이다.

상원사에서 중대 적멸보궁까지는 산 오솔길을 따라 1.4km 올라간다. 비바람이 몰아쳐도 많은 사람이 찾아온다. 도중에 적멸보궁을 관리하는 중대 사자암이 있다. 경사지 아래위로 지붕이 이어진 사자암 풍경도 이국적이다. 수행의 오솔길을 걸어 정상에 오르면 적멸보궁 전각이 있다. 적멸보궁에는 자장율사가 중국에서 모셔온 부처님 진신사리가 있다. 전각 안에서 예불을 올린다. 진신사리는 보통 보궁 뒤편 사리탑 속에 봉안하지만 상원사는 잔디 언덕처럼 생긴 봉분토탑封墳土塔으로 이뤄져 있고 그 앞에 작은 비석이 하나 세워져 있다. 이 봉분 속 어디엔가 불사리가 있다는 것이다. 꼭꼭 숨겨야 했던 사연이 있지 않

1. 중대 적멸보궁 가는 길 **2.** 중대 사자암

을까? 상원사 중대 적멸보궁의 또 다른 특징은 해발 1150m가 넘는 산봉우리 정상, 하늘에서 가장 가까운 곳에 위치한다는 점이다. 적멸보궁을 순례하는 가장 큰 이유는 부처님의 진신사리 기운을 받기에, 기도 효험이 가장 높다고 믿기 때문이다.

> *** 상원사·중대에서 꼭 봐야 할 것들**
> 입구 표지석, 관대걸이, 부도밭(정여원 터), 문수보살좌상, 문수동자상, 고양이 석상, 동종, 영산전 앞 삼층석탑, 사자암, 적멸보궁 봉분토탑

불뇌사리보탑

3편

인제 설악산 봉정암

치유와 깨달음의 가피

세상에서 가장
공평한 길

　석가모니 진신사리를 모신 '5대 적멸보궁' 중 하나인 설악산 봉정암의 독보적인 특징은 진신사리를 찾아가는 순례길이다. 가장 고행이 동반되는 이 순례길의 종점에는 군더더기 없는 암자가 기다리고 있다. 누가 시킨 일도 아닌데, 신도는 물론 일반인도 이 고행의 순례길 행진에 줄을 잇는다.

　봉정암은 1708m의 설악산 정상에서 서쪽의 해발 1244m 지점, 우리나라에서 가장 높은 곳에 불사리탑이 자리한 사찰이다. 그러니 봉정암에 다가가는 길 자체가 기도이자 순례이고 수행이다. 자기 자신을 이길 수 없는 사람은 감히 오르지 못할 곳, 천상의 암자다.

　일반적으로 백담사에서 오른다. 용대리에서 셔틀버스로 백담사 앞까지 와서 편도 10.6km, 4~5시간 안팎 걸리는 내설악의 험한 산길을 두 발로 걸어서 오르다가 마지막 깔딱고개에선 그야말로 수직 등반의 클라이막스를 통과해야 문이 열린다. 이 난관을 극복해야 도달할 수 있는 암자이니 오르는 것만으로도 이미 그 무언가를 성취한 것이다.

　이곳은 누구에게나 세상에서 가장 공평한 길이다. 잘난 사람도 못난 사람도, 고관대작도 일반인도 모두 똑같이 가쁜 숨을 몰아쉬고 땀을 쏟으며 자신의 두 발로만 올라야 한다는 것이다. 번잡한 세속의 길거리에서 화려한 꽃가마를 타고 목에 힘을 준 채 멋스럽게 살던 사람도

봉정암 전경

이 길에서만큼은 고개를 푹 늘어뜨리고 헉헉거리며 올라야 한다. 모두가 똑같다. 그래서 이 길은 공평하다. 쉽게 가려는 자에게는 길을 내어주지 않는다. 돈과 명예의 힘이 있어도 편법이 통하지 않는 목표 지점까지의 고행, 그 이유 하나만으로도 이 땅에 살면서 꼭 한번은 가봐야 할 길이다. 이처럼 공평한 길을 세상 어디서 걸을 수 있을까?

 이렇게 고행의 관문을 통과하면 부처님 진신사리를 모신 불뇌사리보탑을 만난다. 마음으로 진신사리를 친견했다면 눈으로는 바로 앞에 펼쳐진 내설악 용아장성龍牙長城 기암괴석의 장관을 품을 수 있다. 용아장성은 설악산 대청봉에서 서북 방향으로 뻗어 나간 산줄기가 마치 용의 송곳니처럼 날카롭게 솟은 20여 개의 암봉들이 긴 성벽처럼 이어져 있어서 붙은 이름이다. 구름이 암봉을 휘감을 때면 이곳은 지상의 선

머나먼 봉정암 가는 길

계仙界로 변하고 바라보는 자신은 마치 신선처럼 느껴진다. 춘하추동 어느 계절에도 비경을 숨기지 못하고 드러내고 마는 순박한 산이다.

이런 곳이라면 나도 숨김없이 대화를 나눠야겠다. 봉정암은 그렇게 하라고 우리를 부른다. '나는 지금 어디로 가고 있는 나그네인가?' 왕복 8~10시간, 숨을 헐떡이며 자신에게 묻고 자신이 답해야 하는 길이다. 이 길에서 자신이 진정 걸어가야 할 길을 발견할지도 모른다.

봉황이 점지해준 곳
불뇌사리보탑

봉정암은 자장율사가 당나라에서 귀국한 이듬해 서기 644년 창건했다고 전한다. 자장이 불사리를 나누어 일부를 금강산에 봉안하려고 둘러

봤으나 적당한 곳을 찾지 못하던 어느 날 오색빛 속에 나타난 봉황을 만났다. 봉황은 자장을 안내하며 한참을 날아 큰 바위가 병풍처럼 둘러쳐진 곳에 이르렀고 그중 한 바위에 오른 후 사라졌다. 자장에게 그 바위에 불사리를 봉안하라는 암시였다. 자장이 보니 부처님 모습처럼 생긴 바위였고 봉황이 사라진 자리는 부처님 이마에 해당하는 부분이었다.

자장은 탑을 세우고 당나라에서 가져온 불사리를 봉안했다. 봉황鳳이 부처님 이마頂를 알려줬으니 '봉정암鳳頂庵'이다. 설악산의 비경을 두루 품은 명당이다. 설악산은 『동국여지승람』에서 '한가위에 덮인 눈이 이듬해 하지에 녹는다'고 해, 한여름 몇 달을 제외하고는 연중 눈으로 덮인 암벽 산이어서 설악산雪嶽山이라 불리게 됐다. 눈과 암반이 산 이름의 주인공이다.

자장 이후 다시 20여 년이 흐른 문무왕 17년 서기 667년, 원효대사가 이곳에 암자를 새로 지었다. 이어 1188년 고려의 보조국사 지눌이 참배하며 중건했다. 이후 조선 시대까지만 해도 무려 7차례 중건이 이어졌고, 6·25 한국 전쟁 때 탑만 남았던 것을 1960년, 1985년 두 차례 중건을 통해 적멸보궁과 산신각 등 당우를 지어 지금에 이르고 있다.

종무소 앞마당에서 바라보이는 거대한 암벽 중 가장 높게 솟은 특이한 바위가 봉황이 점지해주고 사라졌다는 바위다. 이곳의 정면에서 보는 모습과 달리 적멸보궁으로 가서 측면에서 보는 모습은 과연 부처님의 형상 그 자체다. 봉정암에서는 이 바위를 신성시한다. 진신사리를 모신 오층석탑은 사찰 서쪽의 절벽 암반 위에 세워져 있다. 그곳엔 수십 명의 참배객이 예불을 올릴 수 있는 공간이 있어 많은 사람이 찾는다. 반대편 멀리 떨어진 적멸보궁에서도 사리탑을 바라볼 수 있다. 보

가까이서 본 불뇌사리보탑

통은 적멸보궁 전각 뒤에 사리탑이 있기 마련인데 봉정암은 공간상 멀리 떨어져 있되 바라볼 수 있는 구조란 점이 특징이다.

이 사리탑은 원래는 산신각 옆 바위에 세웠다고 한다. 그 후 어느 때 지금의 자리로 옮겼고 원래 자리의 바위에는 '석가사리탑釋迦舍利塔'이라는 각자가 남아 있다.

봉정암의 사리는 부처님의 뇌사리라고 한다. 그래서 봉안한 오층석탑은 불뇌보탑佛腦寶塔 또는 불뇌사리보탑佛腦舍利寶塔으로 불린다. 그러니 부처님의 뇌를 친견하는 순례인 셈이다. 그런 연유에서일까, 어떤 이는 이 절에 반해 머물다 완쾌가 어렵다던 질병을 치유했다는 사람도 있다.

탑은 신라 양식을 한 고려 시대 작품이란 평가다. 암반 위에 세운 만큼 기단석은 생략됐다. 때문에 암반 위에 탑을 심어놓은 형상이다. 기단부가 없는 대신 암반에는 연꽃 문양을 새겼다. 1면에 4엽씩 모두 16엽의 연꽃이 기단부를 대신했고, 자연스레 꽃잎 위에 부처님을 모신 것이다.

날씬하게 치솟은 석탑은 위로 올라가면서 옥개석이 일정한 비례로 줄어든 모습이다. 상륜부도 석재인데 원뿔형 보주로 탑을 마무리했다. 이래저래 특이한 탑이다.

사리탑 참배객 뒤쪽 경사지로 오르면 내설악의 장관을 한눈에 담을 수 있다. 바로 앞에 곰처럼 생긴 곰 바위와 그 너머에 내리달리는 용아장성이 마치 예술가가 남긴 작품처럼 보인다. 용아장성 오른쪽의 긴 능선은 공룡능선이다. 설악산의 무너미 고개에서 마등령까지의 능선으로, 공룡의 등처럼 생겼다 해서 붙은 이름이다. 수시로 휘감아 돌다 사라지는 운해가 장관이다.

곰 바위와 용아장성

　봉정암은 기암괴석이 많은 곳인 만큼 거북 바위와 두꺼비 바위도 놓칠 수 없다. 봉황 바위 오른쪽 바위군에는 거북이 등에 올라탄 두꺼비 바위가 기묘하다.
　봉정암은 오늘날 데크 계단을 만들어 길을 냈어도 오르기 힘든 곳인데 신라 시대에 어떻게 이런 곳에 사찰을 세웠는지 상상할 수 없다. 그리고 이 초자연의 험난한 길을 마다않고 걷고자 했던 옛사람들은 누구였을까?
　백담사에서 오르는 길은 한 시간 거리에 있는 영시암永矢庵에서 두 갈래로 나뉜다. 수렴동 대피소로 향하는 직진 코스와 오세암으로 향하는 왼쪽 길이 있는데 수렴동 대피소로 가는 길이 그나마 편하고 빠르다. 이 길은 아름다운 계곡을 따라 걷게 되는데 두 폭포가 어우러지는 쌍룡폭포와 천상의 선녀도 반할 에메랄드빛 못이 줄지어 있다. 영시암은 조선 후기 유학자 김창흡金昌翕(1653~1722)이 영의정이었던 부친 김수항金壽恒이 기사환국己巳換局으로 사사되자 세상을 등지고 은둔해 지은 사찰이다. 정치계의 피바람은 억불숭유 시대 유학자에게 사찰을 짓게 할 만큼 냉혹했다.

오세암 코스는 거리도 멀고 고개가 많아 만만찮은 길이다. 물론 수행이 목적인 순례길이라면 마다할 이유도 없다.

이 험난한 순례길에서 성찰하며 걷는 사이 이곳 백담사와 오세암五歲庵에서 만해 스님이 그랬듯이 바람 소리 하나에 문득 나를 깨닫게 된다면 인생이 더없이 행복할 테다.

"사나이 가는 곳마다 바로 고향이건만男兒到處是故鄉
몇 사람이나 나그네 시름 속에 오래 젖어 있었나幾人長在客愁中.
한 소리 크게 질러 삼천 세계 깨뜨리니―聲喝破三千界
눈속에도 복사꽃이 훨훨 날린다雪裡桃花片片飛."

1917년 겨울밤, 만해 한용운 스님이 오세암에서 수행 중 바람 소리에 깨달음을 얻고 읊은 게송이다.

* **봉정암에서 꼭 봐야 할 것들**
불뇌사리보탑, 봉황 바위, 거북 바위, 두꺼비 바위, 적멸보궁, 석가사리탑 각자, 곰 바위, 용아장성, 공룡능선

적멸보궁

4편

영월 사자산 법흥사

만세의 안녕 누릴 무릉도원

정토 위에 세운
구산선문 사자산문

"사자산獅子山은 적악산赤嶽山(치악산의 옛 이름) 동북쪽에 있는데 수석이 삼십 리 이어져 있으며 주천강이 여기서 발원한다. 남쪽의 도화동桃花洞과 무릉동武陵洞은 시내와 샘의 경치가 뛰어나고 복지福地라고도 하는데, 참으로 속세를 벗어나 살 만한 곳이다."

이중환이 『택리지』에서 언급한 영월 사자산의 〈산수山水〉 이야기다. 말만 들어도 낙원 같은 그 무릉도원 품 안에 법흥사法興寺가 있다.

자장율사가 서기 643년 당나라에서 귀국한 이래 통도사와 오대산, 태백산에 부처님 진신사리를 모시면서 사자산에도 흥녕사興寧寺를 창건하며 진신사리를 봉안했다. 5대 적멸보궁의 한 곳이 된 것이다. 산이름 '사자'는 불법을 수호하는 동물이기도 하지만 부처님이 앉는 자리인 '사자좌獅子座'를 뜻하기도 한다. 진신사리를 모셨으니 산 이름도 의미가 깊다.

자장율사는 선덕여왕 시대 고구려·백제가 잇따라 신라를 공격해오고 주변국이 여왕이라 업신여기자 불교를 통한 호국과 안정을 도모했다. 대표적인 것이 황룡사 구층목탑 건축이다. 이는 주변 9개 나라를 굴복시키는 것이었다. 이러한 정신은 흥녕사 사명에도 반영된 것인데, '나라를 흥興하게 하고 백성의 안녕寧을 기원한다'는 의미다. 흥녕사는 1902년에 법흥사로 이름이 바뀌게 된다. 그 법맥을 잇겠다는 뜻이리라.

법흥사 풍경

　신라 말 어수선한 정국에 불교계에서는 선종禪宗이 들어오면서 새로운 바람이 불었다. 기존의 경론 중심의 교학 불교는 진정한 불교 정신이 아니라는 주장을 내세우며 문자나 형식에 얽매이지 않고 마음으로 전하고 깨닫는 선종 바람이 분 것이다. 선종은 '불립문자不立文字·교외별전敎外別傳·직지인심直指人心·견성성불見性成佛'이라는 자유로운 방식을 표방하며 왕도王都 경주에서 멀리 떨어진 산중에 9갈래의 새로운 산문을 열었는데 이것이 구산선문九山禪門이다. 그 9개의 선문 중 흥녕사에는 사자산문獅子山門이 열렸다.

사자산문의 실제 개산조는 징효澄曉 절중대사折中大師다. 절중대사는 당나라에서 남종선南宗禪 도일 마조道一馬祖의 제자 남전 보원南泉普願에게 선법을 이어받고 신라에서 선풍을 크게 일으킨 철감澈鑑 도윤선사道允禪師의 제자다. 절중은 화순 쌍봉사에서 도윤선사에게 법맥을 이어받아 영월 흥녕사에서 사자산문을 열었으니 한 가족이 두 지붕을 이룬 셈이다. 제자가 가서 열었으나 정신적으로는 스승인 도윤선사가 개산조나 마찬가지다. 헌강왕은 절중이 주석한 흥녕사를 중사성오늘날의 비서실에 예속시킬 만큼 관심을 가졌다.

절중대사는 훗날 강화도에서 입적했지만 그의 부도와 탑비는 흥녕사에 봉안했다. 효공왕은 징효라는 시호와 보인寶印이라는 탑명을 내렸다.

흥녕사는 진성여왕 5년서기 891년 소실된 후 몇 차례 중건, 화재 속에 명맥만 유지해오다 1902년 비구니 대원각大圓覺 스님이 중건하면서 오늘날의 법흥사가 되었다.

또 하나의 무릉도원 '만다라'

영월寧越이라는 지명은 '험준한 산과 물 등 자연의 장애물을 편안하게 넘는다'는 뜻을 갖고 있다. 험준한 산악과 계곡이지만 사람을 살리는 고장이라는 뜻이다. 그나마 타운이라 할 수 있는 면소재지에서 법흥사까지는 15km나 되는 기나긴 계곡이다. 오늘날에야 자동차로 사찰 앞까지 쉽게 갈 수 있지만 그 옛날에는 어떻게 이곳까지 왔을까?

중간중간 형성된 마을을 바라보는 느낌은 아늑하고 평화롭다. 사시사철 복사꽃이 필 것만 같은 무릉도원의 정취가 오감을 통해 전해온다.

법흥사는 넓은 터에 비해 사찰은 작다. 하지만 이제 시작일 뿐이다. 이 여백 위에 그릴 그림의 소재는 무궁무진하기 때문이다.

넓은 주차장과 접해 있는 2층의 출입문은 두 가지 기능을 한

1. 원음루 금강문 2. 돌담

다. 아래층은 금강역사가 사악한 무리를 물리치며 사찰을 수호하는 금강문이고, 2층은 원음루圓音樓 현판을 단 누각이다. '원음'은 모난 데 없이 원만하고 화합하는 부처님의 말씀이다. 이곳엔 법고·운판·목어가 있어 종각의 기능을 한다.

이 문을 지나가면 왼쪽으로 매우 넓은 마당이 펼쳐져 있고 그곳에 아미타불을 모신 극락전이 있다. 이 극락정토에서 중생들에게 설법하는 것이다. 극락전을 바라보는 방향에서 왼쪽 옆에는 자장율사와 징효국사 영정을 모신 조사전이다.

극락전의 오른쪽엔 징효국사의 부도와 보인탑비가 있다. 신라 하대 양식의 부도로 다소 왜소해 보일 만큼 소박한 반면 보인탑비는 탑신이 우뚝 솟아 대비를 이룬다. 거북이가 여의주를 물고 있는 모습이 생동

1. 징효국사 부도 **2.** 징효국사 탑비

감을 준다. 부도 뒤 산비탈엔 수백 년 된 밤나무가 아직도 늠름하다.

적멸보궁을 오르는 입구엔 앙증맞은 전각 만다라전이 있다. 만다라는 티베트 불교인 밀교에서 우주 진리의 법신 세계를 뜻한다. 아주 고운 모래에 색깔을 입혀 불화로 표현한 전각으로 국내서는 찾아보기 어렵다. 만다라는 일반적으로 극락정토 변상變相으로 표현된다. 이 만다라는 2018년 평창 동계올림픽의 성공을 기원하며 티베트 스님 9명을 초대해 '아미타 만다라'로 조성한 것이다. 밀교密敎는 드러내지 않고 은밀하게 전파한다는 의미대로, 주술적이고 상징적인 도형을 사용하는 특징을 갖고 있다. 근래에 이 티베트 불교를 수용한 역사는 먼 훗날에 또 다른 전설 같은 이야기로 들릴 것이다.

적멸보궁으로 오르는 길 도중에 만나는 산신각 또한 특이하게 주변을 에워싼 사자산·구봉대산·백덕산의 세 산신을 모시는데, 이 중 백덕산 여女 산신이 아주 영험하다는 이야기가 있다.

이 산신각 위쪽 명당에 적멸보궁이 자리한다. 가파른 산허리에 넓은 마당을 가진 적멸보궁에 오르면 이곳이 과연 무릉도원임을 누구나 느낄 수 있

만다라전

다. 주변에 펼쳐진 멀고 가까운 산, 그 산에서 뿜어져 나오는 기운이 느껴진다.

적멸보궁 전각 뒤로 가면 연화봉에서 내려온 산줄기가 유려한 잔디밭 언덕을 이루는데 눈에 띄는 두 가지 유물이 있다. 토굴과 부도다. 적멸보궁 전각 바로 뒤에는 석가모니 진신사리를 모시는 부도 등이 있게 마련이다. 하지만 이곳의 부도는 석가모니 진신사리 부도가 아니다. 자장율사가 이 주변 어딘가에 진신사리를 모셨다는 것인데 정확히 알 수는 없다. 다만 연화봉 아래 이 주변에서 간혹 무지개와 같은 서광이 비친 이적이 있었다고 전하니 석가모니 진신사리의 영험한 기운이 아닐까 한다.

지금의 화강암으로 만든 이 부도는 고려 시대 어느 스님의 것으로 추정한다. 표면의 자물통 문양 양각은 사리를 봉안한 것을 상징하며 인왕상과 사천왕상 조각은 불법을 수호한다는 뜻이다. 이 부도는 그

토굴과 사리탑

나름대로 의미를 갖고 있다.

왼쪽 옆 토굴은 자장율사가 수도했다는 이야기를 갖고 있는데, 더 정확한 기록은 없고 발굴 조사 결과 고려 시대 석분의 흔적이 발견됐다. 징효대사 관련 돌방무덤이란 이야기도 있다. 좁은 입구와 달리 내부는 10단으로 쌓아 올리고 천장은 평평한 돌로 덮어 공간을 조성했다. 자장율사가 수도 정진하던 토굴이 징효대사를 거쳐 왔는지는 알 수 없다.

법흥사는 앞으로도 보여줄 것이 많은 사찰이다. 대표적으로, 2018

년 이곳 흥녕선원지에서 발굴된 귀한 반가사유상이 있다. 높이 15㎝, 폭 5㎝ 크기로, 국내에서 금동반가사유상의 출처가 분명한 첫 사례로 꼽힌다. 삼국 시대 걸작으로 평가받은 국보 제83호 금동반가사유상과 국보 제78호 금동반가사유상은 출토지가 명확하지 않다는 약점이 있다. 법흥사 반가사유상은 흥녕선원지라는 뚜렷한 출처를 지님으로써 문화재의 가치를 높였다. 오른쪽 다리를 왼쪽 다리에 걸치고, 오른팔을 오른쪽 무릎 위에 세워 손가락은 살짝 뺨에 대며 은은한 미소를 짓고 있다.

법흥사가 소재한 영월군 수주면은 2016년 무릉도원면으로 개칭됐다. 이곳이 지상낙원이다.

* 법흥사에서 꼭 봐야 할 것들
  징효국사 보인탑비, 징효국사 부도, 극락전, 만다라 불화, 산신각, 석함, 적멸보궁, 사리탑, 토굴

수마노탑

5편

정선 태백산 정암사

이상향으로 안내하는 수마노탑

자장율사 입적한 사찰

 자장율사가 말년에 명주溟州(지금의 강릉)에서 수다사水多寺를 창건하고 머물 때 전에 본 신비로운 스님이 다시 꿈에 나타나 "내일 대송정大松汀에서 그대를 만날 것이다."라고 하자 달려가 보니 문수보살이 와 계셨다.
 문수보살은 "태백산 갈반지葛蟠地에서 다시 만나자." 하고는 자취를 감췄다. 자장이 태백산으로 들어가 큰 구렁이가 나무 밑에 있는 것을 보고 함께 온 사람들에게 "이곳이 갈반지다." 하고 석남원石南院을 창건하니 이것이 정암사淨巖寺다.
 자장율사는 여기서 문수보살을 기다렸는데 어느 날 남루한 차림의 늙은 거사가 칡 삼태기에 죽은 강아지를 담아 메고 와서는 자장의 제자들에게 "자장을 보러왔다."라고 하자 제자는 스승의 이름을 함부로 부른 것에 항의했다. 거사는 "다만 스승에게 알리기만 하거라." 하니 제자가 자장에게 알렸다. 자장은 "아마도 미친 사람인가보다." 하고 상대하지 않았다. 이 말을 전해 들은 거사는 "돌아가리라. 자신의 학문과 지위에 자부심이 강한 사람이 어찌 나를 볼 수 있겠느냐?" 하고는 삼태기를 뒤집어 털자 강아지가 사자보좌獅子寶座로 변했다. 거사는 그 위에 올라앉아 빛을 발하며 사라졌다.

자장이 이 말을 듣고 몸가짐을 바로 한 후 빛을 따라 남쪽 고개로 올라갔지만 이미 아득히 사라진 빛을 따르지 못하고 마침내 몸을 던져 죽었다. 사람들은 자장의 시신을 화장해 유골을 돌구멍 속에 모셨다.『삼국유사』정암사와 마을 구전으로는 인근에 조전祖殿 터가 있는데 자장율사를 화장한 곳이라고 한다. 주민들은 뾰족바위 또는 너럭바위라고 부른다.

문수보살이 점지해준 곳에 정암사를 창건한 자장이 결국 찾아온 문수보살을 알아보지 못하고 정암사에서 입적했다. 정암사는 자장율사 입적일인 음력 9월 9일 별도의 제사를 지내왔다. 2020년에는 수마노탑이 국보로 지정되는 경사를 맞아 처음으로 개산대제開山大祭로 격을 높여 추모했다. 정암사 주지 천웅天雄 스님은 자장율사의 개산대제를 앞으로 지역의 문화로 정착시켜 나갈 계획으로 있다.

정암사는 자장율사가 당나라에서 가져온 부처님 진신사리를 모신 5대 적멸보궁 중 하나다. 정선 고한읍 깊은 산속에 있다.

자장은 처음 석남원을 짓고 진신사리를 모시기 위해 탑을 세우려 했으나 계속 쓰러졌다. 간절히 기도하자 추운 겨울날 칡 싹이 돋아나 탑을 세울 자리로 안내했다. 하룻밤 사이에 세 줄기가 올라와 멈춘 그곳에 각각 지금의 불사리를 모신 수마노탑과 적멸보궁, 사찰을 지었다. 이 때문에 절 이름이 갈래사葛來寺로 불렸고 훗날 정암사가 되어 오늘에 이른다. 정암사淨巖寺는 세속의 티끌이 없어지고 정결하다는 의미로 지어졌다. '갈래'라는 옛 이름은 지금도 남아 인근 고한읍에 '갈래초등학교'가 있다.

신비스러운
수마노탑의 비밀

일주문을 들어서면 차는 절 마당까지 가서 주차할 수 있다. 느릅나무로 만든 일주문의 〈태백산 정암사〉 현판은 우주 운행을 꿰뚫어 보는 예지력의 소유자 탄허 스님의 글씨라고 한다. 탄허 스님은 오랫동안 오대산 상원사에 주석했다.

절 마당에 들어서면 앞산 중턱에 이국풍의 신비로운 탑이 우뚝 서 있는데 수마노탑水瑪瑙塔이다. 자장율사가 서기 643년 당나라에서 돌아올 때 서해 용왕이 마노석瑪瑙石을 주자 배에 싣고 동해 울진포를 지나 이 산으로 옮겨 탑을 쌓고 부처님 진신사리를 봉안했다고 한다. 마노석은 옥돌·보석으로, 이 원석의 모양이 말의 뇌수를 닮았다고 해서 '마노瑪瑙'라 불린다. 마노는 '금·은·유리·파리·산호·진주'와 함께 칠보七寶로 꼽혀왔다. 이를 지니면 재난을 막아준다는 믿음이 있다. 바다를 건너 물길을 따라 실어왔다고 하여 '수水'자가 붙어 수마노석, 수마노탑이라 부르게 됐다. 하지만 원래의 옥돌은 비장해 두고 지금의 돌로 탑을 다시 쌓았다고 한다. 이 석재는 회녹색의 수성암 질석회암이다.

수마노탑을 세운 목적은 전란이 없고 날씨가 온화하며, 나라와 백성이 복을 받아 평안하게 살기를 염원한 데 있다고 한다. 이 탑을 유토피아의 상징으로 삼은 것이다. 이 탑에서 무지개 빛 서광이 나타났다는 이야기도 몇 차례 전해온다.

정암사에는 수마노탑 외에 금탑과 은탑도 있다고 한다. 뭇 중생의 눈에는 보이지 않는다. 사찰 동쪽에 천의봉, 북쪽에 금대봉이 있고 남쪽에 은대봉이 있는데 그 각각의 자리에 금탑·은탑·수마노탑이 있다는

가까이서 본 수마노탑

주장자(오른쪽 나무)와 적멸궁

것이다. 그중 수마노탑은 누구나 볼 수 있지만, 금탑·은탑은 자장율사가 후세 탐심을 떨치지 못하는 중생들의 육안으로는 볼 수 없도록 비장해 뒀다고 전해온다. 욕심을 내려놓으면 지혜의 눈으로 볼 수 있다 하니 그 주인공은 누구일까?

수마노탑은 산비탈에 정교하게 축대를 쌓고 평탄하게 바닥을 다져 7층으로 세웠다. 경주 분황사 모전석탑의 기술을 이어받은 전탑이다. 탑은 연꽃 무늬, 안상眼象 등으로 볼 때 고려 시대 축성한 것으로 추정한다.

지금의 모습은 벽돌이 매우 깨끗해 최근에 세운 듯해 보이지만 이는 사람들이 낙서를 하는 바람에 사포로 밀어 지우다 보니 아래위 색상이 달라져 아예 전체를 갈아 닦았다고 한다. 누군가에게는 매우 신성한 탑이다.

탑 아래쪽에는 적멸궁이 있다. 적멸궁에서는 진신사리를 모신 탑을

담장에 올라탄 범종각

향해 예불을 올릴 수 있다. 일반적으로 '적멸보궁'이라는 현판을 갖는 데 비해 정암사는 '적멸궁'이다. 의미는 같다.

정암사는 부처님의 진신사리를 모신 곳인 데다 자장율사가 일생을 마친 곳이기도 하다. 적멸궁 앞쪽 뜰에 '자장율사 주장자'라는 고목이 있으니 절은 작지만 그 가치는 더할 나위 없다. 자장율사가 지니고 다녔던 주장자拄杖子를 꽂아놓은 것이 자랐다고 전한다. 1300년 전 꽂은 주장자가 1000여 년을 살다 고사했는데 300년 전 속에서 새로 싹이 나오면서 살아 있으니 사람들은 자장율사가 다시 살아났다고 믿고 싶어 한다.

고목 앞에서 다리를 건너 나오면 실개천 옆의 담장이 아름답다. 더 아름다운 것은 담장 위에 걸터앉은 범종각이다. 마치 강태공처럼 담장에 올라앉아 발은 개울에 담그고 호젓하게 낚싯대를 드리운 채 '나는 어디서 온 누구인고?' 하는 모습과 같다. 1977년 주조해 어린 종이

민가를 닮은 관음전

지만, 던지는 메시지의 울림은 크다. 짤막한 종명鍾銘은 이런 말을 하고 있다.

"치면 치는 대로 울리지만隋叩隋鳴
그 소리 있으나 없으나 바탕은 한가지動靜一源
지옥은 그 매운 고통 멈추고地獄停其酸
삿된 무리 그 자취를 감추리邪魔潛其蹤."

성찰하고 사유할 여유를 안겨준다. 계류에 발 담그고 도시의 번잡함과 속세의 때를 잠시 씻으며 머리를 식히고 갈 안식처다.

이 개울은 열목어 서식지로 유명하다. 작은 실개천이지만 깊은 산속의 차고 청정한 물은 열목어熱目魚에 최적의 생존 환경을 제공해준다. 천연기념물 제73호로 지정돼 있다. 열목어는 한여름에도 수온이 20도이하여야 생존하는 냉수성 어류다. 눈에 열이 많은 물고기이니 찬물에서만 살 수 있다. 기후 변화로 남방 한계선이 점차 높은 위도로 올라가는 게 안타깝다.

금대봉 아래 정남향으로 앉은 관음전 건물은 일반 한옥 형식을 취한 데다 높이도 몸을 움츠린 듯 낮다. 이는 워낙 추운 태백산 속에서의 겨울을 이겨내기 위한 지혜라고 한다. 내부에는 높이 47cm의 관음보살좌상을 안치했다.

1. 열목어 서식지 2. 자장각

관음전 뒤쪽엔 삼성각과 이 절에서 가장 작은 전각 자장각이 있다. 자장율사의 영정을 봉안한 전각이다. 자장율사의 눈이 컸다는 구전이 있어 이곳의 진영도 눈을 크게 그렸다는 일화가 있다.

이 사찰은 작다. 사찰은 작아야 한다는 이야기도 있다. 사찰은 수도 정진할 곳이니 딱 그만큼의 크기면 족하다는 것이다. 이 작은 사찰, 연간 80만 명 안팎의 사람들이 찾는다.

* **정암사에서 꼭 봐야 할 것들**
  적멸궁, 주장자 주목, 수마노탑, 담장, 범종각, 열목어 서식지, 관음전, 자장각

2장

대표사찰

순례 1번지

불국사 · 석굴암
송광사
마곡사
월정사
조계사

석가탑 다보탑

1편

경주 토함산 불국사·석굴암

불국토 위에 세운 부처님의 궁전

적선이 가져다준 현세의 발복

　모량리 가난한 여인의 아들 대성大城이 부잣집에서 품팔이하며 그 집에서 준 약간의 밭으로 먹고 살았다. 하루는 그 부잣집에 스님이 와서 "한 가지를 보시하면 만 배를 얻게 된다."라고 하자 대성이 집에 와서 어머니에게 "저는 전생에 착한 일을 하지 않아 지금 가난한가 봅니다. 밭을 시주해 뒷날 응보를 기대하면 어떨까요?" 하니 어머니도 흔쾌히 동의해 시주했다.

　그런데 얼마 후 대성이 죽었다. 그날 밤 재상 김문량의 집에 "모량리에 살던 대성이 네 집에서 태어날 것이다."라는 하늘의 외침이 들렸다. 김문량의 아내는 곧바로 잉태해 아이를 낳았는데 왼손에 '대성'이라고 새겨진 금간자가 있었다. 다시 태어난 아이 이름을 김대성이라 짓고 모량리의 어머니를 모셔와 함께 봉양했다. 시주한 후 가난했던 전생에서 부유한 현세로 삶의 무대가 바뀐 것이다.

　대성이 성인이 되어 토함산에 올라 곰을 사냥했는데 밤에 곰이 귀신으로 변하자 대성이 겁에 질렸다. 곰이 "그럼 나를 위해 절을 세워달라."고 했고 대성은 곰을 잡은 자리에 장수사長壽寺를 지었다. 이를 계기로 자비심을 갖게 되어 이승의 부모를 위해 불국사를 세우고, 전생의 부모를 위해 석불사石佛寺(지금의 석굴암)를 세웠다. 석불사 마지막 작업으로 석굴 감실을 만들 천장 돌을 다듬는데 그만 세 조각으로 갈라져 버렸

청운교와 백운교(먼 쪽), 연화교와 칠보교(가까운 쪽)

다. 대성이 고심하다 깜빡 잠이 들었는데 천신이 내려와 완성해 놓고 돌아갔다.

일연 스님이 『삼국유사』에서 말한 불국사와 석굴암의 신비스러운 탄생 이야기다. 그런데 불국사는 김대성이 24년간 공사했음에도 완공을 보지 못하고 죽자 서기 774년 나라에서 맡아 완공했다고 한다. 김대성은 아버지에 이어 중시 中侍(행정수반)를 지냈다.

신라인들의 불국토 위에 불국사가 세워질 수밖에 없었던 이야기임을 보여준다. 대성이 곰과 맺은 인연은 '깨달음'의 상징이다. 가난과 부유를 거쳐 깨달음의 세계로 나아간 것이다.

불국사는 또 서기 528년 법흥왕의 어머니 영제 부인의 발원으로 창건하고 김대성이 중창했다는 기록도 있다.

 전설 같은 이야기의 불국사는 현실의 세계에 우뚝 서 있다. 일연 스님은 "불국사의 구름다리와 석탑은 그 공력으로 말하자면 경주의 사찰 중 이보다 더 뛰어난 것이 없다."라고 단언했다. 1300년 장구한 세월 속 불국사 역시 전생과 현세를 넘나들며 오늘에 이르고 있다.

시간과 공간의 세계 모두를 품다

 불국사는 일주문을 들어서면 연못을 지나 천왕문에 이르게 된다. 천왕문에서 다시 직선으로 난 진입로를 들어가면 마치 산중에서 성을 만나듯 좌우로 90m에 이르는 '성벽'과 누각을 마주한다. 정면의 누각이 자하문이고 왼쪽의 누각이 안양문이다. 이는 우선 두 개의 세상이 있다는 암시다.

 석축을 쌓은 것은 산악의 경사 지형 때문이기도 하지만 신성한 불국토의 위엄의 장치이기도 하다. 이 석축을 자세히 보면 2단으로 구분돼 있다. 가로로 구획된 중앙선을 경계로 아래쪽 돌은 크고 투박한 반면, 위쪽은 다듬어진 돌이다. 여기서부터 불국토의 심오한 논리를 암시하고 있다. 투박한 아래쪽은 아직 속세의 흔적이 남은 자의 모습이고 다듬어진 위쪽 돌은 수행의 시간이 지남에 따라 득도한 정도를 보여준다. 그 경지에 이르러야 자하문과 안양문을 올라가 각각 대웅전과 극락전으로 들어갈 수 있음을 시사한다.

 자하문을 오르는 계단 아래쪽이 청운교, 위쪽이 백운교다. 청운교

17계단, 백운교 16계단으로 모두 33계단, 즉 33도리천에 오르면 석가모니불을 모신 대웅전이다. 안양문으로 오르는 계단은 아래쪽이 연화교, 위쪽이 칠보교다. 안양문을 통하면 극락세계인 극락전을 만난다. 지금은 이 모든 계단을 이용할 수 없다. 자하문 현판 아래 공포가 착시 현상에 의해 세 분의 부처님 형상으로 나타나는 것도 볼거리다. 자하문 축선의 좌우 끝에는 범영루와 좌경루라는 누각이 있다.

1. 가구식 석축 2. 극락전

안양문 왼쪽 옆 석축 모서리 길로 접어들면 이 석축을 목재로 가구를 짠 듯 건축한 것을 볼 수 있다. 가구식 석축이다. 가로세로 판을 짠 듯한 기법은 석축을 굳건하게 하는 작용을 한다.

석축 끝자락에 극락전 영역으로 들어가는 문이 있는데 극락전 외곽에 사각형으로 담장처럼 회랑이 건축돼 있다. 회랑은 신성시되는 공간의 성벽 기능임과 동시에 비가 올 때도 이동이 가능하게 하는 장치다. 일반 사찰에서 보기 드문 불국사의 특징이기도 하다. 극락전은 극락세계를 관장하는 아미타부처를 모신다. 그러니 그곳엔 아무나 갈 수 없겠다. 가는 길만 해도 사바세계에서 10만 8천 국토를 지나야 한다. 그 먼 길조차도 자격이 돼야 가니 살아서 공덕을 많이 쌓으란 이야기다.

극락전에서 다음은 대웅전으로 향한다. 불국사의 가장 핵심적인 공간이라 할 수 있다. 석가탑과 다보탑이 있기 때문이다. 대웅전 앞에 1탑이 아닌 서로 다른 모양의 쌍탑을 세운 것 자체가 드문 일인데, 이는 『법화경』에서 기인한다. 석가여래보다 먼저 이 세상에 오셨던 부처 다보여래가 열반에 들 때 "내가 열반에 든 이후 『법화경』을 설하는 자가 있으면 내가 다보탑 모습으로 나타나 그 설법이 진실임을 증명하리라."라고 했는데 석가여래가 영축산에서 『법화경』을 설법하자 다보여래가 다보탑 모습으로 솟아 나와 그 설법이 진실임을 증명했다. 그리고는 자신의 자리 절반을 석가여래에게 양보해 나란히 앉아 의식을 가졌다. 불국사는 이를 형상화해 석가탑과 다보탑을 나란히 조성한 것이다. '여래如來'는 부처란 뜻이다.

　이 석가탑은 애틋한 사랑의 전설을 품고 있다. 백제의 후손 석공 아사달을 데려와 공사했다. 세월이 흐르면서 기다리던 아내가 찾아왔지만 탑이 완성되기 전까지는 남편을 만날 수 없었다. 매일 밖에서 지극정성으로 남편을 기다리던 아내에게 한 스님이 연못으로 안내하며 탑

대웅전

이 완성되면 연못에 비칠 것이라고 일러 주었다. 세월이 흘렀지만 탑과 남편의 모습이 나타나지 않자 아내는 연못으로 몸을 던지고 말았다. 애절한 사랑의 전설이기에 오늘날 우리에게 많은 생각과 상상력을 갖게 한다. 후세 사람들은 이 못을 '영지影池'라 부르고 그림자를 비춰주지 않은 석가탑을 '무영탑無影塔'이라 불렀다. 지금도 석가탑의 이칭이 무영탑이다.

다보탑 사자

남성미로 표현되는 석가탑은 삼층석탑 최고 절정기를 보여주는 걸작이다. 두 차례 도굴을 당했지만 이 속에서 사리장엄구가 발견돼 '무구정광대다라니경'이 우리 앞에 나타났다. 세계에서 가장 오래된 인쇄물이다. 불국사의 세계사적 가치를 한 단계 더 높인 유물이다.

여성미의 다보탑은 층을 강조하지 않은 무층탑이다. 사면에 조성된 사자상 중 3개는 일본인에 의해 지금도 행방이 묘연한 상태이고 하나만 남아 외로이 자리를 지키고 있다.

대웅전 내부에는 중앙에 석가모니불, 관람객이 바라보는 시선에서 그 왼쪽은 연등불의 화신인 제화갈라보살, 오른쪽은 미륵보살이다. 갈라보살은 과거불, 석가모니는 현세불, 미륵보살은 미래불이니 이 세 부처가 과거·현재·미래를 관장하는 삼세불三世佛이다.

천장에 고개를 내밀고 귀를 쫑긋 세운 원숭이와 사자, 용들은 부처님 설법을 듣고 다음 생엔 인간으로 태어나려고 안간힘을 쓰는 모습이다.

석굴암

    대웅전과 극락전이 전진 배치돼 있다면 이 두 전각 뒤에 비로전이 받치고 있다. 눈에 보이지 않는, 불교의 진리를 형상화한 비로자나불을 모신 전각이다.『화엄경』연화장세계이다.

    불국사는 과거·현재·미래는 물론,『법화경』석가모니불의 사바세계와『무량수경』아미타불의 극락세계,『화엄경』비로자나불의 연화장세계까지 시간과 공간을 두루 관장하는 불국토의 성역인 것이다.

    비로전 마당 왼쪽에는 예술성이 빼어난 고려 초 조각 광학光學부도로 알려진 사리탑이 있다. 헌강왕 왕비의 것으로 추정하나 자세한 내막을 알 수 없다. 1905년 일본으로 갔다가 1933년 돌아온 사연 많은 유물이다.

불국사 산 위쪽의 석굴암은 자동차로 이동해서 갈 거리다. 석굴암에 오르는 고갯마루를 향령香嶺이라 하는데 천신이 석굴암 감실의 천장돌을 완성해주자 김대성이 깜짝 놀라 따라가다 이 고개에서 향나무를 태워 공양을 올렸다 해서 불린 이름이다.

석굴암은 신라인의 과학·예술·불교를 집대성한 걸작으로서, 불가사의한 작품이다. 본존불의 완벽한 조각, 주변 석상에 표현된 로마 제국 병사의 의상, 서역인의 얼굴을 한 사람들 등 이는 신라가 서역 등 먼 외국과 활발한 문화 교류를 한 나라임을 암시한다. 우리 조상들은 이 위대한 작품을 만들어 잘 관리해 왔으나 일제 강점기 이후 잘못 손대는 바람에 습기로 몸살을 앓고 있다. 몸살은 지금도 진행 중이다. 오늘날 과학이 신라에 미치지 못한다.

광학부도

> *** 불국사·석굴암에서 꼭 봐야 할 것들**
> 영지, 자하문, 안양문, 청운교와 백운교, 연화교와 칠보교, 가구식 석축, 극락전과 내부 금동아미타여래좌상, 극락전 현판 뒤 돼지 조각, 연화교 연꽃잎 문양, 대웅전과 내부 삼세불, 대웅전 처마 물고기를 문 용, 대웅전 천장 사자 목각, 석가탑, 다보탑, 석등, 비로전과 내부 금동비로자나불좌상, 광학부도탑, 불국사박물관 내 무주정광대다라니경과 통일 신라 석조 등 유물, 석굴암 본존불과 각종 조각상

우화각의 단풍

스님이 보물이다

순천 조계산 송광사

2편

보조국사와
정혜결사

고려 중기 무신 정권 시절 정치적 혼란 속 불교계도 선禪과 교敎가 대립하며 타락할 때 이를 개혁하고자 한 인물이 등장한다.

젊은 승려 지눌知訥(1158~1210년)이 신앙 결사 운동을 통해 불교 정화에 나섰다. 불교의 타락을 냉철한 눈으로 봤고 이를 바로잡기 위해 산림에 은거하며 뜻있는 승려들과 의기투합했다. 지눌은 '선은 부처님의 마음이요, 교는 부처님의 말씀'이라는 결론을 얻고, 때문에 선과 교는 서로 대립할 것이 아니라 선정禪定과 지혜智慧를 함께 닦을 것을 주장했다. 이것이 정혜결사定慧結社 운동이다. 여기서 공동 이익을 위한 조직 단체 '결사結社'란 말이 탄생했다.

우리나라 불교 역사상 처음으로 체계적인 결사 운동을 펼친 것이다. 팔공산 거조사를 거쳐 지리산 상무주암에서 깨우침과 결사의 초석을 다진 지눌은 각계 많은 사람들이 동참하자 더 넓은 공간이 필요했다. 그렇게 찾은 곳이 송광산 기슭의 길상사吉祥寺였다.

길상사는 신라말 혜린선사慧璘禪師가 창건한 사찰로, 지눌이 폐허가 되다시피 한 이곳에 오면서 대대적으로 중창을 하자 1205년 고려 희종熙宗(재위 1204~1211년)이 축하하며 송광산 이름을 조계산曹溪山으로, 사찰명을 수선사修禪社라 지어 내렸다고 한다. 당시엔 사찰의 '寺'를 '社'로 종종 쓰기도 했다. 조계산은 중국 육조 혜능이 주석했던 산 이름으로, 선

禪을 추구하던 이상향이었다. '열심히 수행하라'는 뜻의 수선사는 훗날 송광사松廣寺로 이름이 바뀌어 오늘에 이른다.

　지눌은 선정과 지혜는 둘이 아니라 하나라는 것을 강조하게 되는데, 선정은 마음이 하나가 되도록 집중하는 것이고, 지혜는 마음을 환히 밝게 하는 것임을 강조해 정혜결사는 결국 선정과 지혜를 함께 닦는 '정혜쌍수定慧雙修'와 '돈오점수頓悟漸修' 수행을 필요로 한다는 것이다. '돈오'란 인간의 본심도 깨닫고 보면 부처와 다름이 없다는 것이며, '점수'란 비록 그렇다 해도 번뇌가 없어지는 게 아니므로 점진적으로 수행을 이어가야 한다는 것이다. 깨달음과 수행을 강조한 말이다.

　선禪의 기원은, 석가모니가 영산회靈山會에서 연꽃 한 송이를 대중에게 들어 보이자 아무도 그 의미를 알지 못했는데 마하가섭만이 그 뜻을 깨닫고 미소를 지었다. 이에 그에게 불교 진리를 전해주었다고 하는 데서 유래한다. 대중에게 꽃을 들어 보였다 하여 염화시중拈華示衆, 꽃을 들자 미소를 지었다 하여 염화미소拈華微笑, 마음으로 마음을 전했다 하여 이심전심以心傳心이라는 말이 탄생했다. 모두 마음으로 통했다는 의미의 말로 쓰인다.

송광사 풍경

조계산 송광사에서 일으킨 지눌의 불교 개혁 운동은 결국 1941년 선교禪敎 양종兩宗을 통합함으로써 조선 불교 총본산을 설립하기에 이르렀다. '조계종'이라는 이름과 그 총본산이 있는 서울 종로구의 사찰 조계사曹溪寺란 이름의 '조계'는 고려 시대 이후 오랜 세월을 지나오며 명맥을 이어가게 되었다.

부패한 시대를 통찰하고 혁신을 실천한 선각자 지눌의 정혜결사 정신은 오늘날 한국 불교의 큰 맥을 이었고 이는 조계종의 골격이 되었다. 정혜결사의 현장인 송광사에는 오늘날에도 하안거夏安居와 동안거冬安居 때 지눌의 정신을 배우고자 전국에서 승려들이 몰려든다. 지눌은 영원히 살아 있는 스승이다.

법정 스님이 서울 성북동의 유명한 요정이었던 대원각을 김영한 여사로부터 시주받아 사찰로 삼으면서 길상사라 부른 것도 법정 스님이 길상사 터를 이어받은 송광사와의 인연 때문이다. 송광사 말사 불일암에 주석했었다. 송광사松廣寺란 이름은 솔갱이소나무(松)가 널리廣 분포해 많았기 때문에 불렸다는 설이 유력하다.

16국사 배출한 '승보사찰'

송광사는 보조국사 지눌을 시작으로 총 16명의 국사를 배출하면서 '승려가 보물'인 승보사찰의 명성을 갖게 됐다. 한국 불교의 승맥僧脈을 이은 송광사는 결국 한국 불교 전통을 전승한 산실로서의 위상을 갖는다.

고향수와 세월각-척주당

   주차장에서 처음 만나는 개울 위 아름다운 홍예교엔 청량각이 세워져 있다. 천장에 용이 고개를 내밀고 있는 모습이 눈길을 끈다. 이어 시원한 숲길을 따라 잠시 걷다 보면 부도밭을 지나 송광사 일주문을 만난다. 이 일주문 안에는 고사한 고향수枯香樹가 있다. 보조국사 지눌이 지팡이를 꽂아 자신의 불멸을 입증한 나무로 전한다. 지눌 스님의 열반과 함께 죽었는데 지눌 스님이 송광사를 다시 올 때 나무도 소생한다는 예언을 남겼다고 한다.

   고향수 옆에는 송광사에서만 만날 수 있는 특수한 전각 2개가 있다. 각각 아주 작은 단칸 건물인 세월각과 척주당이다. 죽은 자의 혼을 실은 가마의 관욕처다. 세월각은 여자의 영가를, 척주당은 남자의 영가를 관욕한다.

1. 대웅보전 2. 관음전

개울을 건너는 다리의 누각은 우화각이다. 하류 쪽 징검다리에서 바라보는 경치는 송광사 최고의 풍경을 자랑한다. 가을엔 물 위로 가지를 뻗은 빨간 단풍과 물에 비친 홍예교가 그림 같다. 때문에 옛날엔 시인과 묵객이, 오늘날에는 사진작가들이 줄 잇는 곳이다. 그곳 개울에 두 다리를 뻗고 서 있는 침계루의 여유로운 풍경에 빠지면 시간 가는 것도 잠시 잊게 한다.

우화각·천왕문·종고를 차례로 들어서면 넓은 광장이 나오고 정면에 송광사의 중심 건물 대웅보전이 광장을 통솔한다. 이 건물은 1988년에 중창된 새 건물이지만 '亞' 자형의 평면 건축으로 유명하다. 대웅전 앞에 으레 있어야 할 탑이 송광사에는 없다. 사찰은 풍수를 많이 고려하는데, 송광사 자리가 물 위에 뜬 연꽃 형상이라 석물을 세우지 않았다고 한다. 이러한 사례는 다른 사찰에서도 간혹 유사한 이야기가 전해오기도 한다.

광장 북쪽의 승보전은 승보사찰의 상징성을 가진 전각으로, 이전에 대웅전으로 쓰던 건물을 옮겨 놓은 것이다.

승보전 측면 방향의 관음전은 고종황제와 인연이 있다. 1903년 고종이 성수망육聖壽望六(51세)을 맞아 〈성수전聖壽殿〉이란 편액을 내리고 황

보조국사 감로탑

실 기도처로 삼았던 곳이다. 이후 관음전으로 바뀌었는데 내부 관세음보살 좌우의 태양과 달 그림은 고종황제와 명성황후를 상징한다. 일반 사찰에서 볼 수 없는 벽화로 장식된 특징을 갖고 있다.

관음전 뒤에서 가파른 계단을 오르면 보조국사 감로탑이 있다. 보조국사 지눌의 정혜결사를 떠올리게 하는 유물이다. 1210년 열반하자 고려 희종은 '불일 보조국사'란 시호와 '감로탑'이란 탑호를 내렸다. 이곳은 지대가 높아 송광사의 겹겹이 중첩된 기와 지붕과 앞산의 풍경이 절묘한데 두 번째로 아름다운 곳이라 할 만하다.

관음전 옆 지붕 위에 작은 지붕이 하나 더 있는 특이한 건물은 하사당이다. 조선 세조 7년에 지은 건물로 지붕 위의 솟을지붕은 부엌 위의 환기구다. 오늘날 아파트 주방의 가스레인지 위 환풍 기구가 이 원

하사당과 지붕의 환풍구

리를 따르고 있는 것을 보면 우리 조상들의 지혜는 이미 500~600년이나 앞섰던 것이다. 특이한 건축물의 요사채다. 먼 조상의 지혜가 오늘날에도 긴요한 아이디어가 되고 있음을 보여준다.

대웅전 뒤 수선사는 송광사의 전신이라는 의미가 있다. 보조국사 지눌이 거처했던 공간이다.

옆의 국사전은 송광사에서 가장 오래된 건물로, 고려 공민왕 때인 1369년 처음 세운 것으로 전한다. 16국사의 영정을 모신 전각이다.

지장전 옆의 작고 아름다운 건물, 약사전은 작아서 더 아름다운 건축물이다. 건물도 독특한데 옆의 영산전과는 크기만 다를 뿐 빼닮았다.

송광사에 또 하나 볼거리가 있으니 비사리 구시라는 것이다. 1742년 남원 송동면 세전골의 큰 싸리나무가 태풍에 쓰러진 것을 손질해 만든 밥통이다. 스님들과 불자들을 위해 밥을 담아 두는 통으로 무려 쌀 7가마분, 약 4000명분의 밥을 담을 수 있다고 한다.

국사전

또 고려 시대에 처음 들여온 야생 매화 송광매松廣梅가 유명하다. 현재 대웅전 옆의 이 송광매는 대를 이어 수령이 300여 년 된 백매화다.

성보박물관에 가면 마치 르네상스 예술품을 보는 듯한 송광사 목조 삼존불감을 만날 수 있다. 당나라에서 가져온 것으로 추정하는데, 삼등분 접이식 휴대형 불감이다.

* 송광사에서 꼭 봐야 할 것들
　청량각 홍예, 청량각 용, 일주문, 고향수, 세월각, 척주당, 우화각 홍예, 亞 자형 대웅보전, 승보전, 관음전 내부 벽화, 보조국사 감로탑, 감로탑에서의 사찰 전경, 하사당 솟을지붕, 수선사, 국사전, 약사전, 영산전, 비사리 구시, 송광매, 성보박물관 내부

석가탄신일 풍경

3편

공주 태화산 마곡사
봄의 왈츠 춘마곡

풍수왕 세조가 감탄한 땅
김구 은둔

천하를 차지하긴 쉬워도 인재를 얻긴 어렵다. 조카 단종의 자리를 꿰찬 세조世祖가 온양 온천에 유람 왔다가 가까운 마곡사에 매월당 김시습이 은거한다는 이야기를 듣고 찾아온다. 생육신 절개를 지킨 신하를 품을 수 있다면 자신의 정통성도 문제될 것 없기 때문이다.

세조가 온다는 이야기를 들은 김시습은 한발 앞서 자취를 감췄다. 천하에 신하 하나 얻지 못한 세조가 한탄하며 타고 온 연輦(가마)을 다시 타기 부끄러워 두고 떠났다.

세조가 마곡사와 맺은 인연이 전해오는 이야기다. 세조는 영산전 뒷산에 올라 주변을 살피며 이번엔 감탄사를 쏟아낸다.

"내가 비록 왕이지만 만세불망지지萬世不亡之地인 이곳과는 비교할 수가 없구나!"라고 극찬했다 한다. 그곳을 군왕대君王坮라 부른다. 세조는 정조와 함께 풍수에 해박한 왕이었다.

마곡사는 3개의 산봉우리가 바람개비처럼 휘감아 도는 중심에 자리한 천하명당이다. 그 중심에 다시 개울물이 수려한 'S'자 곡선을 그리며 흘러, 마곡사 지형을 '산태극 수태극山太極 水太極'이라 부른다.

마곡사 일대는 이미 도선국사가 삼재三災(전염병·전쟁·기아)가 들어오지 못할 땅이라 예언했고 '조선의 노스트라다무스' 격암 남사고南師古 선생도 '십승지十勝地'로 꼽았을 만큼 목숨을 부지하며 살아남을 수 있는 땅으로

백범당

주목받았다.

  백범 김구 선생이 청년 시절 일본인 장교 츠치다土田壤亮를 살해한 후 투옥됐다가 탈출해 마곡사에서 은신했다.

  "사제師弟 호덕삼扈德三이 머리털을 깎는 칼을 가지고 왔다. 냇가로 나가 삭발 진언을 쏭알쏭알 하더니 내 상투가 모래 위로 뚝 떨어졌다. 이미 결심을 하였지만 머리털과 같이 눈물이 뚝 떨어졌다."

  마곡사에서 불교에 귀의하던 날 김구는 자신도 모르게 눈물이 떨어졌다. 이때부터 반년 남짓 김구는 원종圓宗이란 법명의 승려로 지내다 훗날 중국에서 독립운동을 이어갈 수 있었다.

  풍진風塵의 속세를 뒤로 하고 신록이 겹겹이 둘러싸인 개울가에 봄기운이 완연할 땐 심산유곡 마곡사의 아름다움은 절정에 달한다. 새싹에 속삭이는 바람소리와 새소리는 선율 따라 너울거리는 '봄의 왈츠'일 테다. 그래서 예로부터 '춘마곡 추갑사春麻谷 秋甲寺'라 해서 마곡사의 봄 경치를 예찬했다.

　사람의 목숨을 보전하는 안전한 땅, 천하의 명당, 그 땅 위에서 피어오른 봄의 기운은 '춘마곡'으로 활짝 꽃피운다.

　마곡사에서 창건 연대는 그다지 중요하지 않다. 중요하지 않은 것은 정확히 알 수 없기 때문이며 그것을 능가하는 현재의 가치가 있기에 얽매일 필요가 없다는 얘기다. 창건주로는 자장율사 등 여럿 있지만 다양한 설이 존재한다. 다만, 1650년 각순대사가 크게 중창하면서 오늘의 마곡사 틀을 갖춘 것은 분명하다.

　마곡사麻谷寺라는 사찰명도 법회 때 사람들이 삼나무麻처럼 빽빽하게 이 계곡谷에 모였다 하여 생겼다는 이야기, 당나라 마곡 보철麻谷普徹 스님의 호라는 이야기 등이 있다.

불화 꽃피운
남방화소 갤러리

　마곡사는 두 개의 영역, 남원과 북원으로 이루어져 있다. 주차장에서 작은 다리를 건너면 남원이다. 해탈문 앞에서 왼쪽으로 접어들면 남원의 중심 건물인 영산전이 주변 건물을 거느리고 동향으로 앉아 있다. 1650년 중수되어 이어온 마곡사에서 가장 오래된 건물이다. 바로 이 〈영산전靈山殿〉 현판을 세조가 썼다고 한다. 신하를 얻지는 못했지만 친필은 남겼다. 영산전 내부에는 고려 시대 제작한 목조 7불이 독특하다. 우물천장과 고주高柱, 서까래 역시 특이하다.

　해탈문에서 천왕문을 지나고 마곡천의 극락교를 건너면 북원에 이

불화 꽃피운 <마곡사 괘불탱> [국립중앙박물관 전시물 촬영]

르게 된다. 영산전 중심의 남원이 수행의 공간이라면 이곳은 교화의 공간이다. 다리를 건너자마자 정면의 큰 법당 대광보전과 그 지붕 너머로 보이는 대웅보전은 중첩된다. 단층의 대광보전은 수평, 2층의 대웅보전은 수직 구조로 조화를 이룬다.

마당의 오층석탑은 이국풍의 특이한 모습이다. 상륜부에 풍마동 風磨銅 이 설치돼 있는데 세계에 단 3개밖에 없는 탑이라고 한다. 원나라가 중국을 지배할 때 라마교의 영향을 받아 세운 것으로 보고 있으나 정확한 기록이 없어 상상에 맡겨야 할 것 같다.

오층석탑 사면불

금동 재질로 인해 금동사리보탑, 풍마동 다보탑으로도 불린다. 이 탑에는 전 국민의 사흘간 기근을 막아줄 만한 가치를 지닌 탑이라는 전설이 내려온다. 아마 탑을 세울 때 그 뭔가의 가치를 담은 사연이 있었을 터이다. 탑 사면에는 사면불 四面佛 이 양각돼 있어 시공을 초월, 어디에든 부처님이 계신다는 암시다.

티베트 불교인 라마교는 원나라 시절 고려에 크게 영향을 끼쳤다. 특히 결혼을 허용한 티베트 불교는 고려에도 그대로 전해져 고려 승려 절반이 결혼했다고 한다. 고려 불교 변질의 원인이 되었다.

바로 앞의 대광보전은 앉은뱅이도 걸어서 나오게 한 삿자리 전설을 갖고 있다. 앉은뱅이가 이곳에서 100일 동안 기도하며 삿자리를 짰는데 마침내 일어서서 나올 수 있었다고 한다. 마곡사의 중심 건물인 대광보전에는 비로자나불을 모셨다. 대광보전의 주련 중 '각래관세간 유여몽중사 却來觀世間 猶如夢中事'라는 구절은 백범 선생을 추억하게 하는 문구다. '돌아와 세상사를 보니 마치 꿈속 일만 같구나' 라는 의미다.

해방 이듬해 약 50년 세월 만에 다시 마곡사를 방문한 백범 선생은 이 구절 앞에 서서 청년 시절 머리를 깎고 승려가 됐던 순간이 떠올라 생각에 빠져들었다. 백범은 대광보전 옆에 향나무 기념식수를 하고 떠났다.

대웅보전 내 싸리기둥

대웅보전으로 오르면 2층의 건물이 좁은 터에 솟아 있다. 외관은 2층이지만 내부는 통층이다. 가운데 석가모니, 여행자가 바라보는 오른쪽엔 약사여래, 왼쪽엔 아미타여래가 모셔져 있다. 대웅보전에도 재미있는 '싸리 기둥' 전설이 있다. 여성들이 기둥을 잡고 시계 방향으로 도는 모습을 볼 수 있는데, 사람이 죽으면 염라대왕이 '마곡사 싸리 기둥을 몇 번 돌았느냐?'고 묻는다고 한다. 많이 돌았다고 해야 극락세계로 갈 수 있다는 것이다. 또 하나는 이 싸리 기둥을 잡고 돌면 아들을 낳는다 하여 예로부터 많이 찾았다. 그래서 지금도 손기름 때가 묻어 반질반질한 데다 심지어 그 부분이 살짝 닳아 있음도 발견할 수 있다.

1. 백범 삭발 바위 **2.** <마곡사> 현판 **3.** <심검당> 현판

　대웅보전에서 계곡 쪽으로 내려오면 백범 선생이 상투를 잘랐던 '삭발 바위'가 있다. 스무살 청년의 눈물이 떨어진 곳이다.

　다시 마당 쪽으로 나오면 백범 선생을 추억하게 하는 황토벽의 소박한 건물 백범당이 있다. 근현대사에 큰 획을 그은 백범 선생의 휘호와 사진들이 걸려있다.

　마곡사는 눈여겨볼 현판도 몇 개 있다. 세조가 쓴 <영산전> 현판은 물론 <대광보전大光寶殿>은 당대 명필 표암 강세황의 글씨이고 <심검당尋劒堂>은 송하 조윤형이 썼으며, 옆에 걸려있는 <마곡사麻谷寺>는 해강 김규진의 글씨다. 명필을 넘어 예술이다.

　마곡사의 또 하나의 진정한 가치는 금호당 약효若效 등 뛰어난 화승을 배출하며 남방화소南方畵所란 명성을 얻은 '한국 근대 불화 제작실'이라는 점이다. 17세기 이후 20세기에 이르기까지 수십 명의 화승이 마곡사에서 전통을 계승, 화맥을 형성했는데 한때 마곡사 300명의 승려 중 화승이 80명이었다고 한다. 때문에 마곡사는 불화가 넘쳐난다. 특히 성보박물관의 괘불과 대광보전 후불벽화 <수월백의관음보살도>는 놓칠 수 없는 불화다. 유네스코 세계 문화유산 사찰의 위상을 말해준다.

산사에서 자신을 성찰하노라면 백범당에 남긴 백범 선생의 휘호 한 마디가 오늘의 우리에게 크게 와닿는다.

"눈 덮인 들판을 걸어갈 때 어지럽게 함부로 걷지 말라 踏雪野中去不須胡亂行.

오늘 내가 가는 이 발자취가 뒷사람의 이정표가 될 것이니 今日我行跡遂作後人程."

* 마곡사에서 꼭 봐야 할 것들

천왕문 황룡, <영산전> 현판, 영산전 내부 칠불과 천장, 대광보전과 대웅보전의 중첩된 지붕, 오층석탑 풍마동과 사면불, <마곡사> 현판, <심검당> 현판, <대광보전> 현판, 대광보전 주련, 대광보전 내부, <수월백의관음보살도>, 대웅보전 내부 싸리 기둥, 삭발 바위, 백범당, 백범 기념식수 향나무, 성보박물관(괘불, 세조의 연), 군왕대

적광전과 팔각구층탑

4편

평창 오대산 월정사

5만 불보살 지혜의 땅

문수보살 성지가 된 오대산

자장율사가 당나라 오대산에 갔을 때 태화지太和池 연못가에서 친견한 문수보살로부터 "그대의 본국 동북쪽 명주溟州(지금의 강릉 일원) 경계에 오대산이 있는데 1만 문수보살이 항상 그곳에 머물러 있소. 가서 뵙도록 하시오."라는 가르침을 받았다.

서기 643년 귀국한 자장은 문수보살과의 약속대로 강원도 오대산에 이르러 초막을 짓고 문수보살을 친견하려 했으나 사흘 동안 날이 흐리고 어두워 뜻을 이루지 못하자 예전 자신의 집을 절로 만든 원녕사元寧寺로 돌아갔다.

훗날 유동보살幼童菩薩(정행을 닦는 젊은 보살)의 화신인 신효거사信孝居士가 출가해 자장이 초막을 지었던 곳으로 들어와 살았다. 얼마 후 5명의 승려가 다녀가 신효거사는 그들이 5성중五聲衆임을 알았다. 그 다음엔 두타 신의信義가 와서 초막 자리에 암자를 세우고 살았다. 그 후 자장이 창건한 명주 수다사水多寺의 유연有緣 스님이 들어와 암자를 지어 절이 커지기 시작했는데 이것이 월정사月精寺다.

자장은 오대산에서 오래 머물지는 않았지만 이 산속에 당나라에서 받아온 부처님 진신사리 중 일부를 모셨다. 중국 오대산에서 수학하고 문수보살의 가르침대로 이 산을 오대산이라 칭했다. 동대와 서대, 남대, 북대, 그리고 중대를 오대五臺라 한다. 이곳 각각의 대臺 마다 1만 불

전나무 숲길

보살이 상주한다고 했다.

동대 만월산에는 1만 관음보살, 남대 기린산에는 팔대보살을 중심으로 한 1만 지장보살, 서대 장령산에는 무량수여래를 중심으로 한 대세지보살, 북대 상왕산에는 석가여래를 중심으로 오백 대아라한, 중대 지로산또는 풍로산에는 비로자나불을 중심으로 1만 문수보살 등 5만 불보살의 진신이 상주한다. 문수보살은 지혜를 상징한다. 이로써 오대산이 불교 성지가 된 것이다.

월정사는 통일 신라 말과 고려 초에는 구산선문 중 하나인 강릉 사굴산문의 영향을 받았고 이후 고려 말에는 나옹 스님이, 조선 중기에는 사명대사가 주석했다. 사명대사는 1587년 월정사에 와서 당시 많이 퇴락해 있던 사찰을 중창했다. 그 직후 임진왜란이 발발하자 승병을 일으켜 왜적을 물리치는 데 앞장섰다.

월정사는 1606년 조선 왕실의 외사고外史庫가 오대산에 들어오게 되면서 관리를 맡아 숭유억불 정책에도 사세가 번성하며 명성이 높았다. 오대산 사고는 월정사와 상원사 중간 지점 산속에 있다. 현대에 와서는 탄허 스님과 만화 스님 등이 월정사를 이끌어 왔다.

월정사라는 이름의 유래는 오대 중 동대에 해당하는 만월산滿月山과 그 아래 수정암水精庵에서 한 글자씩 따온 것으로 추정하고 있다. 어쨌든 이 깊은 청정 산속에서 비치는 달빛 속의 맑은 정기를 연상케 한다는 의미를 부여해도 좋을 듯하다.

사찰에 꽃피운 조선 왕실 문화

오늘날의 월정사는 절 앞의 주차장까지 자동차로 들어가는 바람에 월정사의 참멋 중 하나를 모르는 사람이 많다. '잃어버린 700m 전나무 숲길'이다. 월정사 매표소에서 200m 전진하면 우측에 일주문이 있다. 일주문으로 들어가 하늘 높이 치솟은 전나무 숲길을 걸어야 월정사를 다녀왔다 할만하다. 자동차를 주차장에 세워두고 일부러라도 걸어야 할 길이다. 호젓한 이 전나무 숲길은 자연이 선사한 '산소통'이자 사색의 길이다.

삭발기념탑

일주문의 〈월정대가람 月精大伽藍〉이란 기상이 넘치는 글씨는 탄허 스님의 친필이다. 이 전나무 숲길을 걷다 보면 '삭발 기념탑'이라는 뜻밖의 표석을 만난다. 출가, 그리고 삭발, 누군가는 백범 선생이 그랬듯이 떨어지는 머리카락과 함께 눈물이 뚝 떨어졌을 테다. 눈물을 흘린 승려가 언젠가 다시 이 길에서 이 탑을 만나면 어떤 생각이 들까?

절 앞에는 넓은 오대천을 가로지르는 금강교가 있다. 속세와 성역의

가까이서 본 팔각구층탑

금강문

가교다. 일주문에 이어 성역의 두 번째 문은 천왕문이다. 사천왕이 사방으로부터 불법을 수호한다는 문이다. 이어 금강문을 지나면 넓은 광장 중앙에 보기 드문 팔각구층탑이 솟아 있다. 팔각은 불교 실천수행의 기본인 팔정도八正道를 상징한다. 탑은 고려 시대 양식으로 전체적으로 원형에 가까우며 우리나라 팔각구층탑 중 가장 크다. 이 탑에도 부처님 진신사리가 모셔졌다고 한다. 이 탑에서 또 눈길을 끄는 것은 앞에 한쪽 무릎을 꿇고 공양하는 자세의 석조보살좌상이다. 탑은 부처님을 상징하므로 보살이 공양하는 모습인데, 화엄사 4사자석탑 앞의 공양 보살과 흡사하다. 이 석조보살좌상 진품은 성보박물관에 있다.

산 아래 큰 법당인 적광전寂光殿이 있다. 일반적으로 진입하는 방향 정면에 큰 법당이 위치하는 것과 달리 월정사 지금의 가람 배치는 색다름을 알 수 있다. 적광전은 비로전 또는 대광명전이라 하는데, 원래 비로자나불을 모시는 전각이다. 하지만 월정사 큰 법당 적광전에는 석가모니불을 모셨다. 석가모니불은 대웅전에 봉안되는 부처이니 집 문패와 주인이 다른 셈이다. 이는 법당을 중창할 때는 대웅전이었으나 이후 『화엄경』의 주불인 비로자나불을 모신다는 의미로 적광전으로 고쳐 현판만 바꾸고 말았기 때문이다. 〈적광전〉 현판과 주련은 탄허 스님 친필이다.

광장에 접한 큰 건물 '서별당'은 다소 생소한 현판인데 서당과 같은 기능을 한다. 강원으로 지었던 것을 행사장이나 요사채 등으로 사용하고 있다. 뒤쪽으로 가면 조용한 한옥 마을 같은 정경의 템플스테이 영역이다.

서별당 옆 산 아래쪽의 수광전은 무량수전·극락전과 같은 곳으로 극락세계를 관장하는 아미타불을 봉안했다.

석조공양보살좌상
[사진=월정사 성보박물관 제공]

적광전 뒤 개산조각은 자장율사의 진영을 모신 전각이다. 6·25 한국전쟁 때 완전히 소실된 월정사에서 다시 세운 전각 중 가장 오래됐다. 옆의 진영각은 근현대 스님들의 영정을 모신 곳이다.

광장 한쪽 끝에는 불유각佛乳閣이라는 작은 지붕 아래 샘물이 있다. '부처님 우유가 있는 집'이라는 재미있는 의미를 담아 방문객의 갈증을 풀어주는 오대산 자연 생수다.

월정사 경내 여행 후엔 반드시 박물관에 들러야 한다. 박물관은 자

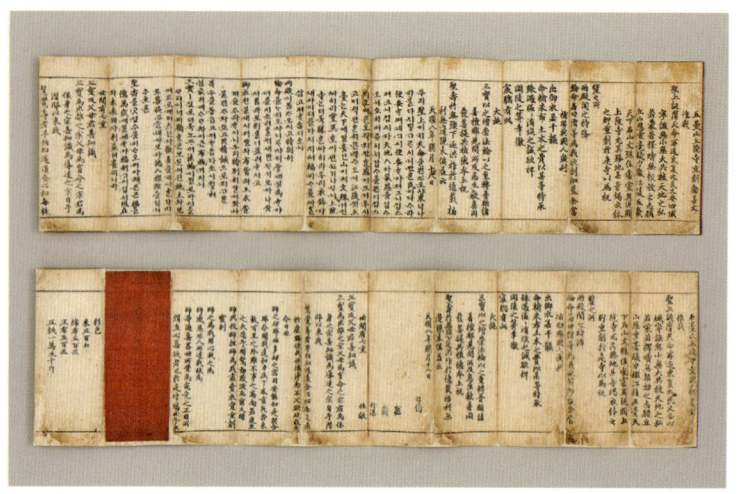

<상원사 중창 권선문> [사진=월정사 성보박물관 제공]

동차로 매표소를 빠져나간 약 1km 지점 왼쪽의 진부면 동산리 '오대산 먹거리마을'에 있다. 경내에 있던 성보박물관을 근래 입구에 지어 옮겼다. 이곳엔 월정사 성보박물관과 왕조실록 의궤박물관이 있어 월정사의 귀중한 문화재를 통한 불교 미술의 세계와 오대산 사고지에 대해 직접 눈으로 감상할 수 있다.

오대산 성지는 조선 왕실의 후원을 듬뿍 받으면서 억불숭유 정책의 해를 입지 않은 사찰이 되었다. 세조는 물론 역대 왕실에서 중창, 수륙재를 통한 경제적 지원을 아끼지 않았다. 조선 왕실에서 각별한 사찰로 여겨왔기에 사찰과 왕실의 돈독한 관계를 이해하는데 중요한 사료가 된다.

특히 월정사 성보박물관이 소장한 <상원사 중창 권선문>은 상원사를 중창할 때 세조가 쌀·무명·베 등을 보내면서 그 취지를 쓴 글이다. 왕실과 사찰의 관계가 각별했던 숨결을 느낄 수 있는 문서다. 두

책으로 된 이 권선문에는 세조와 왕세자의 수결手決(서명)이 있고 효령대군을 비롯한 왕실 종친의 이름과 수결이 기록돼 있다. 이중 한 책은 한글로 번역해 놓아 훈민정음 창제 직후의 귀중한 자료로서의 가치도 지녔다. 이 두 책은 국보로 지정돼 있다.

오대산 사고는 임진왜란 후 남은 전주 사고의 실록을 추가로 인쇄해 태백산과 오대산 등에 소장했던 실록이다. 아쉽게도 일제 강점기에 일본으로 반출됐고 그 중 일부가 살아남아 이곳으로 돌아왔다. 역경은 있을지라도 그 맥이 끊어지지 않는 오대산의 기운을 확인한 셈이다.

일연 스님은 『삼국유사』를 쓰면서 오대산에 대해, '나라 안의 명산 가운데서도 가장 좋은 곳으로 불법이 길이 번창할 곳'이라고 결론을 내렸다.

* 월정사에서 꼭 봐야 할 것들
<월정사대가람> 현판, 전나무 숲길, 삭발 기념탑, 천왕문, 금강문, 팔각구층탑, 적광전, <적광전> 현판, 불유각, 성보박물관(석조보살좌상, 팔각구층탑 출토 유물, <상원사 중창 권선문>, 사명대사 진영, 탄허 스님 유품 등)

대웅전

5편

서울 대한불교총본산 조계사
한국 불교의 상징

대승의 보살 정신
'조계'

땔감 나무를 팔아 어머니를 봉양하던 소년이 어느 날 장터에서 한 스님의 "어디에도 마음을 머물지 않게 하여 마음을 일으키게 하라.應無所住而生其心"는 『금강반야경』 구절을 듣고 문득 깨우침이 있어 황매산黃梅山으로 출가했다. 중국 선종禪宗의 제6조가 된 혜능慧能(638~713년)이다.

당시 당나라는 북종과 남종으로 나뉘어져 있었고 북종의 쇠퇴와 달리 혜능의 남종은 크게 번창했다.

혜능은 소양韶陽 조계曹溪의 보림사寶林寺에서 선법을 크게 일으켜 남종선南宗禪의 시조가 되어 육조대사 또는 조계대사로 불렸다. 혜능의 법문 『육조단경六祖壇經』은 선종에서 아주 중요하게 다루는 경전으로 신라의 많은 승려들도 제자가 되어 배우고자 했다. 당시 승려들에게 '조계曹溪'란 말은 이상향이었을 테다. 혜능이 머물던 고장 이름이자 그곳엔 '조계'라는 강이 있었다. 훗날 퇴계 이황도 영주 부석사에서 '조계의 물曹溪水'이란 표현의 시를 남겼을 정도다. '조계'는 고려 시대 선종 바람을 일으킨 구산선문에서도 의미 깊게 사용했다. 순천 송광사의 송광산 이름도 조계산으로 고쳐 지었다. 조계종이라는 종파의 명칭도 그렇게 탄생해 오늘에 이르고 있다.

혜능이 선법을 떨쳤던 지역 이름 '조계曹溪'가 서울 한복판으로 들어왔다. 조계사曹溪寺다. 한국 불교 조계종의 총본산이자 불교의 상징이

탑과 대웅전 건물

기도 하다.

'조계'라는 말 속에는 이미 '선법을 크게 떨쳐 이어 간다'는 뜻을 담고 있다. 그 떨침은 곧 '대승大乘의 보살 정신'이다. 보다 많은 대중을 제도하겠다는 것이다. 그 일환으로 수행과 신행 활동 그리고 역사 문화 공간을 마련해 운영하고 있으며, 또한 내외국인 혹은 불자든 아니든 누구에게나 24시간 개방해 경내를 즐길 수 있게 한다. 무언의 대화를 통한 소통의 연도 안고 간다.

조계사는 일제 강점기인 1910년, 조선 불교의 자주화와 민족자존 회복을 염원하던 만해 한용운 등 스님들이 각황사覺皇寺란 이름으로 승려의 출입금지 지역이었던 사대문 안 수송동에 창건한 사찰이다. 1938

년 삼각산 태고사太古寺를 각황사로 이전하는 형식을 취해 이름을 태고사로 고쳤다.

불교의 중심 사찰이 된 배경은 서울 도심에 위치함으로써, 포교와 교육 사업을 위한 30본산 연합사무소가 설치됐고 여러 과정을 거쳐 재단법인 조선 불교 중앙교무원이 탄생해 중앙 통할의 종무 기구가 세워진 데 있다.

자연스레 불교계의 중심 사찰로 떠오른 태고사는 1955년 불교계의 정화 운동과 함께 사명을 조계사로 고쳐 대한불교조계종의 행정 중심 사찰이 되었다.

궁전 꿈꿨던
대웅전 건물의 사연

정문이자 일주문 격인 동쪽의 '대한불교총본산조계사' 현판의 문 좌우엔 최근에 새로 조성한 청동 사천왕상이 눈길을 끈다. 흔히 사찰에서 보는 사천왕상은 소조나 목재인데 청동으로 만들었으니 이것도 시대상에 따른 사찰의 변신이라고 봐야겠다.

이곳엔 또 최근 인공 개울을 만들고 다리도 놓아 산사에 입지한 사찰의 풍수적 장치도 도입했다. 이 물길을 건너면 성역에 들어가는 것이다.

진화하는 사천왕상

일주문

조계사의 대웅전은 1938년 전라북도 정읍에 있던 보천교普天敎 십일전十一殿 건물을 옮겨 지은 사연을 갖고 있다. 보천교는 증산교 창시자 강일순의 제자 차경석이 1921년 장차 세울 나라의 국호를 '시국時國'이라 정하고 세운 종교다. 차경석은 1929년 정읍에 궁전에 달하는 거대한 성전을 전통적인 양식으로 지었는데, 당시에 궁궐 목수로 불린 최원식이 도목수를 맡았다고 한다. 차경석 사후 조선 총독부에 의해 강제 해산될 때 조계사에서 십일전 건물을 매입해 옮겨온 것이다. 전면 7칸, 측면 4칸 규모다.

대웅전에는 석가모니불을 중앙으로 하여 의행자 시신으로 그 왼쪽에 아미타불, 오른쪽에 약사여래불을 모셨다. 석가모니불은 항마촉지인降魔觸地印 수인手印(손동작으로 취한 표현)을 취하고 있는데, 밑으로 내린 오른손은 악마와 같은 삿된 것을 눌러 항복시키고 배꼽 위치에서 손바닥을 위로 펴 안정을 취한 왼손은 선정에 들어간다는 의미다. 이 항마촉지

대웅전의 야경

인은 석가모니가 명상 중 정각正覺을 방해하는 마왕 파순波旬을 물리친 자세에서 나온 수인이다. 따라서 정각에 들어간 부처를 상징하는 것으로, 석가모니가 정각 이후 『화엄경』을 설파했기 때문에 항마촉지인은 곧 『화엄경』을 가르치는 수인이 된다. 항마촉지인은 석가모니불이 취하는 주된 수인이다. 모든 수인이 그러하듯 결국 부처님을 믿고 따르면 지혜를 얻고 공덕을 쌓게 된다는 것을 의미한다.

　불상의 수인은 말 대신 손으로 보내는 언어인데, 오늘날 야구에서 투수와 포수가 손으로 신호를 보내는 것도 결국 수인의 한 종류인 셈이다. 손동작은 수화로도 발전했다.

　약사여래는 아픈 사람을 구제하는 부처로 항상 손에 약병을 들고 있다. 아미타불은 서방정토를 상징해 서쪽에 위치하는데 극락왕생을 관장한다. 엄지손가락과 세 번째 손가락을 맞대 오른손을 위로, 왼손을 아래로 향한 수인은 아미타불의 구품九品 중 하나인 하품중생下品中生으로, 아미타불의 도움으로 정토에서 태어남을 의미한다.

2006년 봉불식을 가진 조계사 삼존불은 각각 약 5m 20cm 크기로 현재 단층 규모의 법당에 모셔진 부처님으로서는 국내에서 가장 크다.

〈대웅전〉 편액 글씨는 구례 화엄사 대웅전 편액을 탁본해 조각했다고 한다. 선조宣祖 임금의 8남 의창군 이광李珖의 글씨로 당대 인기가 많았다.

백송

대웅전의 불상 뒤 탱화는 앞에 모신 석가 불상을 그린 것으로, 수채화에 가까운 화법이 독특하면서도 뛰어난 그림이다. 조계사의 위상에 걸맞게 근대 불교 미술 작가 김일섭 선생이 남긴 작품 중 20세기 초를 대표하는 걸작으로 평가받는다.

내부에는 또한 영암 월출산 도갑사에서 가져온 목불좌상도 있다. 그리 흔치 않은 조선 초기 목조불상이다.

내웅전 문살은 꽃무늬가 화려하고 문실과 칭실이 정교해 사찰 조각의 수려한 미를 잘 보여준다.

조계사에는 500살 안팎 나이에 비하면 작아 보이는 백송白松이 천연기념물 제9호로 지정돼 있다. 백송은 중국이 원산지로 일찍이 조선의 사신이 중국에서 가져다 심은 것으로 알려져 있다. 생육 환경 탓인지,

사연이 있는 건지 알 수 없지만 대웅전 쪽으로 뻗은 가지만 살아 있다.

대웅전 앞마당에는 1930년에 조성된 사리탑비와 팔각십층석탑이 있다. 사리탑비는 스리랑카의 달마파라達摩婆羅가 부처의 진신사리 1과를 가져와 승려 대표 김금담金錦潭에게 전해준 것을 기록한 것이고, 석탑은 그 진신사리를 봉안한 탑이다.

서울 도심 한가운데 우뚝 솟아 주변의 고층 건물과 대조를 보이는데 조금도 위축됨이 없다. 야간 조명 풍경은 탑의 또 다른 모습으로 태어난다.

석가탄신일 관불 의식

종각 건물은 원래 1층 목조였으나 1973년 육바라밀六波羅蜜(보살의 6가지 수행 덕목)을 상징해 2층 6각으로 개축했다.

마당 한가운데는 오래된 회화나무가 자리해 연륜이 짧은 사찰의 보완재처럼 보인다. 이 나무는 도심 산책을 나온 시민들의 우산이 되고 양산이 되어준다.

마당 한쪽에는 사찰 중 유일하게 수유실을 지어 놓았다. 서울 한복판 사찰에 지은 수유실 건물, 여러 생각을 갖게 한다.

불교의 참선법인 간화선看話禪(화두를 들고 수행하는 참선법) 수행은 세계인들도 관심 갖는 독특한 수행법이다. 바야흐로 힐링과 치유, 성찰의 시대에 걸맞게 외국인들이 도심 조계사를 즐겨 찾는 이유도 그들에겐 이국 종교로서의 호기심과 관심, 그리고 성찰에 대한 갈증이 있기 때문이다.

사역이 좁은 조계사는 대신 주변이 온통 불교 타운이다. 대웅전 뒤편 한국불교역사문화기념관에는 불교중앙박물관과 공연장, 국제회의장 등이 있어 다양한 전시회와 행사를 연다. 불교중앙박물관에서는 전국 사찰에서도 보기 어려운 불교 문화재가 전시돼 있어 한국 불교 예술의 진수를 감상할 수 있다. 이 경내에는 대한불교 조계종 총무원·교육원·포교원·중앙종회 등이 입주해 있어 한국 불교의 심장 역할을 한다.

다시 정문을 나서면 사찰음식점과 찻집, 불교 용품을 판매하는 상점들이 어우러져 불교의 거리를 이룬다. 외국인들에게 특히 관심 끄는 타운이기도 하다.

* 조계사에서 꼭 봐야 할 것들
청동 사천왕상, 개울과 다리, 백송, 회화나무, 대웅전, <대웅전> 현판 글씨, 대웅전 창살, 대웅전 삼존불, 석탑, 불교중앙박물관 내부, 불교 용품 가게

> 3
> 장

국보보물

산속의 박물관

부석사
해인사
화엄사
금산사
법주사

안양루와 소백산맥 풍경

1편

영주 태백산 부석사

의상의 걸작 화엄종찰

'출가하고 싶은 사찰' 1순위

서기 625년 경주에서 태어나 29살에 경주 황복사에서 승려가 된 의상 義湘은 원효와 함께 당나라 유학길에 올랐다. 요동 땅을 지날 때 국경 병사들에게 첩자로 오인돼 감금됐다가 고국으로 되돌아왔다. 661년 두 번째 유학 시도에서는 귀국하는 당나라 사신의 배를 타고 바닷길로 갔다.

장안 종남산 지상사至相寺에서 중국 화엄종 2대 조사 지엄智儼 스님에게 화엄 사상을 배웠다. 지엄은 의상을 만나기 전 의상을 상징하는 꿈을 꿨다. 해동에서 큰 나무가 중국까지 덮었는데 그 위에 봉황의 둥지가 있었고 거기서 나온 빛이 멀리까지 비치는 것이었다. 그때 잠에서 깨 청소하며 맞이할 준비를 하는데 의상이 찾아왔다. 비범한 만남이다. 의상은 마침내 668년 7언 30구 210자로 화엄 사상의 핵심을 도인圖印으로 나타낸 〈화엄일승법계도華嚴一乘法界圖〉를 지었다.

그 무렵 문무왕의 동생 김인문이 의상에게 당나라가 신라를 공격하려 하니 얼른 귀국해서 알리도록 권하자 671년 서둘러 귀국길에 올랐다.

이때 의상대사를 흠모했던 한 여인이 따라온다. 처음 당나라에 도착, 양주揚州의 주장 유지인劉至仁의 집에 머물 때 그의 딸 선묘낭자가 의상대사를 사모했으나 의상이 받아 주지 않았다. 10년이 지나 의상이 귀국할 때 선묘낭자는 손수 준비한 옷감을 전하려 부둣가로 달려갔다. 그러나 배는 이미 떠나갔다. 옷감을 배를 향해 던지니 마침내 도달했고 선묘는 용으로 변해 배를 호송하며 신라로 무사히 돌아갈 수 있게 했다.

의상은 문무왕에게 당나라의 침공 소식을 알렸고 왕은 고승 명랑明朗에게 명해 밀교 의식을 행할 단을 세워 기도한 후 위기에서 벗어났다.

의상대사는 671년 양양에 낙산사를 지은 후 676년 '조정의 뜻을 받들어' 태백산으로 가서 부석사를 창건했다. 이때 길지에 이미 터를 잡고 있던 이교도 500명이 의상을 방해했다. 이에 선묘용이 큰 바위로 변신해 공중에 떠서 위협하니 이교도들이 굴복했다. 의상은 그 터전 위에 부석사를 지을 수 있었다. 부석사 탄생과 함께 이 땅에 화엄종찰이 자리잡게 된 것이다.

의상대사는 부석사에서 화엄 사상을 가르치며 오진·지통·표훈 등 10명의 훌륭한 제자를 배출했고 전국에 화엄십찰을 세웠다. 의상은 부석사에서 떠나지 않았고 그곳에서 입적했다.

이후 제자들이 화엄종찰을 더욱 빛내고 화엄 사상이 신라 불교계를 휩쓸자 부석사는 '출가하고 싶은 사찰'의 로망이 되어, 승려가 되었거나 되고자 하는 사람들이 전국에서 몰려들었다.

의상대사가 '조정의 뜻을 받들어' 경주에서 먼 곳에 사찰을 창건했다고 하는 것은 왕의 후원 또는 지시로 삼국 통일 직후 삼국이 국경을 맞댔던 태백산과 소백산 일대에서 삼국의 주민을 통합하고 당나라의 위협을 물리치기 위한 '전략적' 창건일 수도 있다.

'화엄華嚴'은 대립이 아닌 하나로써 조화로운 연화장세계를 뜻하니, 신라가 삼국 통일 후 추구했던 바이다. 중국 역시 유일한 여제 측천무후則天武后(재위 690~705년) 시절 백성을 규합하기 위해 화엄 사상을 활짝 꽃피운 사례가 있다.

두 개의 고려 시대 건축물

부석사는 입구부터 계속 오르막길이다. 여기서 부석사의 큰 특징인 거대한 석축의 존재가 드러난다. 거대한 석축과 석단은 자연 지형의 결과물이기도 하지만 장엄과 수행의 표현이기도 하다. 한 계단 한 계단 오르며 한 단계 한 단계 나아가는 것이 곧 '수행'이고 무량수전이 있는 극락의 세계로 가는 지난한 길을 의미한다.

가람 배치는 1300여 년 동안 수많은 변화를 거쳤기에 시대별로 달랐음은 물론이다. 오늘날의 부석사 가람 배치는 화엄종찰을 상징하듯 '華화'자 형태를 띠는 것만은 분명하다.

주차장에서 호젓하게 걷노라면 영주 특산품인 사과밭을 끼고 매표소, 일주문을 지나 천왕문에 이른다. 투박한 자갈과 자연 흙길이라서 더 좋다. 이곳에 창간 당시 조성한 높이 4.8m의 당간지주가 있다. 유네스코 세계 문화유산인 이 사찰에 국보와 보물이 많음을 알리는 신호탄이다.

이어 석축의 석단을 올라 회전문을 들어서면 동서 삼층석탑이 있는 정원이 활짝 펼쳐진다. 이 두 탑은 부석사 동쪽 빈터에서 옮겨온 것이다. 서탑에는 1966년 익산 왕궁리 오층석탑에서 출토된 석가사리 5과를 봉안했다고 한다.

중앙으로 난 길을 오르면 범종각 건물을 누하 진입해 작은 계단 위의 빈 광장에 이른다. 돌아서서 범종각 안을 들여다보면 불전사물佛殿四物(악기와 같이 소리를 내는 범종·법고·목어·운판. 오늘날 꽹과리·장구·북·징의 사물놀이로 발전했다) 중 범종은 없다. 종은 옆쪽 별도의 종각을 만들어 그곳에 두었다.

무량수전과 석등

부석사의 하이라이트는 안양루 아래 계단에서부터 펼쳐진다. 총 33개의 계단은 도리천33천에 오르는 길이다. 안양루安養樓 누하의 마지막 좁은 관문을 허리 굽혀 오르면 그곳이 극락세계임을 보여주는 무량수전이 장중하게 서 있다. 좁은 계단은 극락세계로 가는 길이 쉽지 않음을 의미한다.

무량수전 앞 석등은 전체적인 균형미와 팔각 속 조각이 통일 신라 석등 절정기의 미를 자랑한다. 석등 화사벽 네 개의 보살상은 모두 손에 지물이 있어 공양하는 모습임을 알 수 있다.

안양부 옆에 서서 뒤돌아보면 소백산에서 뻗어 나간 능선이 마치 거대한 물결이 몰려오는 풍경을 연출한다. 자연스레 이곳이 천하를 품은 땅인 것이다. 그러니 많은 명사들이 풍류 유람으로 찾던 명승지였다. 물론 오래전 신라에 불만이 많았던 궁예弓裔가 부석사에 왔을 때 어느 건물 벽에선가 신라왕 그림을 발견하고는 칼로 베어버리고 갔다는 이

안양루

야기가 『삼국사기』와 『삼국유사』에도 기록될 만큼 이슈가 되기도 했다.

1580년 무렵에는 사명대사가 주석했고 안양루 중창기 글을 남기기도 했다.

부석사의 큰 특징은 대웅전이나 화엄종을 상징하는 대적광전이 없고 법당 앞에 탑도 없다. 과거에 있었는지는 알 수 없지만, 그 여부를 떠나 최종 목적지는 무량수전인 것만

<무량수전> 공민왕 글씨

은 분명하다. 현재의 무량수전 건물은 13세기에 세워진 것으로 추정되는 고려 시대 건축물이다. 아미타불을 모셨고 협시불 없이 독존불로 봉안한 것은 여느 사찰에서 보기 드문 모습이다. 이는 의상이 "일승一乘 아미타불은 열반에 들지 아니하고 시방정토로서 죽음이 없기 때문에 좌우 협시불도 탑도 세우지 않는다."라고 말한 내용이 이곳 원융국사비에 담겨있어 협시불과 탑이 없고 아미타불 하나로 모든 것을 표현한 이유임을 알 수 있다. 때문에 석가모니 부처가 보리수 아래서 깨달음을 성취했을 때 취한 항마촉지인 수인을 매우 이례적으로 부석사 아미타여래에도 적용해 그 의미까지 부여하고 있다. 항마촉지인은 석가모니 전용 수인이다.

불상을 실내 중앙이 아닌 서쪽에 배치해 동쪽으로 바라보게 한 것은 실내 공간을 더 넓게 확보하기 위한 공산 활용의 이유도 있지만 논리상 아미타여래가 서방정토에 머물고 있다는 상징이기도 하다. 이 아미타여래는 소조상으로 현존하는 국내 소조여래좌상 중 가장 크고 오래됐다. <무량수전>의 현판은 안동으로 몽진 왔던 공민왕이 쓴 글씨로 유서가 깊다.

부석

무량수전 주변으로 창건 설화의 이야기가 여럿 남아 있다. 왼쪽 산비탈로 가면 검은 바위가 암반 위에 얹혀 있는데 이 돌이 공중에 떠다니며 이교도들을 제압했다는 뜬 돌 浮石(부석)이다. 부석사 사찰 이름을 제공한 돌이다. 뒤뜰 반대편에는 선묘낭자의 영정을 모신 선묘각이 있다. 또 육안으로 볼 수는 없지만 무량수전 서쪽 마당 속엔 선묘낭자가 화신했다는 석룡 石龍이 묻혀 있다고 한다. 과거 언론에서도 보도된 바 있다.

무량수전 동쪽 삼층석탑은 미스터리다. 자세한 내막을 알 수 없는 가운데, 어쩌면 의상대사의 부도탑일 가능성도 조심스럽게 제기되고 있다. 무량수전 앞이 아닌 동쪽에 위치해 아미타불이 바라보는 방향이 됐다. 이래저래 상상력을 필요로 하는 구조다.

탑 뒤쪽 길을 오르면 의상대사의 상을 모셨던 조사당이다. 역시 고려 시대부터 지어온 건물이다. 이곳 벽화가 유명한데 지금은 성보박물관에서 볼 수 있다. 물 한 방울 없는 굳은 처마에 선비화 禪扉花가 자라

1. 조사당과 처마 철망 속의 선비화 **2.** 안양루와 무량수전의 중첩된 지붕 모습

고 있는데 의상대사가 지팡이를 꽂은 나무로, "내가 떠난 뒤 이 지팡이에서 반드시 가지와 잎이 날 것이다. 이 나무가 말라 죽지 않으면 내가 죽지 않은 줄 알라."라는 말을 남겼다 한다. 많은 일화를 남겨 옛사람들에게도 크게 회자됐다. 퇴계 이황 선생도 근처 풍기 군수 시절 이곳에 와서 '선비화' 시 한 수를 남기며 '조계수'의 은혜를 입지 않고 살아가는 모습에 감탄해 했다.

지장전 마당에서 안양루와 무량수전을 바라보면 닮은꼴의 두 지붕이 중첩된 모습을 볼 수 있고, 지장전 마당 아래 수로에 선묘정이란 우물 흔적이 있다. 아래쪽 길로 내려가면 햇빛이 강한 날 안양루 공포 사이로 일곱 분의 부처 공포불이 모습을 드러낸다.

＊ 부석사에서 꼭 봐야 할 것들
당간지주, 석축, 회전문, 동서 삼층석탑, 범종루, 안양루, 석등, 무량수전, <무량수전> 공민왕 현판 글씨, 무량수전 아미타불, 부석, 선묘각, 삼층석탑, 조사당, 선비화, 응진전, 중첩 건물, 선묘정 흔적, 공포불, 성보박물관

삼층석탑

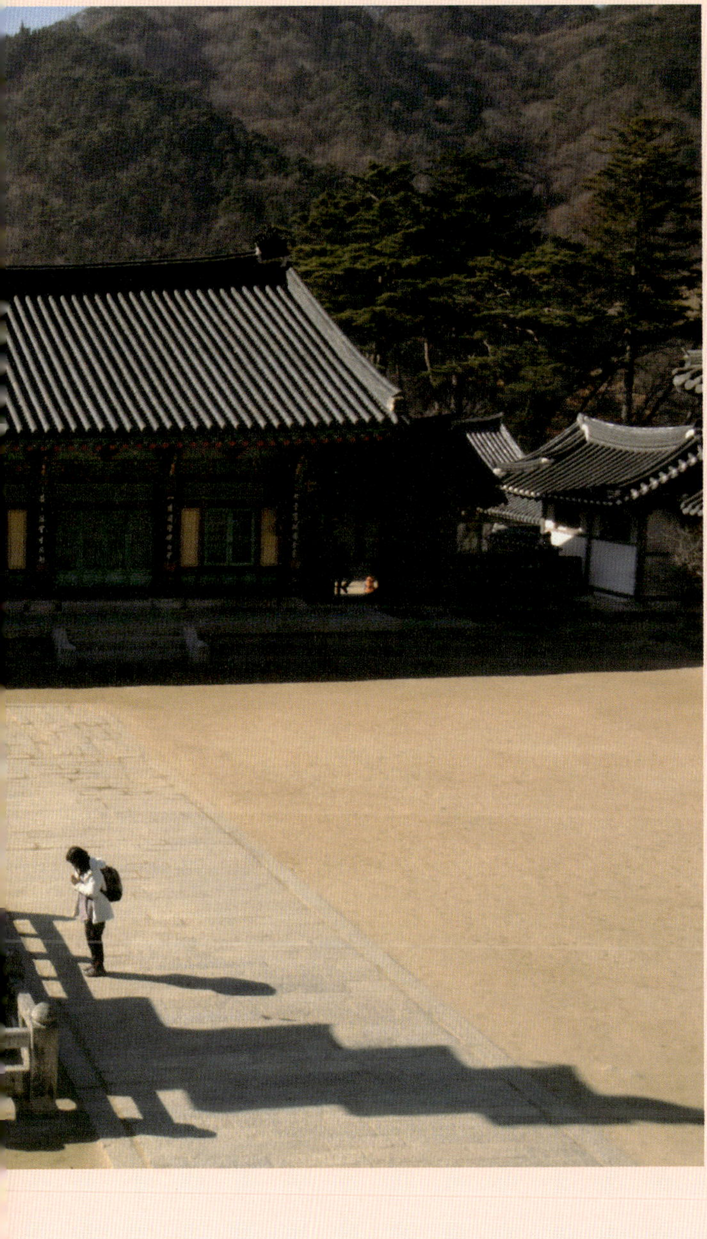

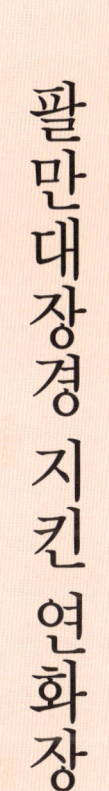

합천 가야산 해인사

팔만대장경 지킨 연화장세계

7차례
화재 속에서도 무사

총 판수가 8만 1258매, 8톤 트럭 35대 분량의 팔만대장경은 몽골로부터 나라를 지키려는 '고려인의 영혼'이 응집된 대장경판이다.

강화도 선원사에서 147년간 보관하다 조선 태조 이성계의 주도로 1398년 서울 지천사로 옮긴 직후 머나먼 해인사로 이운, 보관해왔다.

왜 갑자기 해인사로 와야 했을까? 북쪽의 오랑캐와 남쪽의 왜구로부터 안전하게 보관할 수 있다고 믿은 곳이 가야산 깊은 계곡의 해인사였다.

1251년 완성해 770년 역사 속에서 나무로 만든 대장경판을 썩지 않게 보존해온 우리 선조들의 과학은 신비에 가깝다.

아찔했던 순간도 있었다. 임진왜란 때 왜병이 접근하자 곽재우·정인홍·김면 등 의병장과 민초·승려들이 가야산 일대를 목숨 걸고 지켜냈다.

김면金沔 의병장이 전장에서 과로로 숨을 거두며 남긴 유언시가 가슴을 뭉클하게 한다.

"지금까지 나라가 있는 줄 알았지, 이 한몸 있는 줄은 몰랐네兄知有國 不知有身."

팔만대장경 입구

    왜군은 결국 물러났다.
    해인사에는 조선 시대 7차례에 걸친 대화재가 발생했다. 모든 건물이 잿더미로 변했는데 유독 대장경판을 간직한 전각만 기적처럼 살아남았다.
    현대에 와서 또 한 번의 위기는 6·25 한국 전쟁 때다. 퇴각하던 인민군 900여 명이 해인사 계곡으로 몰려들었다. 1951년 9월 18일, 공중 폭격 작전이 결정되자 정찰기가 폭격 지점을 해인사 한복판으로 가리켰고, 김영환 대령을 편대장으로 4대의 전폭기에 각각 500파운드 폭탄 2발씩과 5인치 로켓탄 6발씩을 장착하고 떴다. 김영환 대령의 1번기는 폭탄 대신 750파운드짜리 네이팜탄을 적재했는데 한 방에 해인사를 불바다로 만들 무기였다. 해인사를 눈앞에 두고 긴박했던 순간 김영환 대령은 전 편대원들에게 긴급 발사 중지 명령을 내렸다. 선회만

팔만대장경판 모형

하고 폭격하지 않자 상부의 폭격 명령 교신이 계속 내려왔다. 김영환 대령은 산을 넘어 성주 지역 인민군에게 폭격하고 기지로 돌아가 버렸다. 명령 불복종에 대한 문책 경위를 밝히는 자리에서 김영환 대령은 "미군이 교토를 폭격하지 않은 것은 일본 문화의 총본산이었기 때문이다. 인민군을 잡겠다고 팔만대장경을 잿더미로 만들 수 없었다."였다. 위기 속에서 리더 한 사람의 판단과 용기가 민족의 혼을 담은 역사를 살렸다. 민족 문화 유산에 대한 식견이 있었기에 가능했다. 준장으로 승진한 김영환 장군은 1954년 순직했다.

완벽하게 보존된 팔만대장경은 세계 불교 문화사의 귀중한 유산으로, 유네스코 세계 문화유산이 됐다. 대장경을 품은 해인사는 삼보사찰 중 '법보사찰法寶寺刹'의 명성을 갖게 됐다. 부처님의 '말씀대장경판'을 간직한 사찰이다.

해인사海印寺는 통일 신라 애장왕 3년서기 802년 의상대사 화엄 사상의 법손 순응順應·이정利貞 두 스님이 왕실의 후원으로 창건했다.

'해인'이라는 말은 『화엄경』의 '해인삼매海印三昧'에서 유래했다. 바다에 풍랑이 쉬면 삼라만상 모든 것이 그대로 바닷물에 비쳐 보인다는 뜻으로 모든 번뇌가 사라진 부처의 마음속에는 과거·현재·미래의 모든 업이 똑똑하게 보인다는 것을 의미한다. 있는 그대로의 진실된 세계다.

해인사가 있는 가야산伽倻山은 합천·고령 지방의 대가야국에서 유래됐다는 이야기와 함께 인도의 불교성지 부다가야Buddhagaya에서 유래했다는 설이 있다. 석가모니는 35세가 된 해 12월 8일 부다가야의 핍팔라Pippala 나무 아래서 깨달음을 얻었다. 핍팔라가 '깨달음을 얻은 나무'란 뜻으로 번역된 말이 '보리수菩提樹'다.

여왕과 신하의 '사랑과 영혼'

주차장에서 숲과 계곡을 따라 오르는 길이 마음을 후련하게 씻어준다. 도중에 성보박물관을 만나는데 내려올 때 보면 좋다. 좀 더 오르면 팔만대장경을 지켜낸 김영환 장군 공적비가 있다. 가까운 곳에 비림碑林이 있고 그 안으로 들어가면 성철 스님의 사리탑이 언덕 위에 자리한다. 부도의 동그란 구球는 완전한 깨달음과 진리를 상징한다.

비림 옆에는 신라 양식의 길상탑이 있다. 신라 말 혼란기에 도적떼가 침범하자 사찰을 지키다 목숨을 잃은 승려들의 영혼을 위로하기 위해 세운 탑이다. 위령탑을 삼층석탑으로 표현한 것

성철 스님 부도

대적광전 비늘무늬 용 조각

과, 내용 일부를 최치원이 짓고 기록했다는 점에 큰 의의가 있다.

일주문 안의 고사목은 창건 때 심은 나무로 전한다. 두 번째 문은 봉황문으로 천왕문이라고도 한다. 다음 해탈문에 오르면 지금까지 33계단을 올라온 것인데 33천에 이른 것이다. 안으로 들어서면 정면에 구광루九光樓 건물이 보인다. '구광'은 『화엄경』에서 부처님이 아홉 곳에서 설법할 때마다 백호의 눈에 광명을 놓았다는 이야기로, 만세루·보제루와 같이 대중을 두루 제도하는 전각이다. 마당에는 탑을 중심으로 미로처럼 생긴 〈해인도海印圖〉가 있다.

구광루를 지나면 해인사의 중심 법당인 대적광전이 장엄하게 자리한다. 계단 아래 넓은 중정엔 삼층석탑과 석등이 있다.

해인사는 화엄사찰이므로 석가모니불 대신 『화엄경』의 주불인 비로자나불을 모셨다. 따라서 대웅전이 아닌 대적광전이다. 현재의 건물은 1818년에 다시 지은 것으로, 일곱 불상이 모셔져 있다.

1. 사명대사 부도 2. 사명대사 석장비

　대적광전을 오르는 중앙의 계단 소맷돌에는 비늘 무늬가 선명한 용머리 조각 한 쌍이 눈길을 끈다. 또한 그 석축 위 좌우 원주형의 정료대庭燎臺에는 다람쥐가 조각돼 있다. 오른쪽엔 위로 올라가는 모습이, 왼쪽에는 내려오는 모습이다. 천상의 부처님께 알현하러 올라가고 또 용무를 마치고 내려오는 의미이다. 그러니 올라가고 내려오는 방향 표지판이기도 하다. 동시에 탄생과 죽음 그리고 쳇바퀴 돌리듯 '윤회'를 상징한다. 정료대는 석등이 변화한 구조물이다. 사당에서 사용하면서 유교 문화를 반영해 좀 더 실용적으로 개선된 것이다.

　대적광전 옆 대비로전大毘盧殿은 여왕과 신하의 사랑 이야기가 담긴 로맨틱 전각이다. 똑같은 모습의 목불 2개가 모셔져 있는데 이는 신라 진성여왕 때 대각간 김위홍金魏弘과 아내 강화 부인康和夫人이 발원한 것으로 알려졌다. 진성여왕은 삼촌인 김위홍을 몹시 사랑했고 정사를 맡겼지만 즉위 이듬해 김위홍이 죽자 몹시 비통해 했다. 후세 사람들은 살아생전 못다 이룬 사랑을 사후 세계에서라도 함께하라는 염원을 보냈다. 건물의 주련에 '일존진성일존위-尊眞聖-尊魏'라는 글로 '진성여왕과 김위홍'의 이름을 기록해 두고 있다. 883년에 조성된 우리나라 최초의 목불木佛로 확인됐다.

대적광전 뒤 가파른 계단을 오르면 대장경판전이 나온다. 고려 시대의 염원이자 과학의 결정체. 수다라장 修多羅藏이라는 현판 아래 둥근 출입문을 갖춘 건물을 비롯, 총 4개 동이 사각형으로 배치되었고 환기 통풍을 위

<세조 영탱> [사진=해인사 성보박물관 제공]

한 창살을 갖췄는데 아래 위 크기가 다르다. 앞면은 아래쪽 창살문이 큰 반면 뒷면은 위쪽 창살문이 크다. 공기의 실내 순환을 고려한 과학이 담겨있다. 16년간의 제작 과정도 신비스러움을 갖고 있지만 보존의 과학도 우리가 배워야 할 지혜다. 대적광전 뒤 높은 석축 위에 위치했기에 사찰 화재 때도 무사할 수 있었던 한 요인으로 볼 수 있다.

해인사 북쪽 개울을 넘어가면 임진왜란 때 승병을 이끌고 크게 활약했던 사명대사의 유적을 만날 수 있는 홍제암이 있다. 사명대사는 임

<대적광전중건상량문> 일부분(추사 김정희 필) [사진=해인사 성보박물관 제공]

란 후 선조의 명으로 일본에 사신으로 다녀오면서 끌려갔던 백성을 이끌고 돌아온 후 말년에 홍제암에 머물다 입적했다. 사명대사의 석장비와 부도가 있다.

해인사 성보박물관에는 세조의 진영인 <세조 영탱>과 추사 김정희가 화재를 방지하기 위해 쓴 <대적광전중건상량문> 글씨가 전해 온다. 추사가 이 글을 쓴 후 화재가 없었다고 한다.

* **해인사에서 꼭 봐야 할 것들**
  김영환 장군 공적비, 성철 스님 사리탑, 길상탑, 전설 속 영지, 원경왕사비, 고사목, 국사단, <해인도>, 구광루, 대적광전, 대적광전 앞 소맷돌 용 조각, 정료대, 대비로전 내 국내 최초의 목불, 대비로전 주련, 대장경판전, 홍제암, 사명대사 석장비와 부도, 성보박물관 (<세조 영탱>, 김정희 <대적광전중건상량문> 글씨 등)

각황전

3편

구례 지리산 화엄사

모방 불가 불후의 명작

각황전에 담긴
영조대왕 탄생 비밀

옛 화엄사의 상징인 장륙전丈六殿을 비롯 모든 전각이 임진왜란 때 완전히 소실된 후 100여 년이 지나 장륙전 중건에 나섰다. 화엄사를 중건했던 벽암대사의 제자 계파 성능性能 스님이 이 일을 맡았다. 그러나 재정 마련이 막막해 기도를 올리던 중 한 노인이 나타나 "내일 화주化主 (시주 받는 일)하러 떠나 제일 먼저 만나는 사람에게 시주를 권하라." 하고 사라졌다.

다음날 처음 만난 사람은 절에서 밥 얻어먹던 가난한 노인이었다. 실망했지만 시키는 대로 시주를 권했다. 노인은 "이 몸이 죽어 왕궁에서 태어나 큰 불사를 행하리니, 부디 문수대성은 큰 가피를 내리소서."라는 말과 함께 늪에 몸을 던져 숨졌다. 깜짝 놀란 스님은 놀라 멀리 도망을 갔고, 몇 년 후 서울 창덕궁 앞에 나타났다. 이때 나들이를 나온 어린 공주가 스님을 보자마자 반가워하며 매달렸다. 공주는 어릴 때부터 한쪽 손을 펴지 못했는데 스님이 손을 만지자 펴졌다. 손바닥에는 '장륙전'이란 글이 쓰여 있었다. 이 사실을 알게 된 숙종 임금은 크게 기뻐하며 중창 불사와 함께 〈각황전覺皇殿〉 사액 현판을 내렸다. '임금皇을 깨우치게覺 한 전각殿'이란 뜻이다.

숙종과 화엄사와의 관계를 보여주는 이야기다. 그러나 느닷없이 공주가 등장했다. 각황전 상량문에서 밝혀진 사실은, 1694년 태어난 숙

각황전(왼쪽)과 대웅전(오른쪽)

종의 아들 연잉군훗날 영조과 어머니 숙빈 최씨가 대 시주자였다. 숙빈 최씨는 어린 아들의 무병장수를 기원하며 화엄사를 원당으로 삼은 것이다. 덕분인지 영조는 83세의 장수를 누렸고 조선의 임금 중 가장 오래 재위52년한 행운을 누렸다. 소실됐던 화엄사의 상징 장륙전은 1702년 각황전으로 다시 태어났다.

영조와 각황전은 각별한 인연이 있다. 어머니 숙빈 최씨가 장희빈에 시달리며 낳은 첫 아들이 두 달만에 죽자 숙빈 최씨는 간절한 마음으로 전국 기도처에 아들 출산을 빌었는데 마침내 이듬해 영조가 태어났다. 이에 기도처였던 화엄사 장륙전각황전 중건에 영조와 함께 대 시주로 보답했던 것이다. 화엄사 창건은 여러 설이 있다. 백제 성왕 시절인 544년 인도에서 어머니를 모시고 연鳶이라는 큰 새를 타고 온 연기조사緣起祖師가 창건했다는 이야기가 있다. 산에서 연기가 피어올라 주민들이 와보니 검은 피부의 스님이 수행하고 있어서 함께 절을 지었다는 것이다. 주민들이 스님을 연기존자라 불렀다는 이 이야기가 화엄사 창건의 가장 오래된 전설이다.

그런데 신라 경덕왕 때인 8세기 중엽 이름이 같은 황룡사 승려 연기조사 緣起祖師가 등장하면서 혼선을 불렀다. 연기조사가 전라도 지방 실무자들과 화엄경 사경을 조성했다는 내용인데 이것이 화엄사 창건과 관련이 있다는 추정이다. 연기조사는 의상의 화엄 사상을 더욱 발전시켜 사찰 이름도 '화엄사'로 내세웠다.

일주문

화엄사 창건 당시에 조성했다는 여러 유물은 실제 8세기 이후의 경향을 보인다. 앞서 자장율사와 의상대사가 화엄사를 중건했다는 또 다른 이야기도 있다.

통일 신라 말에는 도선국사가 15세 때인 842년 화엄사로 출가했고 후에 중창하기도 했다. 고려 때 화엄사는 문종의 4남인 대각국사 의천이 잠시 주석하며 왕실을 등에 업고 크게 중창했다.

그러나 임진왜란 때 화엄사는 5000여 칸의 대가람이 모두 불탔다. 특히 장륙전 네 벽에 새겼던 화엄석경은 모두 조각이 나면서 방치된 사이 많이 유실됐다. 임진왜란 후 최초의 중건은 1630년 벽암 각성 스님에 의해서다. 그러나 전쟁 후 재정 문제로 대웅전과 일부 요사채 중건으로 만족해야 했다. 벽암 스님은 법주사 등도 중창한 스님이다. 미완의 작품은 제자 계파 성능 스님이 맡았다. 사라진 화엄사의 상징 장륙전을 각황전으로 새롭게 탄생시킨 장본인이다. 따라서 화엄사 현재의 가람은 대체로 17세기에 이루어져 영욕의 세월을 거쳐 왔다.

전설 그윽한 4사자석탑

벽암대사 비

장식성이 뛰어난 아름다운 일주문을 들어서면 금강문과의 사이에 벽암 스님 비가 있다. 오래된 거북 받침돌 목에 주름선이 선명하게 살아있다. 이곳의 'ㄱ'자 건물이 유물관이다. 가장 눈여겨볼 것이 '화엄석경華嚴石經'이다. 돌에 새긴 화엄 경전으로, 전하기로는 677년 의상대사가 왕명으로 각황전을 세우고 내벽에 화엄석경을 보관했다고 한다. 원래 청색의 돌이었으나 임진왜란 때 화재로 깨지면서 색깔이 변했다. 각황전과 관련해 중요한 유물이다. 유물관에는 대웅전 앞 서西 오층석탑의 사리장엄구와 선조의 어필, 비사리 구시 등 유물이 많다.

일주문과 금강문, 천왕문까지 3개의 문을 지나 보제루와 종무소 사

정면에서 본 대웅전과 4등분의 석단

이에서 한 박자 쉬어가야 한다. 사찰 여행에서 건물이나 유물 하나하나를 세밀히 봐야 하지만 때론 같은 영역의 전각들을 한눈에 담고 그 조화로움을 봐야 할 경우가 있다. 이 자리가 바로 그러한 뷰 포인트다.

이 자리에서 전면 왼쪽의 각황전부터 나한전, 원통전, 영전, 우측의 대웅전까지 다섯 개의 전각을 한눈에 담아보는 것이다. 각황전은 거대한 2층, 대웅전은 상대적으로 낮고 작은 건물이다. 이 두 개의 건물이 중앙의 소형 건물 3개를 감싼 형국이다. 상대적으로 작은 단층 대웅전은 바라보는 자리에서 가깝고, 큰 각황전은 배로 먼 거리다. 따라서 각황전과 대웅전은 비슷한 크기로 보여 치우침이 없다. 각황전을 대웅전에 비해 크게 짓되 크게 보이지 않게 하려 한 의도로 읽힌다.

대웅전 앞엔 동서 오층석탑이 있다. 얼핏 비슷해 보이지만 자세히 보면 동탑은 별다른 조각이 없는 반면 서탑은 십이지상 등 많은 그림이 양각돼 있다. 서탑은 또한 동탑보다 마당 앞쪽으로 살짝 나와 있다.

두 탑은 쌍탑이 아니라 각각 별도로 조성됐음을 시사한다.

대웅전은 인조 14년1636년 완성, 현재 화엄사에서 가장 오래된 건물이다. 거대한 석단이 눈길을 끈다. 18개의 계단을 가진 석단은 4등분으로 나눠놨다. 그런데 가운데 2칸보다 좌우의 칸이 좀 더 넓다. 그 효과로 계단은 안정감이 돋보인다.

〈대웅전〉현판은 선조宣祖의 서자 의창군義昌君 이광李珖의 글씨로, 여러 사찰에서 번각할 정도로 유명했다. 〈지리산화엄사〉일주문 현판도 이광의 글씨다.

대웅전 앞에서 의문점이 생긴다. 화엄사찰에서는 주불전이 비로자나불을 모신 대적광전이기 마련인데 화엄사는 대웅전이 주불전 위치에 섰다. 그런데 대웅전에 모신 주불은 석가모니가 아닌 비로자나불이다. 전각과 불상이 불교 교리상 미스매칭이다. 대웅전에 비로자나불을 주불로 하고 석가모니불을 협시불로 모신 삼신불이 봉안돼 있다. 대웅전은 각황전과 함께 두 개를 중심 건물로 삼아 축대 위에 'ㄱ'자형으로 배치했다.

원통전과 각황전 사이에는 화엄사 흑매로 불리는 검붉은 홍매화가 유명하다. 3월이면 가장 주목을 받는다. 각황전을 중건한 계파 스님이 기념 식수했다고 한다.

각황전은 원래 3층이었던 장륙전을 중건하면서 2층으로 지었다. 1699년 공사를 시작해 1702년 완공했다. '장륙丈六'은 '1장 6척'의 준말로 480cm 규모의 거대한 불상을 뜻한다. 건물 외관은 2층이지만 내부는 통층이다. 일곱 분의 불보살을 모셨는데 여행자가 바라보는 시각에서 맨 왼쪽부터 관음보살·아미타불·보현보살·석가여래·문수보살·다보불·지적보살이다. 대웅전에서 협시불이었던 석가여래가 여기선 주존불로 봉안됐음을 알 수 있다.

원래 장륙전 건물일 때 엷은 청색의 지리산 납석으로 내부 벽을 만들어 『화엄경』을 새긴 화엄석경이 있었는데 임진왜란 때 소실되어 파편이 회갈색으로 변한 채 마구 버려졌다. 다른 곳에선 볼 수 없는 유물이었다.

화엄석경 [사진=화엄사 유물관 소장]

〈각황전〉 현판 글씨는 숙종 때 최고 명필이었던 형조 참판 이진휴 李震休가 썼다.

각황전 앞 석등은 통일 신라 때 제작한 것으로 높이 6.4m에 달해 우리나라에서 가장 크다. 간주석은 고복석鼓腹石으로 처리했고 꽃무늬를 새겼다. 북 모양의 간주석이 짧은 탓에 상부가 더욱 커 보이지만 판석이 다층인데다 넓어 균형을 잡았다.

각황전 앞에는 특이한 탑이 있다. 작은 사자 네 마리가 사각형의 석단을 머리에 이고 있는 사자탑이다. 정확한 용도는 알 수 없지만 9세기 작품의 노주露柱(외부에 세워진 탑 기둥)다.

각황전과 영산전 사잇길로 오르면 또 하나의 불후의 명작을 만난다. 효대孝臺라 불리는 곳의 4사자삼층석탑이다. 화엄사를 상징하는 건물이 각황전이라면 화엄사를 대표하는 유물은 4사자삼층석탑이라 할 수 있다. 사자 네 마리가 탑을 머리에 이고 있는데, 탑은 부처를 상징하므로 부처가 사자좌獅子座에 앉았음을 뜻한다. 4사자삼층석탑은 한 단계 진보한, 희귀한 명작이라 하겠다.

앞쪽엔 불사리 공양탑이 있는데 중앙의 보살이 오른쪽 무릎을 꿇고

4사자삼층석탑 [사진=화엄사 유물관 제공]

왼손에 지물로 석탑을 향해 공양의 자세를 취하고 있다. 이를 두고 효심이 지극했던 연기조사가 어머니에게 효도하는 모습이라는 이야기도 한다. 2020년 해체 보수에 들어갔다.

영산전은 1874년 구례 현감 방효함이 지었는데 유교 국가 지방 수령이 불사에 참여한 하나의 사례다.

* 화엄사에서 꼭 봐야 할 것들
일주문, 일주문 <지리산화엄사> 현판 글씨, 벽암대사 비, 오층석탑, 대웅전 석단, 대웅전, <대웅전> 현판 글씨, 대웅전 내 삼신불좌상, 원통전 내부, 각황전 옆 홍매화, 각황전, <각황전> 현판 글씨, 각황전 내부, 각황전 앞 석등, 각황전 앞 사자탑, 4사자삼층석탑, 유물관(화엄석경, 괘불, 서 오층석탑 사리장엄구, 선조 어필, 비사리 구시 등)

미륵전

4편

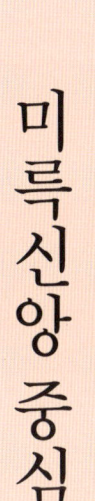

김제 모악산 금산사

미륵신앙 중심 도량

이상 세계로 인도하는
미륵

소년이 사냥하다가 개구리를 잡아 버들가지에 꿰어 물속에 둔 채 깜빡 잊고 집으로 돌아갔다. 이듬해 봄 다시 사냥길에 나선 소년은 그때 잡아둔 개구리가 아직도 살아 우는 것을 보고 크게 뉘우친 후 출가를 결심했다.

12살에 금산사로 출가한 이 소년은 진표율사다. 진표_{眞表}는 명산을 두루 유람하다 23살에 지장보살을 뵙고 정계_{淨戒}를 받았다. 하지만 그는 미륵보살에 뜻을 두었기에 변산의 부사의방_{不思議房}에서 수행을 더욱 정진해 마침내 미륵보살을 친견하고 점찰경 두 권과 간자_{簡子(작은 손가락 크기의 점대로, 점괘의 글이 적혀 있다.)} 189개를 받았다. 진표율사는 미륵보살을 뵌 뒤 금산사에 머물며 대규모 중창_{서기 766년}으로 사찰을 크게 일으켜 세웠다. 이로써 금산사는 미륵신앙의 중심 도량이 되었다.

미륵보살은 석가모니 부처에 이어 다음 세상을 구원할 붓다로, 현재는 보살이지만 이미 부처로 내정된 상태다. 하지만 미륵불은 56억 7천만 년 후에 온다고 했다.

'미륵'에는 지금보다 더 나은 세상이 온다는 믿음이 있다. 미래 새 세상이 열린다는 것은 누구나 기대에 찬 일이다. 백제 무왕이 익산으로 천도를 꿈꾸고 세운 것이 미륵사였고, 신라에서도 진흥왕이 전륜성왕_{轉輪聖王(이상적인 제왕)}이라 칭하며 신라 최대의 영토를 개척했는데 이 역시 미륵의 세계를 꿈꾼 것이다. 통일 신라 경덕왕 때 두 개의 해가 뜬 이변이 일어나자 월명사月明師가 〈도솔가兜率歌〉를 지어 불러 물리쳤다. 도솔은 미륵을 뜻한다.

또 어지러운 세상일수록 미륵신앙을 찾았는데 후삼국의 혼란기에 궁예와 견훤 역시 자칭 미륵임을 내세우며 혹세무민하기도 했다. 권력을 잡기 위한 혹세무민의 결과는 둘 다 참담했다. 미륵 관심법에 빠진 궁예는 산속으로 쫓겨 백성에게 피살됐고, 견훤은 아들에게 감금됐다 도망쳐 왕건에게 투항한 후 머잖아 죽음에 이르렀다. 신성한 종교를 자신의 정치적 목적을 위해 이단으로 몰고 간 대가였던 셈이다.

미륵불또는 미륵보살은 보은 법주사 청동미륵대불과 충주 미륵대원지 석조여래입상, 논산 관촉사 석조미륵보살에서 보듯 실외에 입상으로 조성하는 경우가 많다. 좌상이 아닌 입상으로 봉안한 것은 현재 머무는 도솔천에서 내려오는 상황을 상정한 것이다. 실내에 봉안하는 전각 이름은 미륵전이다. 용화전이라고도 한다. 석가모니가 보리수 아래서 깨달음에 이르렀듯이 미륵의 깨달음은 용화수龍華樹 아래이기 때문이다.

미륵신앙은 유식 사상唯識思想과 결합해 법상종法相宗을 낳기도 했다. 이로써 금산사는 법상종의 도량으로도 불렸다.

호남평야 내륙에 우뚝 솟은 모악산, 금산사가 있는 모악산母岳山은 『금산사지金山寺誌』의 기록에 '엄뫼'라는 말이 '어머니 산', 즉 '모악'으로 불렸다 전한다. 또 전해오는 말로는 산 위에 아기를 안은 어머니 모습을 닮은 바위가 있어 '모악'이라 했다고도 한다. 절 이름에서 보는 '금산金山'은 '엄뫼'와 함께 '큰 뫼'로도 불리던 말이 '큰'은 발음이 비슷한 '금'으로, 그리고 '뫼'는 '산'으로 한자 이름을 갖게 됐다고 한다. 한편 이 계곡에 사금이 많이 나와 금산이라는 이야기도 있다.

금산사 창건은 『금산사사적』의 내용으로 보면, 서기 599년 백제 법왕의 자복사찰로 창건된 후 진표율사가 크게 중창한 것으로 되어 있다.

하생의 미륵전·
상생의 방등계단

매표소를 조금 지나면 성문이 나오는데, 과거 견훤석성과 홍예문이 있었던 자리로 지금은 새로운 성문을 지어 개화문이라 부른다. 후백제 말기 견훤이 이곳 금산사에 유폐되었기에 더욱 관심을 끈다. 견훤이 넷째 아들 금강을 후계자로 삼자 장남 신검을 비롯한 아들들이 아버지를 금산사에 가두고 왕의 행세를 했다. 견훤은 간신히 탈출해 왕건에게 항복한 후 머잖아 생을 마쳤다.

원통전의 십일면 관음

1. 미륵전 3개 현판 2. 방등계단 사리탑

해탈교를 건너 경내에 들어서면 산속의 박물관답게 눈에 보이는 것이 국보와 보물이다.

금강문·천왕문·보제루를 차례로 지나면 넓은 광장이 펼쳐진다. 순간 광장 우측 끝에 우뚝 솟은 3층 미륵전이 시선을 압도한다.

먼저 광장으로 올라서서 오른쪽의 원통전을 거쳐 미륵전으로 향하는 것이 좋다. 원통전은 '주원융통 周圓融通(막힘없이 두루 원만하게 통한다)'의 준말로 11가지의 다른 모습을 한 십일면 관음이 모셔져 있다.

금산사의 랜드마크인 미륵전은 미륵의 중심 도량 상징성을 가진 건물이다. 원래 커다란 연못 자리에 세웠다고 한다. 정유재란 때 소실된 후 1635년 재건해 지금에 이른다. 건축학적, 미학적 한국 건축사의 위대성을 대변하는 건물이다. 내부에는 높이 11.8m의 거대한 미륵장육존을 주불로 모셨다. 미륵장육존 오른손은 시무외인 施無畏印(두려움을 떨쳐 줌), 왼손은 여원인 與願印(소원을 들어줌) 수인을 하고 있다.

석련대

　현판 명칭도 층마다 다름에 눈길이 간다. 1층에는 대자보전大慈寶殿, 2층에는 용화지회龍華之會, 3층에는 미륵전彌勒殿 등의 각기 다른 편액이 걸려있다. 모두 미륵의 세계를 뜻한다. 내외부 벽화도 눈길을 끈다. 맨 왼쪽 울퉁불퉁한 기둥 하나는 은행나무 목재라고 한다.
　미륵전 북쪽 언덕 위에 탑이 보이는 곳에 금산사 또 하나의 특징 적멸보궁의 방등계단方等戒壇이 있다. 수계 법회를 행하는 장소다. 계단 중앙에는 석종형 부도가 있다. '방등'은 '계율이나 이치가 모든 사람들에게 평등하게 미친다'는 뜻으로, 대승 경전을 통칭하는 말이다. 방등계단을 도솔천의 세계로 보기도 한다. 미륵의 하생처로 아래쪽에 미륵전을 조성하고 그 위쪽인 이곳을 도솔천으로 상정해 미륵상생신앙을 구현한 것이다. 따라서 금산사는 미륵상생신앙과 하생신앙을 겸비한 미륵도량이다. 생육신 김시습이 여기서 방등계단 시를 남기기도 했다.

1. 육각다층석탑 2. 노주

　방등계단 앞엔 오층석탑이 솟아 있다. 고려 초 조성한 석탑으로, 원래 구층이었다 하는데 지금은 오층으로 남아있다.
　방등계단에서 대적광전 뒤쪽으로 내려가면 나한전을 지나 조사전 앞 아름다운 목백일홍 고목을 만날 수 있다. 목백일홍 고목은 원통전 앞에도 있어 여름에 분홍 꽃 빛깔이 장관이다.
　대적광전은 보물 건물을 화재로 잃고 1994년 새로 복원한 건물이다. 중앙에 비로자나불을 중심으로 좌우에 각각 다섯 분의 불보살을 모신 부처님들의 전당인 셈이다.
　대적광전 앞마당엔 불상 대좌로 쓰였던 커다란 석련대石蓮臺가 있다. 둘레가 10m가 넘는 규모로 볼 때 불상의 크기도 매우 컸으리라. 이 큰 대좌의 원래 자리가 어딘지는 상상에 맡겨야 한다. 어쩌면 이 자리에서 불상을 모셨던 전각이 있었을 수도 있다. 이처럼 흔적만 남은 유적

오층석탑

과 역사는 언제나 상상으로 그려보는 여백의 미가 있다.

근처엔 검은 점판암의 낯선 육각 다층석탑이 이채롭다. 오랜 세월 속에 원형을 잃은 듯한 이 탑은 근처 봉천원구에서 옮겨온 것이라고 한다. 이 탑의 특징이라면 고려 탑에 공예적 기법을 가미한 작품이라는 데 있다. 탑이 변화하는 과정의 한 면을 보여준다.

광장 반대편에는 또 하나의 독특한 석조물 노주露柱가 있다. 절에서 전해오는 바로는 '광명대光明臺'라는 이름으로 미륵전 앞에서 미륵불에게 광명을 공양하던 석등이었다고 한다. 언제 어떤 계기로 서로 멀리 떨어졌는지도 상상에 맡겨야 한다.

대장전大藏殿은 진표율사가 중창할 때 원래 목탑으로 세운 것을 조선 시대에 이르러 전각으로 바꾸었다. 전각 꼭대기의 복발과 보주 등은 신라 때의 목탑 양식 흔적이다. 화려한 불상과 내외부 벽화도 의미 깊다. 대장전 앞엔 고려 시대의 팔각석등이 있다. 화창의 창문이 사라진 것만 빼면 지대석에서 보주까지 거의 완전한 모습으로 남아 있다.

나오는 길에 천왕문 왼쪽 당간지주를 놓칠 수 없다. 우리나라에 현존하는 당간지주 가운데서 가장 완성된 격식을 갖춘 것으로 평가받는다. 진표율사 때 작품으로 추정할 수 있다.

대장전과 석등

당간지주를 지나 왼쪽 길로 들어가면 부도군이다. 부도군에서는 고려 시대 빛바랜 혜덕왕사 진응탑비를 감상할 수 있다. 진표율사의 부도도 새로 조성돼 있다.

* 금산사에서 꼭 봐야 할 것들
  개화문, 원통전 십일면 관음, 미륵전, 방등계단, 오층석탑, 노주, 대장전, 석등, 육각다층석탑, 석련대, 성보박물관, 당간지주, 진표율사 부도, 혜덕왕사 탑비

법주사 전경

5편

보은 속리산 법주사

미륵도량에 꽃피운 불교 예술

속세를 떠나
법이 머무는 곳

　진표율사가 금산사를 크게 중창한 이후 속리산으로 향하다 소달구지를 만났다. 진표율사를 본 소들이 갑자기 무릎을 꿇고 울기 시작했다. 소달구지 주인이 진표율사에게 소가 왜 우는지를 물었다.

　진표율사는 "나는 절을 지을 곳을 찾아가고 있소. 이 소들은 어리석은 듯하지만 속은 현명해서 내가 계법을 받은 것을 알고 우는 것이오." 라고 하니 주인은 "동물도 저러하거늘." 하고는 즉시 낫으로 머리를 자르고 속세를 떠나 진표율사를 따랐다. 이 '속세가 떠나온俗離' 산은 속리산俗離山으로 불리게 된다.

　진표율사는 골짜기에 길상초가 난 곳을 표시해두고 금강산으로 들어가 발연수를 세우고 7년 머물다 다시 변산 부사의방으로 돌아갔다. 이때 제자 영심과 융종, 불타 등이 찾아와 계법을 청했다. 진표는 간자 등을 주며 속리산에 들어가 길상초가 있는 곳에 절을 세우라고 했다. 영심 등은 길상초가 난 곳에 길상사吉祥寺를 지었다.

　100년 후 고운 최치원이 속리산 묘덕암을 찾아 시 한 수를 남겼다.

"도는 사람을 멀리하지 않는데 사람은 도를 멀리하려 하네道不遠人 人遠道.

산은 세속을 떠나려 하지 않는데 세속이 산을 떠나려 하네山非離俗 俗離山."

이래저래 '속리산'이란 이름에 이론이 없음을 확정 지은 시다.

지금의 이름이 된 법주사는 진흥왕 14년서기 553년 의신조사가 인도에서 구법 여행을 마치고 흰 나귀에 불경을 싣고 오다 이곳에 이르자 나귀가 제자리를 뱅뱅 돌고 가지 않아 의신義信이 이곳이야말로 '법法이 상주住할 곳'임을 알고 절을 지었다. 법주사法住寺 창건의 역사다. 고려시대 한때 속리사俗離寺라 불렀다.

의신조사가 창건하고 진표의 제자 영심 등이 크게 중창해 오늘의 법주사가 되었다. 영심 등 제자들은 진표율사에게 받은 간자를 갖고 와 미륵도량으로 크게 일으켜 세웠다. 법주사가 금산사와 족보를 같이하는 사찰이 된 것이다.

법주사는 고려 공민왕, 조선 태조와 세조 등 역대 왕들로부터도 큰 관심을 받아온 사찰이다. 공민왕은 홍건적 침입으로 안동으로 몽진 왔다가 돌아가는 길에 법주사에 들렀는데 이를 기념으로 통도사의 불사리 1과를 능인전에 봉안했다. 태조는 근처 상환암에서 백일기도를 한 후 조선을 개국했다 하고, 세조는 법주사 동쪽 계곡에 있는 복천사지금의 복천암 신미대사를 찾아와 이 일대 사찰에 애정을 쏟기도 했다. 세조와 신미대사는 한글 창제에 함께 참여해 주도한 인연을 갖고 있다. 세조는 오대산 상원사에서 그랬듯이 복천사에 오르는 계곡에서도 목욕했는데 동자가 나타나 몸을 씻어주고 사라지자 종기가 말끔히 나았다고 한다.

목조탑 팔상전에 피어난
문화의 향기

　법주사로 가는 길에서는 우산처럼 생긴 오래된 소나무를 만난다. 세조가 신미대사를 만나러 가마를 타고 갈 때 가마가 가지에 걸리려는 순간 세조가 "연輦(가마) 걸린다!" 하고 소리치자 나뭇가지가 스스로 올라가는 이적을 경험했다 한다. 돌아올 때는 이 지점에 이르러 갑자기 소나기가 내려 비를 피할 수 있었다. 세조는 이 나무의 영험함에 거듭 감탄하며 정이품正二品 벼슬을 내렸다. 이 나무가 '정이품송'이다.

　절 입구 금강문 앞 수정교를 건너기 전 왼쪽에는 벽암대사 비가 있다. 조선 중기 스님으로 임진왜란 때 서산대사의 의승군이 되었고 인조 때는 승려 3000명을 지휘해 남한산성을 완성한 인물이다.

　법주사 가람 배치는 금강문에서 사천왕문·팔상전·쌍사자석등·사천왕석등·대웅보전이 일직선을 이룬다. 이 축선 좌우로 청동미륵대불과 요사채 등이 배치돼 있다.

　금강문을 들어서면 우측에 커다란 솥이 있다. 철확鐵鑊이라는 이름의 이 주철 솥은 지름이 2.7m, 무게가 20톤이다. 통일 신라 때 스님 3000명의 밥솥이었다고 하니 그 시절 사찰의 생활상이 그려진다.

　다시 금강문 쪽으로 지나 산 아래 큰 바위로 가면 수려한 예술품 마애여래의좌상을 만난다. 고려 시대 초기 불상으로 미륵보살을 미륵부처로 조각했다. 연화 대좌에 앉아있으며 옷주름 선이 섬세하게 표현돼 있다. 왼쪽으로는 의신조사가 흰 나귀에 경전을 싣고 온 그림과 진표율사에게 소가 무릎을 꿇어앉은 모습을 새긴 그림이 있어 법주사 창건 이야기를 마치 영상으로 보는 느낌이다. 오랜 세월 비바람에 지금

1. 철확 **2.** 창건 설화 그림

은 흐릿하게 남아 있다. 옆 산비탈엔 세존사리탑이 오랜 시간의 흔적을 안고 자리하고 있다.

큰 광장 쪽으로 나오면 서기 720년에 만든 것으로 추정되는 장방형의 석수 조각이 있다. 승려 3000명이 거주할 때 식수통으로 사용됐다는 유물이다.

역시 성덕왕 때 만든 석련지石蓮池는 향로 모양의 대형 석조 연못으로, 아름다운 구름 문양이 조각돼 있다. 물을 채우고 연꽃을 심어 완상하던 것으로, 백제의 도읍지 부여에서도 유사한 유물이 발견된 바 있다.

청동미륵대불은 외형상 법주사의 랜드마크다. 총 33m 높이의 대불은 황금빛을 발하며 시선을 압도한다. 미륵도량인 만큼 원래 용화보전이 있었으나 흥선대원군 때 헐린 후 1939년에 미륵불상 조성을 시작했다. 하지만 우여곡절 끝에 1964년 시멘트 불상을 완공했고 시멘트의 단점이 발견되자 다시 헐고 1990년 청동불상 회향식을 거행한 것이 오늘에 이르고 있다. 입술에서부터 온화한 미소가 넘치는 미륵불은 시무외인 여원인 수인으로 대중을 맞이한다.

법주사의 큰 특징 중 하나는 석탑이 없는 대신 거대한 목탑이 있다. 팔상전이다. 사찰 탑은 처음에 목탑으로 시작해 석탑으로 바뀌었지만 법주사는 목탑을 고수했다. 오래된 목탑이 현존하는 것으로는 국내 유일하다. 의신조사 때 초창했다고 전해온다. 이 오층탑 양식인 팔상전을 보면서 전설처럼 들리는 황룡사 구층목탑을 상상해볼 수 있다. 팔상전은 임진왜란 때 소실된 것을 광해군과 인조 때 24년 걸려 다시 지었다. 또 하나의 특이한 볼거리는 2층 네 모퉁이에 벌거벗은 여인의 모습 나찰이다. 불법을 수호하는 호법 신장이다. 팔상전은 석가모니의 일생을 8시기로 나누어 그림을 그려놓은 전각이다.

쌍사자석등

쌍사자석등은 신라 석조 예술품 중 걸작에 해당되는 작품이다. 성덕왕 때 조성된 것으로 추정하는데, 기둥 대신 두 마리 사자가 석등을 받치는 보기 드문 작품이다. 서로 가슴을 맞댐으로써 합심하는 모습을 취했다. 이 석등은 우리에게 세상사 고뇌와 무거운 짐은 쌍사자가 다 떠받치고 있을 테니 모든 걸 내려놓고 평온하게 자아 성찰하길 권한다.

또 하나의 석등, 사천왕을 조각했기에 사천왕석등이다. 댓돌과 밑받침, 기둥, 석등이 온통 팔각형이다. 앙련과 복련의 섬세함, 안상 등의 조각과 전체적인 균형미가 통일 신라 석등의 교과서라 할 만하다.

대웅보전을 오르는 계단은 삼계보도三階寶道라 한다. 세 갈래의 보배로운 길을 뜻한다. 중앙의 삼단 계단은 삼계를 해탈했음을 뜻하고, 좌

목조탑 팔상전

사천왕석등과 대웅보전

우 6개의 계단은 육도윤회를 상징한다. 계단 옆 소맷돌의 연꽃 모양 조각이 또한 일품이다. 계단 위 좌우엔 해학이 넘치는 원숭이 한 쌍이 앉아있다. 부처님이 수행할 때 숲속의 원숭이가 좌선하고 흉내 내다 깨달음을 얻어 천상락天上樂을 받았다 한다. 따라서 이곳에 오는 사람은 부처님을 따라 흉내만 내어도 천상락을 받는다는 의미를 담은 것이다.

〈대웅보전〉 현판은 조선 숙종의 글씨로 전한다. 법주사의 대웅보전 주불은 석가모니가 아닌 법신 비로자나불을 모셨다. 대신 옆에 보신 노사나불과 화신 석가모니불을 모셨다. 법신·보신·화신 이 세 부처가 삼신불三身佛이다. 성인 키보다 높은 수미단 위의 대좌에 거대한 불상으로 조성해 매우 장엄한 분위기다.

대웅보전 동쪽 뜰 솟을삼문 담장 안에는 영조의 후궁 영빈 이씨 위패를 모셨던 선희궁 원당이 있다. 불교 사원에 유교식 건축물을 도입한 또 하나의 예다. 영빈 이씨는 사도세자의 어머니다. 그러니 숙종과 아들 영조, 영빈 이씨 등 가족의 기도사찰이었음을 알 수 있다. 선희궁 원당 너머 넓은 공터를 지나 화장실 쪽으로 가면 땅바닥에 또 하나의 스님들의 유물이 있다. '석옹石瓮'이라고 하는 8세기에 만든

김치냉장고 역할을 한 석옹 터

김칫독 유적이다. 여러 개의 넓은 돌을 다듬어 항아리로 만든 다음 땅속에 묻어 사용한 것으로 그 흔적이 남아 있다. 오늘날의 김치냉장고였다. 1000년이 넘은 그 지혜가 오늘날 최첨단 생활용품으로 탄생했으니 놀라지 않을 수 없다.

원통보전 뒤 네모난 받침대 위에 그릇을 올려 머리에 이고 있는 조각상은 희견보살상喜見菩薩像이다. 성덕왕 때 조성된 것으로 추정하는데 오랜 세월 속에서도 섬세한 선이 살아있다. 그릇은 통도사의 봉발탑과 같은, 미륵불에게 전할 석가모니의 발우로 보여진다.

이 하나하나가 '산속 박물관' 법주사로 하여금 유네스코 세계 문화유산 사찰의 위상을 갖게 해준다.

> *법주사에서 꼭 봐야 할 것들
> 벽암대사 비, 철조 당간, 마애여래의좌상, 나귀 그림, 부도군, 석조, 철확, 석연지, 청동미륵대불, 팔상전, 팔상전 구룡의 관욕 그림, 팔상전 매화 그림, 쌍사자석등, 사천왕석등, 대웅보전 소맷돌 조각, <대웅보전> 현판 글씨, 대웅보전 삼신불, 희견보살상, 선희궁, 석옹 유적지

4장

소원성취

"간절하면 이룬다"

칠장사
선본사 갓바위
낙산사
보문사
선암사

칠장사 설경

안성 칠현산 칠장사

삼수생 어사 박문수 장원 급제

소년 궁예 활쏘고
임꺽정 불상 남기다

'암행어사의 전설' 박문수朴文秀(1691~1756)도 과거시험에 두 번이나 떨어지고 삼수생 생활을 했던 아픔이 있었다. 20대에 두 번이나 낙방하면서 홀어머니를 모시던 30대에 삼수생 박문수가 괴나리봇짐을 메고 천안 집에서 한양길로 떠났다. 32살, 이번엔 반드시 붙어야 했다.

얼마나 간절했을까? 성리학의 선비는 과거 급제 후 유교 국가의 벼슬을 해야 할 사람인데, 시험을 앞두고 억불숭유 시대에 절에 가서 불공까지 드릴 줄은 상상도 못했던 일이다. 아쉬운 건 자신, 그래도 붙을 수만 있다면…유생도 어쩔 수 없는 나약한 인간일 뿐이다.

한양길 첫날밤 칠장사에서 묵어가며 나한전에 들어가 어머니가 만들어 준 식사 대용 유과를 공양하고 두 손 모아 기도를 올렸다. 유과는 먼 길을 떠날 때 가볍게 챙겨갈 비상 식량이었다. 절에서 잠든 그날 밤 꿈에 나한이 나타나 과거시험 시제를 알려주었다. 8행 시 중 7행을 알려주고 나머지 한 행은 스스로 채우라 하고 사라졌다. 설마했지만 혹시나 하는 마음에 마지막 구절을 생각하며 한양에 도착해 시험장에 들어간 박문수는 깜짝 놀랐다. 시험 문제가 꿈에 알려준 그대로였다. 나한이 알려준 대로 7행을 먼저 썼다.

넘어가는 해는 붉은 빛을 토하며 푸른 산에 걸려 있고落照吐紅掛碧山

찬 하늘 갈까마귀는 질서정연 흰 구름 사이로 날아가네寒鴉尺盡白雲間.

나루터를 묻는 나그네 말채찍 빨라지고問津行客鞭應急

깊은 절로 돌아가는 스님의 지팡이 한가롭지 않네尋寺歸僧杖不閒.

초원의 풀 뜯는 소는 그림자를 길게 드리우고放牧園中牛帶影

지아비 기다리는 누대 위 여인의 쪽머리는 길게 늘어졌도다.望夫臺上妾低鬟.

어둠이 깔린 고목 사이 개울 남쪽 마을에선蒼煙古木溪南里

○ ○ ○ ○ ○ ○ ○

이제 마지막 한 행, 일곱 글자는 박문수가 직접 만들어야 했다. 한참 생각을 다듬은 후 마침내 붓을 든 박문수는 일필휘지 써 내려갔다.

까까머리 초동이 풀피리 불며 돌아오누나短髮樵童弄苗還.

마침내 박문수는 장원급제했다. 특히 이 마지막 구절이 극찬을 받았다고 한다. 서정성이 뛰어난 '몽중 등과시夢中登科詩' 〈낙조落照〉다.

합격을 위해 열심히 준비했고 인품을 갖춘 청년이니 나한도 그를 위해 꿈에 나타난 것일 테다. 이 이야기가 알려지면서 오늘날에도 각종 시험을 앞둔 수험생과 가족들의 칠장사 발길이 끊이지 않는 수험 기도 사찰이 되었다. 오늘날도 시험 때마다 박문수가 불공 때 올린 잡쌀 조청 유과를 먹는 비슷한 풍습도 생겨났다. 간절함 앞에선 누구나 나약해지고, 진심으로 간절히 소망하면 소원을 성취하게 해주는 것이 인간사에서 또한 있을 수 있는 일이다.

칠장사는 서기 636년 자장율사가 창건했다고 전한다. 본격적인 역사는 고려 초 혜소국사慧炤國師 정현鼎賢(972~1054년) 스님에게서 시작된다. 혜소국사가 처음 와서 수도할 때 7명의 도적을 교화했고 모두가 도를 깨우치고 제자가 되어 칠현七賢으로 불렸다 한다. 그때부터 보현보살이 상주한다는 아미산峨眉山을 칠현산七賢山이라고 불렀다. 주변에 옻이 많아 '칠장사漆長寺'로 불렸던 절 이름도 7명을 교화해 '칠장사七長寺'로 한자를 고쳐 불러 오늘에 이른다. 혜소국사는 왕명으로 사찰을 크게 중흥시켰다.

칠장사에는 한때 『고려왕조실록』을 보관했으며1383~1390년, 박문수를 비롯 역사상 많은 인물이 등장했다. 궁예가 10세 전후 칠장사에 머물며 활쏘기 연습을 했고 활을 잘 쏘아 이때부터 이름을 '궁예弓裔'라 했다는 이야기도 전하니, '궁예' 이름을 탄생시킨 사찰이기도 하다.

조선 중엽에는 임꺽정의 흔적이, 그리고 한 많은 일생을 살다간 선조의 계비 인목왕후가 각별히 발원한 사찰이기도 하다. 정조 때의 재상 채제공蔡濟恭 등 유력 인사도 유람 와서 명찰이라고 감탄했던 곳이다.

인목왕후
10년 한 풀다

대웅전은 1790년 중창 후 1828년 이건해온 건물로서, 조선 후기 경기 지역 사찰의 중심 불전 건축 양식을 대변해 역사적·학술적 가치가 크다. 그런 만큼 보물제2036호로 지정됐다. 정면 계단의 오래된 소맷돌에는 구름 등 문양이 조각돼 있어 천년고찰 분위기에 가세한다. 내부에는 1685년 제작한 석가모니불과 제화갈라보살, 미륵보살 삼세불을

대웅전과 삼층석탑

모셨다.

　대웅전 오른쪽 뜰에는 안성 봉업사지에서 옮겨온 석조여래입상이 있다. 옆엔 기이한 거북 바위가 살아 움직이는 듯 기어가는 모습을 하고 있다. 거북 바위는 우리 민족에겐 신성한 영역, 또는 기도처를 상징한다.

　대웅전 앞 삼층석탑은 원래 안성 죽림리에 있던 고려 전기 탑으로 칠장사 품에 안겼다. 1층 몸돌에는 둥근 고리 문양을 조각했고 가늘게 새긴 우주 조각이 선명하다.

　극락전에는 임꺽정이 스승 병해대사가 입적하자 조성했다는 '꺽정불'이 봉안돼 있다. 꺽정불 밑부분에 '봉안 임꺽정奉安 林巨正'이라 쓰인 삼

꼭 한번은 가봐야 할 사찰　183

베 조각 등을 충북대 연구팀이 연대 측정 한 결과 '1540년을 중간연대로 ±100년의 방사선 연대 측정'이라는 결론을 내려 임꺽정?~1562이 봉안한 것이 확실시된다. 꺽정불은 근심·걱정을 사라지게 해준다고 한다.

선조 말년에 계비가 된 인목왕후는 광해군이 왕위에 오르자 파란만장한 인생을 겪게 된다. 1613년 광해군과 집권 세력대북파이 반대파를 척결하기 위해 일으킨 계축옥사癸丑獄事로 아버지 김제남과 3명의 남자 형제가 모두 처형되고, 자신과 선조 사이의 유일한 적자인 어린 아들 영창대군이 강화도로 유배된 후 증살蒸殺됐다. 이어

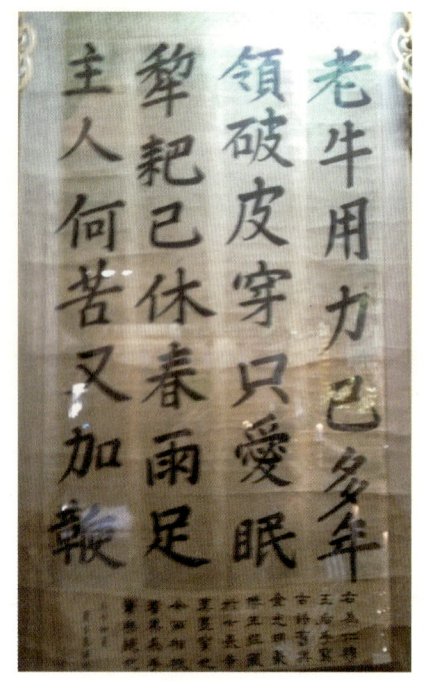

인목왕후 친필 [사진=칠장사 소장]

자신도 서궁西宮(덕수궁의 전신)에서 10년 간 갇혀 죽음도 허락하지 않은 고달픈 삶을 온몸으로 겪어야 했다. 이때 불심에 의지해 칠장사를 가족들의 극락왕생을 비는 원당으로 삼고 『금광명최승왕경金光明最勝王經』 10권과 친필 족자를 몰래 보냈다. 친필 족자는 칠장사에 남아 있다.

"늙은 소는 힘을 다한 지 이미 오래 되고老牛用力己多年
목덜미 쭈그러들고 가죽마저 헤져서 졸립기만 하네領破皮穿只愛眠.
쟁기질 다 끝나고 봄비는 넉넉히 오는 데犁耙已休春雨足
주인은 어이하여 괴롭게 또 채찍을 든단 말인가主人何苦又加鞭."

궁예 활쏘기 그림

'늙은 소'는 인목왕후 자신이고, '주인'은 광해군이다. 인목왕후의 간절함이 통했던지, 얼마 후 1623년 인조반정으로 인목왕후는 궁궐의 가장 큰 어른으로 복권되었고 광해군은 유배를 떠나 죽음을 맞았다. 칠장사는 '간절한 소망'에 답해주는 기운을 여러 차례 증명하고 있다. 역사상 왕비가 친필을 남긴 보기 드문 사찰이다. 명부전 외벽에는 궁예가 활 쏘는 벽화가 그려져 있다. 그 뒤 공터는 궁예가 활쏘기 연습을 했던 자리로 전해온다.

나한전으로 오르는 길 왼쪽에는 '어사 박문수 합격 다리'를 조성해 놓았다. 그 기운을 받으라는 배려다. 그동안 칠장사에서 열었던 어사 박문수 백일장 수상자 다수가 문단에서 활동하고 있다. 나한전에는 혜소국사와 7명의 나한이 모셔져 있다. 전각 지붕 위로는 '나옹송懶翁松'이 우산처럼 펼쳐져 있다. 고려 말 왕사 나옹 스님이 심었다는 이야기가 있다. 옆의 혜소국사 비 역시 중요한 유물이다. 파손된 것을 붙여 놓았다. 비신 양쪽 쌍룡 조각이 일품이다.

삼성각 위로 등산길 따라 가면 왼쪽 기슭에 사랑나무 '연리지連理枝'가 있다. 서로 다른 두 나무 가지가 한몸으로 붙어 자란다. 칠장사에서 소

1. 혜소국사 비 **2.** 어사 박문수 합격다리

원 성취와 사랑의 기운도 받아 간다면 더할 나위가 없다.

칠장사의 가장 중요한 문화재는 사실 숨어 있다. '오불회괘불탱'과 '삼불회괘불탱'이다. 국내서 세 번째로 오래된 오불회괘불탱은 1628년 법형法泂 스님이 그렸다. 화면을 3단으로 나눈 상단에 비로자나불·노사나불·석가모니불·아미타여래·약사여래 등 다섯 분을 배치한 것으로, 가히 수작으로 꼽힌다. 분명한 기록은 없지만 인목왕후의 후원작으로 추정된다. 초파일 등 1년에 두 번 행사 때 만날 수 있다.

이외에도 일주문 밖에 국내서 흔치 않은 철 당간지주가 남아 있어 귀한 유물을 볼 수 있다.

칠장사는 무료 급식소를 운영했다는 혜소국사의 '나눔' 정신 전통을 요즘은 주지 지강志剛 스님이 '나소향나눔과 소통으로 향기로운 세상을' 정신으로 잇고 있다. 지강 스님은 '나소향'을 오래전부터 지역사회에서 실천하며

나한전과 나옹송

오늘날 사찰의 새로운 역할 모색에 앞장서고 있다. '갖기 위한 고통'을 떨치고 '나누는 즐거움'으로 소통하자는 것이 지강 스님의 철학이다. '바라는 사람'이 아니라 '베푸는 사람'이 많기를 소망한다.

* **칠장사에서 꼭 봐야 할 것들**
  철조 당간, 명부전 궁예 벽화, 궁예 활터, 삼층석탑, 대웅전, 봉업사지 석조여래 입상, 거북 바위, 꺽정불, 어사 박문수 합격다리, 나한전, 나옹송, 혜소국사 비, 연리지

갓바위 부처님

2편

경산 팔공산 선본사 갓바위

한 가지 소원은 꼭 들어준다

'전국 명성' 기도성지
갓바위 부처님

선덕여왕善德女王(재위 632~647년)의 오랜 병을 흥륜사 승려 법척法惕이 치료했지만 효과가 없자 밀본법사密本法師가 맡게 됐다. 밀본이 침실 밖에서 『약사경藥師經』 읽기를 끝내자 갖고 온 육환장六環杖(고리가 6개 달린 지팡이)이 침실로 날아들어 늙은 여우 한 마리와 법척을 찔러 뜰에 거꾸로 내던졌다. 이에 왕은 병이 나았다. 밀본의 이마 위로는 오색의 신비로운 빛이 퍼져 사람들이 놀라워했다.

또, 승상 김양도金良圖가 어릴 때 입이 붙어 말을 하지 못했다. 아버지가 법류사 스님을 청해 와서 불경을 읽게 했는데 귀신이 스님을 죽였다. 다시 밀본법사를 맞아오자 귀신들은 신력에 의해 끌려갔고 법사가 불경을 펼치기도 전에 김양도는 병이 나아 말을 할 수 있게 됐다.

언제 누구에게 찾아올지 모를 질병의 공포는 고대 사회에서 가장 무서운 적이었다. 오늘날에도 코로나와 같은 전염병에 인간은 속수무책이다. 그 질병은 잘난 사람, 못난 사람을 구분하지 않는다. 힘센 사람, 약한 사람도 구분하지 않으며 돈 많은 사람, 적은 사람도 구별하지 않는다.

왕과 승상의 병을 치료하면서 대중들은 질병의 공포를 불교에서 극복하려 했다. 인간의 질병과 고통을 소멸시켜 주는 부처님이 약사여래藥師如來다. 아미타불이 서방 극락정토에 거주하듯, 약사불은 동방 정유

갓바위 순례 풍경

리세계淨流璃世界(동쪽에 있는 약사여래의 정토)에 거주하며 12가지 대원大願(소원을 이루고자 맹세하는 일. 서원)을 세워 구제한다. 그중에서도 장애자를 완전한 사람으로 만들어주는 일과, 몸과 마음을 안락하게 하는 원願을 맡고 있으니 아픈 사람들은 약사여래를 열망하며 찾는다.

    밀본법사의 신통하고 영험한 치유는 신라 사람들로 하여금 약사신앙에 빠져들게 했다. 특히 신라의 오악五岳 중 중악中岳인 팔공산은 약사신앙의 성지로 인식돼 왔다. 갓바위 부처님은 팔공산 850m 높은 곳에 위치해 험난한 길이지만 춥고 거친 날씨에도 아랑곳없이 가피를 얻으려는 사람들로 줄을 잇는다.

    오늘날 갓바위 부처님은 흔히 '갓바위 약사여래'로 불리기도 한다. 그렇게 정해진 것은 없다. 다만 항마촉지인 수인에 왼손엔 약합을 든 듯한 지물이 보여 약사여래로 보는 것이다. 하지만 과거엔 미륵불로 불려와 정체성의 논란을 일으켰다고도 한다. 특히 갓바위 부처를 조성한 의현 스님이 돌아가신 어머니를 위해 만들었다고 했는데, 그렇다면 약사여래가 아닌 미륵불이 당연하다. 그래선지 문화재청 공식 명칭은 '경산 팔공산 관봉 석조여래좌상보물 제431호'이다. 약사불이니 미륵불이니 규정하지 않았다.

어쨌든 갓바위 부처님을 찾는 사람은 꼭 질병 때문만은 아니다. 입시철엔 수험생 부모들로 발 디딜 틈이 없다. 수험생 부모 기도로 유명세를 탄 것은 부처 머리 위의 판석이 학사모와 같기 때문이다. 성불의 경지에 이르면 사각모를 쓴다는 당시의 생각이 오늘날에는 대학을 졸업하면 사각 학사모를 쓴다는 것과 뜻을 같이하니 이 또한 오묘한 맥이 상통한다. 새해엔 일출객까지 부처님 앞에 와서 함께한다. 그렇다고 갓바위 부처님이 그들을 외면하지 않는다. 12가지 대원을 했기 때문에 광명을 가득하게 해주며, 배고픈 자에겐 배부르게 해주고, 고난으로부터 구제해주는 등 정성 어린 기도를 하면 한 가지 소원은 꼭 들어줄 수 있는 여력이 있다. 그러니 신라 시대 이후 천년 넘게 얼마나 많은 사람들이 팔공산 갓바위 부처님을 친견하고 갔는지 알 수 없다. 1960년대 경주 석굴암이 주목을 받으면서 한동안 잊혔던 팔공산 갓바위도 재발견되어 크게 주목을 받기 시작했다.

팔공산 갓바위가 있는 선본사禪本寺는 창건에 관한 자료가 극히 미미한 가운데 서기 491년 극달화상極達和尚이 세웠다는 이야기가 있다. 이웃 동화사 창건설을 가진 스님이다.

갓바위 부처님 조성도 정확히 알려진 것은 없다. 원광법사의 제자 의현대사義玄大師가 돌아가신 어머니를 위해 638년선덕여왕 7년에 조성했다고 전할 뿐이다. 선본사와 갓바위의 창건 시기가 불분명한 가운데

정면에서 본 갓바위 부처님

선본사 앞 산기슭에 있는 삼층석탑을 통해 어느 정도 시기를 추정해볼 수 있다. 이 삼층석탑은 팔공산에 산재한 많은 석탑 중 가장 이른 시기인 8세기 전반 이전에 조성된 것으로 추정한다. 그러나 9세기라는 주장도 있어 가늠하기 어렵다.

하여간 창건 시기와 함께 선본사라는 이름도 처음부터 썼는지, 어느 시대에 무슨 사유로 바뀌게 됐는지에 대해서도 알 수 없다. 그래도 갓바위 부처님 하나로 이 부족한 이야기를 모두 능가하고도 남으니 그리 서운치는 않다.

간절하면 정성을 다한다

선본사의 전각은 대체로 1980년 이후 새로 지었다. 사찰 경내에 오래된 유물도 거의 없다. 다만 중심 법당인 극락전 앞에 석등대석 2개와 극락전 옆의 연화대석이 신라 후기의 유물로 추정될 뿐이다. 연화대석은 소전대라 불리는 시설물로 49재·천도재 등 의식 때 영가님을 마지막으로 봉송하며 소전하는 곳이다. 연꽃 모양을 닮아 연화대라고 부른다.

선본사 경내보다 갓바위가 궁극적인 목적지다. 선본사에서 갓바위까지는 건장한 사람이라면 대략 20분이면 도달한다. 선본사를 본절이라 하고 갓바위를 윗절이라 한다. 또한 갓바위를 상단, 그 아래쪽에 있는 대웅전 영역을 중단, 또 아래에 있는 삼성각 일원을 하단이라고도 부른다.

중단 대웅전과 만불대원탑

　갓바위 부처님이 있는 관봉 아래에도 칠성각·산신각·용왕각을 비롯해 요사채가 있다. 이들 전각은 갓바위 부처님 봉안을 위해 세워진 것이다. 그런데 본절보다 윗절인 갓바위 부처님을 찾는 신도가 많아 규모가 더 크다. 요사도 식당으로 쓰이는 3층 건물을 포함해 전부 6동에 기타 건물도 6동이나 돼 본절을 능가한다.

　먼저 선본사 바로 앞산 기슭에 보이는 삼층석탑을 보면, 도굴되어 방치되었던 것을 1970년대 복원했다. 간결하면서도 장중한 미를 뽐내는 통일 신라 시대 작품으로 추정한다. 주변에 석물들이 많이 쌓여있어 과거엔 적잖은 규모였음을 짐작케 한다.

　갓바위 방향으로 올라 가파른 지점에 이르면 삼성각과 범종루가 있다. 범종은 밀랍과 자연 재료를 이용해 에밀레종과 같은 전통 방식으로 제작했다고 한다.

　조금 더 오르면 대웅전과 삼층석탑, 종무소가 있는 영역이다. 갓바

선본사 앞산 삼층석탑

위 바로 아래 위치한다. 바로 그 올라오는 입구 오른쪽에 애자모 지장보살이라 불리는 작은 동굴이 있다. 단명으로 죽은 아이는 부모와 만날 수 없었으니 지장보살이 자비로운 마음으로 어린 영혼을 좋은 세상으로 안내한다는 것이다. 영아를 안고 있는 지장보살 뒤로 많은 영아들이 나란히 앉아 있는 모습이 애처롭다.

대웅전 앞의 탑은 만불대원탑이다. 갓바위 부처님을 동으로 축소 제작해 만불을 봉안했다. 경주 감은사지 삼층석탑을 모델로 제작한 만불대원탑에는 부처님 진신사리 10과와 팔만대장경 의궤 인경본 80여 권, 사리장엄구 75가지를 봉안한 탑이다.

선본사 극락전을 시작으로, 삼성각, 그리고 지금의 대웅전까지 3단계의 영역을 거친 후 마지막 갓바위 부처를 친견하게 된다. 이곳은 고도가 높아 일기 변화가 잦다. 동절기에는 눈도 자주 휘날린다.

좁은 관문을 들어서면 마침내 갓바위 부처의 등받이를 바라보며 앞쪽으로 나아가 측면과 정면에서 친견하게 된다. 언제나 그렇듯이 각지에서 사람들이 찾아와 불공을 드린다. 우리나라 대표 기도처로 인식되고 있기 때문에 전국에서 끊임없이 찾아온다.

이곳을 관봉冠峰이라 하는데 바로 갓바위 부처님의 갓 때문에 붙여진 이름이다. 화강암으로 만들어진 이 부처와 대좌는 하나의 돌로 만들었

하단 삼성각

다. 등 뒤엔 광배를 대신할 바위가 받치고 있다. 얇은 판석으로 된 갓은 머리의 육계와 닿는 부분에 구멍을 내서 고정시켰다고 한다. 얼굴 부분 조각이 매우 섬세하게 표현돼 있다. 어깨에 닿는 긴 귀가 눈길 끈다. 대좌를 덮고 있는 옷자락의 선도 수려하다. 1000여 년 전, 이 험한 산에 올라 저 정교한 작품을 남긴 사람들이 갈망했던 것, 천년이 지나도 그 발길이 끊이지 않는 것은 무엇 때문일까? 그들은 간절하고, 간절하기 때문에 정성을 다한다. 그 다음은 부처님의 몫이다.

이곳에 서서 저 광활하게 펼쳐진 아래쪽 땅을 바라보노라면 마치 천상의 세계에서 중생들의 사바세계를 내려다보는 것만 같다.

* 선본사 갓바위에서 꼭 봐야 할 것들
  석등대석, 연화대석(소전대), 앞산 삼층석탑, 애자모 지장보살, 대웅전, 만불대원탑, 갓바위 부처님, 광활한 대지

해수관음상

3편

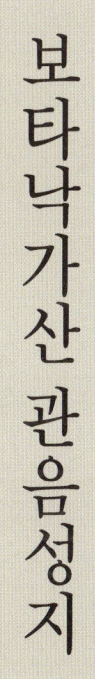

양양 오봉산 낙산사

보타낙가산 관음성지

창건주 의상대사와
뒤따라온 원효대사

　의상대사가 당나라에서 돌아온 671년, 강원도 양양에 이르러 관음보살이 이 해변의 굴에 산다는 말을 듣고 7일 동안 재계하자 불법을 수호하는 용천팔부 시중들이 굴 속으로 안내했다. 공중을 향해 예를 올리자 수정 염주 한 꾸러미가 내려와 받아들고 다시 7일 재계한 후 관음보살의 진신을 친견했다.

　관음보살이 말하기를, "내가 앉은 자리에 한 쌍의 대나무가 솟아날 것이니 그 자리에 절을 짓는 것이 좋겠다." 하니 의상이 금당을 짓고 관음상을 봉안하며 낙산사洛山寺라 이름 지었다. '낙산'은 인도의 보타낙가산을 뜻한다.

　훗날 이 소식을 듣고 원효대사도 관음보살을 친견하고자 찾아왔다. 남쪽 교외에 이르러 흰옷 입은 여인이 벼를 베자 원효가 장난삼아 벼를 달라 하니 여인은 벼가 익지 않았다고 답했다. 원효가 다시 길을 가다 다리 아래서 월경 수건을 빨래하는 여인에게 물을 달라고 청하니 여인은 그 더러운 물을 떠서 주었다. 원효는 그 물을 버리고 다시 냇물을 떠서 마셨다. 이때 소나무 위에서 파랑새 한 마리가 말하기를, "불성을 깨닫지 못한 중이로다!" 하고는 사라졌다. 소나무 아래엔 신발 한 짝이 떨어져 있었다. 원효대사가 낙산사에 이르러보니 관음보살상 자리 아래에 아까 보았던 신발 한 짝이 있었다. 그제서야 앞서 만났던 여

홍련암

인들이 관음의 진신이라는 것을 깨달았다. 하지만 낙산사에서는 결국 관음의 진신을 친견하지 못하고 되돌아갔다.

우리나라 사람들에게 가장 친밀감이 높은 불보상은 단연 관세음보살이다. 사찰마다 모시지 않은 곳이 거의 없다는 것이 그 증거다. 안타까운 일에 처했을 때 자신도 몰래 하는 말이 '나무 관세음보살'이다. 그 이유는 관세음보살은 원래 인도 남섬부주南贍部洲의 보타낙가산에 상주하지만 중생들이 부르기만 하면 당장 달려가 귀를 기울여주는 보살이기 때문이다. 중생들에게 가장 가까운 보살이다. 그래서 아예 중생들 가까운 곳에 찾아가 상주하기도 한다.

때문에 보타낙가산이 인도에만 있는 것이 아니다. 우리나라에도 낙가산이 있고 심지어 낙산사가 있다. 인도에서 달려오기엔 너무 멀기 때문에 아예 가까운 곳에 관세음보살이 상주할 '낙산낙가산'을 마련한 것

홍예문

이다. 파랑새는 '희망'의 상징이다. 조선 숙종도 낙산사에 "관세음보살의 원통한 이치를 알려 한다면 파랑새가 꽃을 문 때를 만나야 한다오."란 시를 지어 보냈다.

의상이 관음보살을 친견하고 절을 지은 곳이 바다 절벽 위 홍련암紅蓮庵이다. 관음보살이 홍련 위에 앉았기에 홍련암이다. 홍련암 법당 마루에는 작은 구멍을 뚫어 지금도 관음굴 입구를 볼 수 있다. 설화에서 그친 것이 아닌 현실로 입증하는 우리나라 제1 관음성지다. 낙산사는 오봉산五峰山을 터전으로 세운 사찰로, 다섯 개의 봉우리 중 동쪽은 관음의 세상을 상징한다.

시대를 초월해 낙산사는 최고 권력가에서부터 민초들까지 찾아왔다. 관음성지에다 빼어난 동해의 명승지이다 보니 고려·조선 시대 내로라하는 문인이 두루 거쳐 간 '관동팔경'의 하나였다. 특히 강릉이 고향인 교산 허균許筠은 20대 후반에 3년 정도 1593~1595년 낙산사에서 생활했다. 당시 임진왜란 초기로 아내와 아이를 잃은 아픔을 절에서 치유했던 모양이다. 이때 인연은 훗날 삼척 부사로 부임했을 때 불상을 모시고 불공을 드리기도 했는데 이로 인해 이단자 취급을 받으며 파직당하기도 했다.

조선 태조 이성계는 상왕 시절 1399년 낙산사에 와서 법회를 베풀며 1박 했다. 태종 역시 왕실 내신을 보내 법회를 여는 등 왕실에서 각별하게 관리했다.

세조世祖(재위 1455~1468년)는 1466년과 1467년 잇따라 행차해 대규모 중창을 도왔다. 이때 학열學悅 스님이 현장에서 진두지휘했다. 홍예문과 칠층석탑, 원통보전 담장이 그때 작품이다.

안타깝게도 2005년 강원도 대형 산불로 홍련암과 사천왕문을 제외하고 전각이 전소한 것을 2007년 복원했다.

전설 같은
파랑새 이적 홍련암

홍예문으로 들어가서 낙산비치호텔 쪽으로 나오는 길로 가보자. 먼저 홍예문은 세조 때 세웠고 위의 문루는 1963년 지었다. 현재의 모습은 2006년 새로 지은 것이다. 석성을 갖춘 것을 보면 이것이 성벽이라는 뜻인데, 원래 삼국 시대에 토성이 있었다고 한다. 지금도 숲속에 토성 흔적이 남아 있다. 사찰이 산성 안에 자리 잡은 것은 전등사와 함께 매우 이례적인 사례다.

홍예문 근처에는 '낙산 배 시조목'이 있다. 낙산 배는 조선 성종 때

원통보전과 칠층석탑

주요 과수로 지정된 재래종으로, 이곳에서 재배해 나라에 진상품으로 올렸다 한다.

　원통보전으로 들어가는 사천왕문은 1914년 중수, 낙산사로서는 가장 오래된 건물이다. 6·25와 2005년 화마에서도 살아남았다. 여기에 기이한 이야기가 전해온다. 2005년 화마 때 문 앞 두 그루의 고목에까지 불이 붙어 곧바로 사천왕문에 옮겨붙을 즈음, 사천왕문에서 거센 바람이 불어 꺼졌다고 한다. 덕분에 나무는 상처를 입었지만 살아남았고 사천왕문은 피해를 입지 않았다. 이렇게 우리는 늘 곳곳에서 이적異

蹟이라 할 만한 신비스러움을 만난다.

'태양을 맞이하는 누각'이란 뜻의 빈일루賓日樓는 단원 김홍도의 〈낙산사도〉에 그려진 그림을 보고 따라 복원한 건물이다. 기록의 중요성을 보여주는 일화다. 원통보전 입구 문을 겸한다.

원통보전 중정의 칠층석탑은 세조 때 중창하면서 조성했다. 탑신의 각 부분이 짧아 일반 탑과 다른 모습임을 쉽게 알 수 있다. 고려 시대 강원 동해안 일대의 양식이라고 한다. 상륜부에 원나라 라마풍의 검은 동 장식을 한 것도 특징이다. 원래부터 오동烏銅 장식이었으나 6·25 때 없어지고 다시 만든 것이다.

원통보전圓通寶殿은 낙산사의 중심 법당이다. 관음보살을 모시는 전각으로 관음상을 독존으로 봉안했다. 옻칠과 장지로 만든 건칠관음보살좌상으로 볼 만하다. 2007년 복원한 것이다. 원통보전 현판 아래 흰 혹이 달린 교룡蛟龍(뱀과 비슷한 비늘을 가진 용으로, 때를 못 만나 뜻을 이루지 못한 영웅호걸을 상징)은 허균의 상징물이라고 한다. 허균의 호가 교산蛟山인데 태어난 강릉 사천 외가의 산이 교룡을 닮아 자신의 호로 사용했다. 그 역시 때를 못 만난 인물일 테다.

원통보전을 둘러싼 담장은 원장垣墻이라고도 불린다. 황토와 기와로 쌓아 사찰에서는 보기 드문 모습의 담장이다. 세조 때 처음 만들었으나 터만 남았다가 근래에 복원했다.

해수관음상은 외형상 낙산사의 랜드마크다. 사람들 눈에 확 뜨이니 그렇게 주목하는 것이다. 1977년 점안했으니 연륜은 짧다. 익산에서 화강암 700톤을 가져와 조성했다. 왼손에 감로수병을 살며시 떠받쳐 들고 있다.

해수관음상에서 보타전으로 내려가는 길 왼쪽 숲속에 공중사리탑

공중사리탑

空中舍利塔이 있다. 1692년 세운 부도탑으로, 통일 신라 말 양식인 팔각 원당형을 추구했다. 이름도 특이한 이 사리탑에 대한 이야기가 탑비에 기록돼 온다. 1619년 홍련암을 중건했는데 상량하던 날 파랑새가 날아와 울었고, 1683년 불상을 개금해 모시니 법당 안에 상스러운 빛과 옥색 기운이 돌고 향기가 나면서 밝은 구슬 한 알이 공중에서 탁자 위로 떨어졌다. 스님들이 놀라워하며 "관음굴에 상스러운 일이 예전에 두 번이나 있었는데 지금이 세 번째이니 참으로 반가운 일이다."라고 말했다. 이로써 부도탑을 세웠다. 탑비는 홍련암 가는 길목에 있다.

보타전 역시 낙산사가 관음신앙의 성지임을 상징하는 전각이다. 우리나라 최초의 천수관음을 비롯 천오백관음상 등이 봉안돼 있다. 보타전 아래쪽엔 큰 연못 관음지가 있다.

의상대는 바닷가 언덕 위 경치 좋은 곳의 누각이다. 의상대사가 좌선 수행했던 자리로 전해온다. 좌우의 키 큰 소나무와 함께 잘 어울린다.

홍련암은 낙산사가 존재하는 이유이다. 의상대사가 관음성지로 연이래 여러 차례 이적이 일어난 현장이다. 그러니 이곳에서 누구나 마음을 비우고 태초의 자신으로 돌아가면 파랑새를 만날 수 있을지도 모를 일이다.

의상기념관에서는 의상대사의 일대기를 생생하게 볼 수 있으니

의상대

1400년 전이 마치 오늘 일과 같게 느껴진다. 화재 때 녹아버린 동종이 진열돼 있고 복원된 동종은 범종루에 있다. 이 종은 예종睿宗(재위 1468~1469년)이 아버지 세조를 위해 제작한 종이다.

기념관 앞쪽 다래헌에서 차 한 잔의 여유로움을 누릴 수 있다면 이 사찰 여행에서 또 하나의 힐링이다. 낙산비치호텔 쪽으로 나오면 낙산해변과 상가, 주차장이 있다.

* 낙산사에서 꼭 봐야 할 것들
  홍예문, 낙산 배 시조목, 사천왕문과 고목, 빈일루, 칠층석탑, 원통보전, 원통보전 교룡, 원장, 해수관음상, 공중사리탑, 보타전, 의상대, 홍련암, 의상기념관

마애불과 눈썹바위

4편

강화 낙가산 보문사

꼭 필요할 때 손길 내미는 나한

바다에서 온 22개 석상

신라 선덕여왕 4년635년 어느 봄날, 석모도 어부들이 고기잡이에 나서 그물을 쳤다 걷어 올리니 물고기는 없고 사람 모양의 돌덩이 22개가 올라왔다. 실망한 어부들은 버린 후 자리를 옮겨 다시 그물을 쳤다. 그물을 걷자 아까 그 석상들이 다시 올라왔다. 놀란 어부들은 모두 버리고 급히 돌아왔다.

그날 밤, 어부들은 모두 똑같은 꿈을 꿨다. 한 노승이 나타나 "네가 버린 돌은 천축국인도에서 보내온 귀중한 불상이니 건져서 명산에 잘 봉안해 달라. 그러면 그 공과 덕은 후손들이 길이 누릴 것이다."라고 하는 것이었다.

이튿날 어부들이 다시 바다로 나가 그물을 쳤다 걷어 올리니 어제의 그 석상이 그대로 올라왔다. 석상을 산으로 옮겨 가는데 석굴 앞에 이르자 더이상 움직이지 않았다. 어부들은 이 자리에 모셔달라는 뜻임을 알아차리고 석굴 속에 봉안했다.

강화 석모도에 있는 보문사의 창건 이야기다. 신라 선덕여왕 때 회정대사懷正大師가 창건했다고 하나 뒷받침할 기록이 없고, 오히려 고려 초 금강산 보덕굴에서 관음 진신을 친견한 같은 이름의 회정 스님이 이곳에 와서 불상을 보고 본격적으로 절을 창건해 낙가산洛迦山 보문사普門寺라 한 것으로 보인다. 낙가산은 관음보살이 상주하는 산이고, '보문普門'이란 말은 우주의 모든 사물이 저마다 일체의 법을 포섭해 두루 융합하는 것을 뜻한다.

근래 석굴 속 석상의 재질을 분석해본 결과 인도산 돌임이 확인됐다고 하니 놀랍다. 석상은 높이 30cm 안팎으로 작다. 그렇다면 누가 어떻게 들여왔길래 하필이면 바다 속에서 건져 올려야 했을까 하는 신비로움이 더해간다. 분명 오래된 고찰임에도 정사正史에 가까운 기록의 공백기가 너무나 길다. 조선 후기부터 다수의 기록이 전할 뿐이다.

어쨌든 보문사에 신비로운 일화는 아주 많다. 대표적으로 옥등잔 이야기가 있다. 고려 왕실에서 내린 이 옥등잔은 석굴 안을 밝히던 등불이었다. 사미승이 청소하다 그만 떨어뜨려 두 조각이 나면서 바닥에 기름이 흘렀다. 왕실에서 내린 귀중품임을 알고 있던 사미승이 겁에 질려 주지 스님에게 달려가 사정을 전하자 주지 스님도 걱정하며 석굴 법당으로 갔다. 그런데 깨졌다던 옥등잔은 제자리에서 불을 밝히고 있었다. 주지 스님이 확인해 보니 금만 있었고 기름도 새지 않았다고 한다. 주지 스님은 바로 이 나한들의 영험 덕분이란 것을 알아차리고 '나한성중羅漢聖衆'을 외치며 예를 올렸다 한다. 이 옥등잔은 보문사의 보물로 잘 보존돼 왔으나 '10·27법난法難(1980년 단행한 불교 탄압)' 때 사라졌다고 한다.

보문사에는 동지冬至만 되면 주민들이 팥죽을 쑤어 나한에게 올리는 독특한 풍습이 있었다. 바로 1892년 동짓날에 일어난 일에서 시작됐다. 공양주 스님이 스님들께 아침 식사로 팥죽을 올리려고 새벽에 부엌으로 갔지만 불씨가 없었다. 등불이 있을 만한 곳으로 가봤지만 하필이면 모두 꺼져 있었다. 아직 깜깜한 겨울 새벽이라 불씨를 구하러 갈 수도 없어 부처님 앞에 앉아 자책하고 있는데 갑자기 부엌에서 불

나한 석굴

이 타는 소리가 들렸다. 다행히 동짓날 팥죽을 올릴 수 있었던 공양주 스님은 아침 식사 후 마을 노인의 집에 볼일이 있어 내려갔다. 노인은 스님을 보자마자 책망했다. "이 어둡고 추운 새벽에 어린아이를 보내 불씨를 얻어오게 하시다니요?" 하는 것이었다. 스님은 "절에는 어린아이가 없습니다." 하고 영문을 몰라 했지만, 노인은 "아이가 추위에 떨기에 팥죽을 줬더니 다 먹고 불씨를 갖고 가던데요."라고 하는 것이었다. 스님이 얼른 석굴법당으로 가서 나한상을 자세히 보니 그중 한 분의 입술에 팥죽이 묻어 있었다는 것이다. 그 일 이후 마을 사람들은 동지만 되면 저마다 팥죽을 쑤어 올리고 기도를 했다고 한다. 이 전통은 지금도 사찰에서 동지 때마다 팥죽을 쑤어 공양하고 신도들은 팥을 가져와 올린다.

인도에서 온 석굴법당의 나한이 사람들을 지켜보고 있다는 느낌이다. 어쩌면 머리카락이 곤두설 법한 이야기다. 이 나한은 곧 보문사의 역사다.

우리나라 동해낙산사·서해보문사·남해보리암 삼면의 바다와 접한 곳에 3대 해수관음도량이 있다. 흔히 3대 관음성지라고도 부른다.

석굴 속 나한이 나를 보고 있다

주차장에서 가파른 노송 숲길을 5분 정도 오르면 경내에 도착한다. 사찰은 작지만 요모조모 보고 들을 것들이 많다. 큰 법당 극락보전이 있는 넓은 마당까지 오르면 왼쪽에 수령이 약 300년인 느티나무 고목 두 그루가 있다. 100여 년 전 석굴법당에서 도둑질한 사람이 밤새도록 도망을 갔지만 새벽에 도착한 곳이 역시 이 나무 아래였다고 한다. 자신은 멀리 도망간 줄 알았는데 계속 나무를 뱅뱅 돌고 있었던 것이다. 석굴 나한의 위력을 보여준 또 하나의 이야기가 이 고목과 함께 전해온 것이다.

바로 옆 석굴법당 앞에는 향나무 고목이 있다. 600년이 넘은 수령에도 석굴법당 앞에서 용틀임하듯 근육질을 자랑한다. 이 고목은 6·25 한국 전쟁 때 3년간 죽은 모습으로 있다가 소생했다고 한다. 향나무

석굴 앞 향나무

극락보전

　아래의 매우 큰 맷돌은 한때 승려와 수도사들이 300명에 달한 적이 있는데 그때 음식을 만들기 위해 사용하던 것으로 전한다.

　용암이 흘러내리다 그대로 굳은 듯한 석굴법당은 전설처럼 경이감을 준다. 입구에 3개의 홍예문을 만들었고 내부는 30평 정도 공간에 부처님과 나한상을 모셨다. 이곳에는 석가모니 부처님과 미륵보살, 제화갈라보살, 송자관음보살 그리고 18나한을 모셨고 후에 별도로 조성한 관세음보살이 있어 총 23분의 부처를 모셨다.

　송자관음보살送子觀音菩薩이란, 원래 인도에서 관음보살은 남성이었지만 중국을 거쳐 여성으로 묘사되어 우리나라에서도 관음보살 특유의 자비로움과 함께 여성으로 인식되었다. 원효대사가 낙산사로 갈 때 만난 두 여인이 관음의 화신이고 보면 우리나라에서도 '관음보살=여성'으로 인식돼 있었음을 알 수 있다. 어머니 같은 자비심으로 아이를 점지해 주고 잘 자라게 해준다는 도교적 신앙과 결합된 보살이다.

석굴 입구 용왕전에는 작게 용왕상을 모셨다. 섬의 특수성을 보여준다. 거기엔 물맛 좋은 옹달샘이 있다.

석굴법당에서 밖으로 나오면 오른쪽 기슭에 와불전臥佛殿이 있다. 열반한 부처가 누워있는 거대한 석상이다. 조각이 매우 사실적으로 표현되어 있다. 석가모니는 쿠시나가르의 사라수 두 그루 사이에서 열반할 때 머리는 북쪽으로 두고 서쪽을 바라보는 자세로 입적했다. 서쪽은 해가 지는 방향이자 서방정토가 있는 곳이다. 이 열반을 기점으로 불기佛紀가 시작된다. 열반한 해는 BC.544년으로, 세계불교대회1956년에서 정해졌다. 따라서 올해의 연도 숫자에 544년을 더하면 그해의 불기가 된다. 서기 2021년은 불기 2565년이 된다.

와불전 주변을 천인대千人臺라 하는데 길이 40m, 폭 5m의 큰 바위에 1000명이 앉을 수 있다 하여 붙여진 이름이다. 법회 때 설법하던 장소

오백나한상

앞바다 풍경

로 쓰였다. 이런 암반에 전설이 없을 리 없다. 서역에서 고승이 불상을 모시고 날아왔다고 한다.

옆으로 이동하면 마치 야외 공연장 같은 분위기의 오백나한상과 33 관세음보살 사리탑이 있다. 탑은 삼층인데 각 층마다 11분의 관세음보살을 조각해 총 33분을 모셨다. 2005년에 조성했다.

아미타부처님을 봉안한 극락보전 내부에는 3000분의 옥부처가 모셔져 장엄함을 연출한다. 극락보전 마당 정면 끝으로 가서 극락보전을 바라보면 지붕 선 위에 눈썹 바위가 펼쳐진다. 그곳엔 오늘날 보문사의 상징이라 할 거대한 마애관세음보살상이 있다.

계단을 오르며 잠시 숨이 찰 즈음 도착하게 되는데 이 마애불은 1928년 금강산 표훈사의 이화응 李華應 스님과 보문사 주지 배선주 스님이 흘러내리듯 굳은 자연 암반에 조각했다. 천장처럼 튀어나온 바위가 눈썹 바위다. 조각을 보호해주는 역할을 한다. 마애불상은 연화대좌에 앉아 편안한 얼굴 표정으로 손에는 정병을 들고 있다. 가슴의 '卍' 자가 눈길을 끌고 연화대좌 아래엔 '관세음보살' 한자가 새겨져 있다. 창건 이래 또 하나의 관음 기도도량 상징임을 보여준다.

여기에서 바다가 펼쳐진 풍경을 바라보면 가슴이 시원스레 열린다. 발아래 보문사 전경이 옹기종기 앉았고, 물이 빠진 앞바다의 갯벌 섬 위에 작은 섬이 징검다리처럼 놓여있다. 진귀한 풍경이다.

* **보문사에서 꼭 봐야 할 것들**
  느티나무, 향나무, 맷돌, 석굴법당과 나한상, 천인대, 사리탑과 오백나한, 와불전, 마애관음좌상, 눈썹 바위, 바다 전망

승선교

5편

순천 조계산 선암사

백일기도 순조 탄생

정조 임금
소원 들어준 사찰

정조 임금이 38살 1789년이 되었어도 뒤를 이을 왕자가 없자 다급해졌다. 한편으로는 생부 사도세자의 묘를 양주 배봉산현 서울 청량리 인근에서 수원 화산花山(현 화성시 소재 융릉)으로 이장하고, 또 한편으로는 선암사 스님에게 득남 기도를 요청했다.

선암사 눌암訥庵 스님은 그해 봄, 조정에서 내린 향을 받들고 백일기도에 들어가 세자 탄생을 빌었다. 눌암 스님은 묘향산에서 좌선할 때 호랑이 두 마리가 옆에서 3년 동안 보호했다는 인물이다. 그 영험함에 제자가 되고자 많은 사람들이 몰려왔고 조정에도 그 명성이 알려졌다. 해붕海鵬 스님은 서쪽 산기슭의 대각암에서 백일기도를 병행했다.

드라마처럼 이듬해 과연 순조純祖가 태어났다. 정조는 '국일도대선사 대각등계홍제존자'의 첩지와 자수가사, 금병풍을 내렸고 훗날 순조는 〈대복전大福田〉글씨를 써서 보냈다. 또 즉위 후에 〈천天〉과 〈인人〉어필과 은향로를 하사했다. 덕분에 선암사는 순조 임금을 탄생시킨 기도사찰로 유명세를 탔다.

선암사의 창건설은 두 갈래다. 먼저, 백제 성왕 시절인 527년 신라에 불교를 포교하던 아도화상이 백제 땅인 이곳에 절을 짓고 '청량산해천사淸凉山海川寺'라 이름했다고 한다. 다른 하나는, 통일 신라 말 도선국사가 비보 차원에서 창건했다고 한다. 사찰 곳곳에 비보 장치가 많은 것도 특징이다. 아도화상의 창건설을 뒷받침할 만한 증거가 부족해 도선국사 창건설이 유력해 보인다. 그리고 11세기에 고려 문종의 넷째 왕자인 대각국사 의천大覺國師義天이 선암사 대각암에 주석하며 크게 중창했다. 의천은 송나라 유학을 마치고 귀국한 뒤 천태교학을 정리해 천태종天台宗을 개창했다. 천태종은 조선 세종 때 1424년 조계종·총남종과 함께 선종이라는 이름으로 통합됐다.

선암사는 현재 태고총림으로 그 법맥을 이어가고 있다. 태고종太古宗은 석가세존을 종조로 하고, 고려 말 고승 태고 보우국사太古普愚國師의 종풍을 선양하여 전법하는 것을 종지로 한다. 선암사는 총본산 사찰이다.

조계산을 중심으로 서쪽엔 송광사, 동쪽엔 선암사가 자리한다. 창건 이후 '조계산 선암사仙巖寺'로 사찰명이 바뀌었는데, 절 서쪽에 옛 선인仙人이 바둑을 두던 넓은 바위가 있다 하여 절 이름이 생겼다고 한다.

대웅전과 삼층석탑

그러나 잦은 화재로 영조 때인 1761년 산 이름을 청량산淸凉山으로, 절 이름을 해천사海泉寺로 바꾸어 화재 예방의 기운을 얻으려 했으나 순조 때1823년에 다시 화재가 일어나자 중건 후 조계산과 선암사 이름으로 다시 고쳤다. 화재에 취약한 목재 건물을 가진 우리 조상들이 불기운을 억누르기 위한 염원이 어떠했는지를 잘 보여준다. 지금도 선암사에는 그러한 비보 흔적이 남아 있다. 대웅전과 심검당 건물에 '해海'자와 '수水'자를 쓰고 조각해뒀다. 연못 또한 여러 개 있다.

유네스코 세계문화유산 사찰로 한국의 산사로서의 가치를 인정받고 있다.

달에서 방아 찧는 토끼

주차장에서 경내까지는 숲길을 산책하듯 10~20분 걷는 길이다. 사찰에 들어가면서 세속의 번뇌를 내려놓는 구간이다. 굳이 주차장을 가까이에 설치하지 않은 이유이기도 하다. 도중에 두 번째 만나는 비림 맨 왼쪽에 화산대사華山大師의 4사자 부도가 있다. 네 마리의 사자가 부도를 떠받치고 있다.

비림을 지나면 길 좌우에 장승이 서 있는데 앞쪽엔 석장승, 뒤쪽엔 목장승이다. 당연히 목장승에 눈길이 간다.

곧이어 하천을 가로지르는 첫 번째 다리에 오르면 위쪽에 보이는 무지개다리가 선암사의 랜드마크 승선교昇仙橋다. 보는 순간 그 아름다움에 반해 한동안 발걸음이 떨어지지 않는다. 반원 아치의 곡선과 그 오

연못 삼인당

래된 돌의 빛깔이 풍기는 향내는 오감을 자극하기에 충분하다. 우리나라 돌다리 중 아름답기로 두 번째 가라면 서러워할 다리다. 그 무지개다리 너머 저편에는 강선루降仙樓라는 누각이 마주하니, 하나는 신선이나 선녀가 이 계곡물로 내려왔고, 하나는 올라갔다는 표현인 셈이다. 승선교는 1713년 처음 준공했다.

   강선루를 지나면 도선국사가 축조했다는 타원형의 연못 삼인당三印塘이다. '삼인'은 제행무상인諸行無常印(만물은 끊임없이 변함)·제법무아인諸法無我印(나 혼자 힘 아닌 인연으로 생김)·열반적정인涅槃寂靜印(열반에 들 듯 평온함)을 말한다. 불교사상을 담은 연못으로 흔치 않은 사례다. 비보 차원에서 연못을 조성했지만, 거기에 필요한 의미를 담는 지혜를 엿볼 수 있다.

   이제 본격 일주문이다. 일주문이 계단에 세워진 것도 특별한 경우다. 또한 일주문 기둥에 담장이 붙은 것도 특징이다. 높은 담장 역시 화재를 차단하는 비보, 즉 방화벽인 것이다.

범종루를 누하진입하면 곧바로 만나는 건물이 만세루인데 육조고사 六朝古寺란 현판이 걸려 있다. '六朝'는 '六祖'와 같은 의미로, 중국의 선승 육조 혜능을 흔히 '육조'라 부른다. 대웅전을 향해 강당 역할을 하는 건물이다.

중정엔 삼층석탑 2기가 있어 큰 법당 앞의 쌍탑 가람을 형성한다. 삼층석탑은 9세기 후반 양식으로 후에 청자와 분청사기, 금동사리탑이 발굴되기도 했다.

대웅전은 선암사의 주불전답게 자연석을 쌓은 기단 위에 정면 3칸, 측면 3칸 팔작지붕으로 장엄하면서도 잘 생겼다는 느낌을 준다. 정유재란 때 소실된 것을 1660년 중수했다. 현판 글씨는 순조의 장인인 김조순金祖淳이 썼다고 적혀있다. 내부에는 석가모니불이 협시불 없이 홀로 모셔졌고 수인은 항마촉지인이다.

서까래 주변에 보면 바다를 뜻하는 '海' 글자가 무수히 쓰여 있어 화마가 접근하지 못하게 하려는 간절한 마음을 읽을 수 있다. 심검당 건물에서는 '水·海'자와 '乾·坎'자 조각을 볼 수 있다. 모두 물을 연상시킨다. 존재하는 것은 다 그 이유가 있는 법이다.

대웅전 뒤로 가면 불조전과 팔상전이 나란히 서 있고 그 사이로 뒤쪽에 독특한 양식의 건물 원통각圓通閣이 살짝 모습을 드러낸다. 일국의 왕이 아들을 낳아 달라고 부탁해 백일기도를 올린 전각이다. 왕은 아들을 얻는 가피를 입었다.

흔히 원통전圓通殿이란 현판을 사용하는데 선암사는 원통각 현판을 달았다. 관세음보살을 본존으로 모시는 전각으로 중생이 '나무관세음보살'을 외치며 도움을 요청하면 곧바로 다가와 청을 들어주는 보살이다. '주원융통周圓融通한 자비를 구한다'는 뜻으로, 관음전이라고도 한

1. 대웅전 바다해(海) 글자 2. 방아 찧는 토끼

다. 내부를 들여다보면 순조가 보답의 뜻으로 하사한 〈대복전大福田〉 친필 현판이 걸려 있다. '큰 복의 밭'이란 뜻이다. 건물 자체도 마치 왕릉의 정자각처럼 '丁'자형의 독특한 모습이다. 사찰에서는 보기 어려운 유교풍 건물이다.

원통전에는 또 하나의 비밀이 숨어 있다. 어간문이 열려있을 땐 볼 수 없다. 문을 닫으면 사분합 문 중앙의 두 짝에 모란이 조각돼 있는데 특히 그 아래 토끼가 방아 찧은 조각은 가히 압권이다. 토끼가 사찰에 등장하는 이야기는 바로 달나라 계수나무 아래서 방아 찧게 된 불교의 '사신공양捨身供養'에서 유래한다.

숲속에 토끼와 여우, 원숭이가 함께 살았다. 어느 날 제석천帝釋天(불법을 수호하는 도리천의 왕)이 스님으로 변해 공덕을 시험하러 오자 세 동물은 음식을 공양하기로 했다. 원숭이는 과일을, 여우는 물고기를 가져왔지만 토끼만 준비하지 못했다. 토끼는 잠시 머뭇거리다 나뭇가지를 모아 불을 지핀 뒤 "제 몸을 익혀 구운 고기를 공양하겠습니다." 하고는 불 속으로 뛰어들었다. 감동 받은 제석천은 토끼를 살린 후 늘 바라볼 수 있

원통각 <대복전> 순조 어필

게 달나라로 보냈다는 이야기다. '달나라 계수나무 아래서 방아 찧는 토끼' 이야기는 그렇게 탄생했다.

선암사는 600년 넘은 매화 선암매仙巖梅로도 유명하다. 뿐만 아니라 매화 군락지라 할 만큼 매화가 많다. 원통전 뒤의 100여 년 넘은 청매화 고목도 아름답다.

뒤깐

달마전의 석조 4기가 서로 물을 건네는 풍경도 눈길 끈다. 사각형 석조의 물은 부처님께 올리고 그 다음은 사람들의 식수, 3번째 석조는 쌀과 과일을 씻는 물, 마지막 물은 허드렛물로 쓰는 지혜에 고개 숙여진다. 각황전 철조여래좌상은 도선국사가 지기가 약한 땅속에 묻어 비보했는데 후에 발견한 것이라 한다.

재래식 화장실 '뒤깐' 또한 놓칠 수 없는 건물이다. 간판 글씨조차 고어체를 그대로 살렸다. 한 시대 생활사의 한 축을 담당했던 건물이다. 성보박물관은 뒤깐 옆에 있다.

선암사 서쪽 기슭으로 300m쯤 올라가면 대각국사의 대각암이 있고 대각국사 부도로 추정되는 대각암 부도가 있다. 중간쯤에 마애여래입상도 볼 만하다.

* 선암사에서 꼭 봐야 할 것들
화산대사 4사자 부도, 승선교, 강선루, 삼인당, 일주문, 육조고사, 삼층석탑, 대웅전, <대웅전> 현판, 대웅전 '海'자, 심검당 '水·海'자와 '乾·坎'자, 원통전, 원통전 <대복전> 현판, 방아 찧는 토끼, 선암매, 각황전 철조여래좌상, 달마전 석조, 뒤깐, 성보박물관, 마애여래입상, 대각암 부도

5장

신화신비

상상의 세계로

전등사
칠불사
백양사
운주사
골굴사

전등사 전경

1편

강화 정족산 전등사
단군신화 품에 쓴 역사

고조선 유물부터
근현대 역사까지

 사찰이 고조선의 역사 품에 안겼다. 단군의 세 아들이 강화도에 산성을 쌓았다는 곳으로, 세 아들이 쌓아서 이름을 삼랑성三郞城(일명 정족산성)이라 부른다. 단군왕검이 하늘에 제를 올리기 위해 마련했다는 마니산 참성단에서 가까운 곳이다.
 참성단은 단군에서 시작해 고려, 조선 시대에도 왕의 이름으로 제천 의식을 가졌고 오늘날에도 전국 체전 때 봉화를 채화하며, 개천절에도 제천 행사를 갖는 민족의 상징이자 국가 사적이다.
 그 이웃한 정족산鼎足山에 토성을 쌓았고 삼국 시대 이후 석성으로 바뀌었다고 한다. 이 오래된 터에 서기 381년 아도화상阿道和尙이 진종사眞宗寺를 창건한 것으로 이야기는 시작된다. 우리 역사상 불교 최초 공식 기록은 고구려 소수림왕 때인 서기 372년이다. 이어 백제는 침류왕 때인 384년이다. 시기적으로 본다면 고구려에 불교가 들어온 지 9년 후 백제의 영역인 강화도에서 비공식적으로 포교했다는 의미다. 백제의 불교 공인은 인도 승려 마라난타摩羅難陀에 의해서다.
 아도화상의 진종사 창건으로 보면 1600년이 훨씬 넘은 역사를 가졌다고 하겠다. 창건 당시 사찰의 흔적이 없으나 후세 기록이 그러하니 신비로울 따름이다.
 세월은 흘러 고려 제25대 충렬왕忠烈王(재위 1274~1308년)은 이미 결혼한 정화궁주가 있었지만 왕이 되기 직전 원나라 세조 쿠빌라이의 막내딸 제국대장공주와 혼인하면서 정화궁주는 제1비 자리를 빼앗기고 별궁으로 쫓겨났다. 제국대장공주는 정화궁주가 자신을 저주했다는 구실로 감금시키고 심지어 정사에도 간여하기 시작했다. 이미 앞서 고려는 원나라와 항쟁하면서 1232년부터 1270년까지 강화도에 궁궐을 짓고 도읍지로 삼다 개경으로 돌아갔다.

옥등 [사진=전등사 제공]

원나라 공주에게 모든 것을 잃고 한 많은 삶을 살던 정화궁주는 진종사에 옥등玉燈을 시주했다. 이로 인해 진종사는 전등사傳燈寺로 이름이 바뀌었다고 한다. '불법佛法의 등불을 전한다'는 의미. 그 옥등은 지금도 사찰에서 보관하고 있다.

고려 말 목은 이색李穡이 전등사 대조루에 올라 정화궁주의 한을 노래했다.

"정화궁주의 원당 누가 고쳐 세우려나貞和願幢更誰植.
벽 글씨에 쌓인 먼지 나그네의 마음 아프게 하네壁記塵昏傷客情."

고려 왕조의 강화 정부 시절 왕궁은 지금의 강화 읍내에 세웠지만 터 좋은 몇 곳에 가궐假闕을 지었는데 전등사 경내에도 있다. 가궐은 왕이 직접 머물지는 않지만 왕조가 좋은 기운을 받는다는 믿음 때문에 짓곤 했다. 무설전 뒤편 빈터가 가궐터다.

조선 시대에는 병자호란까지 겪은 후 왕조실록을 보관하는 장사각을 지어 실록을 보관했다. 때문에 억불숭유의 왕조 하에서도 조정의 예산을 받는 등 입지를 구축했던 사찰이다.

사찰 이름에 전하는 정화궁주의 애환

전등사는 주로 남문 주차장에서부터 걷기 시작한다. 가장 특징적인 것은 성문을 들어간다는 점이다. 고조선 성문이 사찰 일주문 역할을 하는 셈이다. 어느 사찰에서나 볼 수 있는 일주문과 금강문, 천왕문이 없고 성문이 그 모든 것을 대신한다.

'바다를 바라본다'는 '종해루宗海樓' 현판의 성문 좌우로 성벽이 이어진다. 총 길이 2.3km다. 성벽을 따라 가볍게 한 바퀴 산책할 만하다. 이제부터 고조선 품안에 안긴 전등사의 실체를 보게 된다.

문을 들어서면 왼쪽 기슭에 소규모 부도탑이 있다. 대한불교조계종 총무원장을 세 차례 역임하고 전등사 조실祖室로 입적한 서운瑞雲 스님의 부도가 있다.

다시 오르면 500~600년 된 은행나무 고목을 만난다. 이 나무에 전하는 이야기가 있다. 조선 시대 사찰별로 특산품을 거뒀는데 전등사는 큰 은행나무가 있어 은행을 바쳐야 했다. 그런데 한 그루

전설 품은 은행나무

다원과 아기자기한 정원

에 10가마를 수확하는데 관아에서는 20가마를 요구했다. 고민하던 주지 스님은 이웃 사찰 스님과 묘수를 찾았다. 은행이 열리지 않게 해달라고 기도한 것이다. 그 후론 은행이 열리지 않는다고 한다. 불교가 탄압받던 시절의 한 장면이다.

앞쪽엔 윤장대輪藏臺가 있다. 경전을 넣은 책장으로 이를 돌리면 경전을 읽는 것과 같은 공덕을 쌓을 수 있다는 의미를 갖는다.

몇 발짝 오르면 작지만 아기자기한 정원의 죽림다원이다. 바라만 봐도 마음이 평온해지는 정원이고 다실이다. 사찰을 두루 여행한 후의 휴식처로 안성맞춤이다.

여기까지가 전등사의 입구에 해당하고 이제 짧은 코스를 남겨둔 클라이막스다. 다원에서 정면으로 바라보이는 높은 계단이 대웅전을 향한 관문이다. 계단을 오를 때 보이는 현관은 '전등사'이지만 '대조루對潮樓'라는 누각이다. 실제 보이진 않지만 바로 앞산 너머 바다의 조수를

대웅보전

마주 대한다는 의미다.

  대조루 안에는 영조가 전등사에 와서 쓴 편액 〈취향당 翠香堂(1726년)〉을 비롯한 여러 현판이 있다. 정조는 나라의 곡식을 보관하는 정족창 1784년을 이곳에 지었고 그 자료도 남아 있다.

  이제 전등사의 중심 건물 대웅보전이다. 딱 알맞은 크기의 아름다운 건물이다. 정면에서 자세를 낮춰 올려다보면 좌우 추녀의 선이 제비가 힘차게 날개를 편 듯한 모습의 곡선미가 수려하다. 조선 중기 건축물의 빼어난 모습을 자랑한다.

  대웅전 네 추녀에 벌거벗고 쪼그려 앉은 나녀상이 전등사에서 놓칠 수 없는 포인트다. 전설이 없을 리 없다.

  옛날 대웅전을 중창할 때 뛰어난 목수가 선발돼 일을 하는데 어느 날 이웃 마을 주막에서 주모와 사랑에 빠졌다. 목수는 공사가 끝나면

1. 나녀상 **2.** 중국 종

함께 혼례를 치르기로 하고 매일 자신이 번 돈을 모두 주모에게 맡겼다. 공사가 끝날 무렵 목수는 기쁜 마음을 전하러 주모에게 달려갔으나 주모는 보이지 않았다. 그때 이웃집 여인이 말하기를 "며칠 전 어느 남정네와 야반도주했으니 잊어버리시우."라는 것이 아닌가. 배신감에 크게 화가 난 목수는 도망간 주모에게 벌 줄 궁리를 찾았다. 벌거벗은 채 네 귀퉁이에 앉아 지붕을 떠받치게 해 부끄러움과 고통을 안긴 것이다.

　흥미로운 이야기지만, 이는 어디까지나 희귀한 모습에 상상이 가세하면서 재미 삼아 하는 이야기일 뿐이다. 신성한 대웅전에 벌거벗은 여인이라는 것은 절대 존재할 수가 없다. 이는 법당을 수호하는 벽사의 장치이거나 설법을 듣고 천상락天上樂을 받기 위한 원숭이의 모습을 다소 해학적으로 표현한 것이리라. 물론 잘못을 참회하고 올바르게 살

정족산 사고

라는 목수의 메시지로 봐도 좋을 듯하다.

대웅전에는 중앙에 석가여래, 좌우에 작게 아미타여래와 약사여래 삼존불을 모셨다. 이곳엔 특히 부처님이 앉은 수미단에 새와 꽃이 장엄하게 새겨져 있다. 광해군 때 만들었다고 전한다. 또 부처님 머리 위의 닫집도 매우 화려하다. 천장엔 용 두 마리가 머리를 내밀고 있다. 용이 여의주를 물고 천상의 세계에 있으니 극락정토를 뜻한다. 내부 기둥과 벽에는 낙서가 보이는데 병인양요와 신미양요 때 앞날을 예측할 수 없었던 병사들이 부처님께 극락왕생을 빌며 자신의 이름을 써놓은 흔적이라고 한다. 아픈 역사의 상흔이다.

강설당에 걸린 〈전등사〉 현판은 해강 김규진의 글씨로 김규진의 현판은 주로 그림을 수반한다. 난과 대나무가 그려진 이 그림은 심전 안중식의 솜씨다.

극락암 건물 앞 이국풍의 종은 1097년 송나라에서 만들었다. 일제가 군수 물자로 징발해 갔는데 해방 직후 부평 군기창에서 찾아 되돌아올 수 있었다.

약사전 뒤로 오르면 삼성각이 있고 그 길로 조금만 더 가면 복원한 정족산 사고가 나온다. 정족산 사고는 1660년 묘향산에 있던 『조선왕조실록』과 왕실 족보를 이곳에 옮긴 것이다. 장사각과 선원보각을 지어 전등사가 관리했다. 1909년 철폐되면서 서울로 옮겨갔다.

전등사는 정화궁주의 애환과 전등사 이름의 근거가 되는 옥등, 청동 수조, 업경대, 불패 등도 간직하고 있다.

가궐 터 옆에는 1907년 일제가 강화 진위대를 강제 해산하자 항일전을 펼치며 싸운 강화의병 전투지가 있다. 동문 방향 길 옆에는 양헌수 장군이 병인양요 1866년 때 우수한 화력의 프랑스군을 이곳에서 격퇴시킨 전공을 세운 기념비가 있다.

* **전등사에서 꼭 봐야 할 것들**
  삼랑성, 부도, 은행나무, 윤장대, 다원 앞 정원, 대조루 내부 유물, 대웅전, 대웅전 나녀상, 수미단, 닫집, 낙서, 범종, <전등사> 현판, 정족산 사고, 가궐 터, 양헌수 장군 기념비

'비대면 원격 화상 회의' 전설을 지닌 영지

2편

하동 지리산 칠불사

전설적인 가야 불교 발상지

신화 같은
아자방·옥보고의 거문고

가락국 김수로왕의 일곱 아들이 서기 101년에 외숙인 범승梵僧(인도 승려) 장유 보옥화상長遊寶玉和尙을 따라 불모산·가야산을 거쳐 지리산 반야봉 남쪽 기슭에 운상원雲上院을 짓고 수도 정진 2년 후 모두 성불했다.

김수로왕은 인도 아유타국阿踰陀國에서 배를 타고 온 16살 공주 허황옥許黃玉을 신부로 맞았다. 장남은 왕위를 계승했고, 두 왕자는 허황옥의 성을 받아 김해 허씨許氏의 시조가 되었으며, 나머지 일곱 왕자는 외숙 장유를 따라 불가에 귀의해 성불한 것이다. 이들이 하동칠불河東七佛로, 오늘날 칠불사七佛寺는 가야 불교의 발상지에서 시작됐고 칠불사란 이름 또한 그렇게 유래했다고 한다.

이것이 칠불사에서 말하는 창건 유래다. 하지만 다른 이야기도 있다. 일곱 명의 왕자가 가락국이 아닌 신라 신문왕의 왕자, 경덕왕의 왕자, 경순왕의 왕자라는 설로 다양하다. 어느 것도 정설이라고 확언할 수 없는, 이 신화 같은 이야기가 칠불사를 더욱 신비롭게 바라보게 한다.

가락국 이야기는 우리나라 불교의 남방 전래설을 뜻하는 것으로, 인도에서 중국을 거쳐 고구려 소수림왕 2년서기 372년에 처음 불교가 들어왔다는 북방 전래설보다 무려 300년 앞서는 내용이다. 가락국 제8대 질지왕銍知王은 허황옥 공주의 최초 도래지에 왕후사王后寺를 세웠다는

전경

『삼국유사』의 기록이 있으니 이미 오래전부터 사찰이 창건되었음을 알 수 있다. 그렇다면 우리나라 불교 역사는 2000년 가까이 된다.

칠불사 마을이 범왕리인데, 인도 승려와 일곱 왕자가 성불했고 김수로왕이 아들을 보러 와서 머물렀다 해서 유래했다는 설과 신라 왕과 왕비가 왔다는 설이 혼재한다. '범梵'은 인도를 뜻한다. 일제가 1914년 행정구역 개편으로 '범왕梵王' 한자를 '凡旺'으로 두 글자 다 고쳐버렸다. 정금리의 대비마을大妃洞은 허황후 또는 신라 왕비가 아들을 만나기 위해 찾아와 머물렀다 해서 불리게 됐다 한다.

신화가 많은 칠불사는 신라 경덕왕 때 옥보고玉寶高가 거문고를 타며 많은 곡을 남겼고, 세계 건축사에 빛날 '아자방'과 같은 신비스러운 유물이 넘쳐난다.

2000년 전 인류 최초
'비대면 원격 화상 회의'

    칠불사로 가는 길은 경남 하동군 화개장터 마을에서 시작된다. 지리산 방향으로 접어들면 쌍계십리 벚꽃으로 유명한 길이다. 칠불사는 화개장터에서 14km 지리산 속으로 들어간다. 9km 지점에 이르면 삼거리가 나오는데 칠불사는 좌측 길로 가야 한다.

    여기서 잠깐 오른쪽 길 다리를 건너 화개초등학교 왕성분교장 앞으로 가면 신라 말 지식인 최치원이 혼탁한 세상을 등지고 지리산에 들어와 세상사에 더러워진 귀를 씻고 석각했다는 세이암洗耳岩이 있다. 잠시 혼탁한 세상사를 떠나 시름을 달래볼 수 있겠다.

    학교 자리는 원래 신흥사 터다. 조선 시대 수많은 명사의 지리산 유람 베이스캠프 역할을 했던 사찰이다. 수령이 500년 정도 된 푸조나무도 유명하다. 도로변에 있는 이 나무는 최치원이 귀를 씻고 신흥사로 들어갈 때 꽂아 두었던 지팡이가 자랐다 하며, 최치원은 "이 나무가 살아 있으면 나도 살아 있고 죽었으면 나도 죽은 것으로 알라."라고 말했다고 한다. 수령으로 보면 이 나무는 지팡이의 후계목이 되겠다.

    세이암에서 칠불사까지는 약 5km다. 호젓한 산속에서 자동차로 오르는 이 길은 마치 천상의 세계로 올라가는 듯한 느낌이다. 고도감에 귀고막이 닫혔다 열렸다 한다. 해발 100m 지점의 화개장터 마을에서 해발 800m의 칠불사로 오르는 고도차가 온몸으로 느껴온다.

    일주문이 보이는 천상의 주차장에 이르면 일주문 반대편에 탑비가 있다. 근래에 세웠지만 우리나라 다도의 중흥지임을 알리는 의미있는 '다신탑비茶神塔碑'다. 신라 흥덕왕 3년828년에 당나라에 사신으로 다녀온

1. 초의선사 다신탑비 2. 문수동자탑

김대렴金大廉 공이 차 종자를 가져와 왕명으로 지리산 화개동에 처음으로 심었다 한다. 이후 초의선사가 조선 순조純祖 28년1828년에 칠불사 아자방에서 참선할 때 청나라 모환문毛煥文이 지은 『만보전서萬寶全書』의 〈다경채요茶經採要〉에서 『다신전茶神傳』을 초록했다. 이 『다신전』을 기초로 훗날 대흥사 일지암에서 『동다송東茶頌』을 저술하게 됐다. 이를 기념한 탑이다.

이 탑 옆 숲속에는 문수동자탑이 있다. 지리산은 문수보살 도량이며, 특히 칠불사는 생문수生文殊 도량임을 상징한다. 문수보살이 이곳에 화현해 소원을 들어줬다는 이야기가 많이 전해온다. 조선 중엽 하동 부사가 수행 중인 스님들이 졸고 있다고 오인해 괴롭히자 문수보살이 사미승으로 화현해 지혜를 발휘함으로써 화를 모면했다. 그래서 문수보살이 사라진 자리에 탑을 세운 것이다.

위쪽에 주차장이 또 있지만 여기서 주차하고 걸어야 전설 속 연못을 만날 수 있다. 4~5분 걸으면 길 우측에 동그랗게 생긴 연못 영지影池를 만나는데 오늘날 우리에게 매우 중요한 메시지를 던져준다. 왕 부부가 출가한 일곱 왕자를 보고 싶어 절에 와서 만나려 하자, 외숙 장유가 "지금 왕자들은 수도하는 몸이라 만날 수 없습니다. 굳이 보고 싶다면 절 아래 연못을 만들어 물에 비친 왕자들을 만나볼 수 있습니다."라고 했고 왕과 왕후는 연못을 만들어 물 위에 비친 왕자들을 만날 수 있었다는 이야기다. 말하자면 오늘날 화두가 된 '비대면 원격 화상 회의'가 이미 2000년 전 칠불사에서 인류 최초로 열린 것이다. 당시 어떻게 그런 착상이 떠올랐을까? 눈과 귀를 연 채 겸허히 마음을 비우고 존재하는 것들을 관찰하다 보면 우리는 인류가 필요로 하는 미래의 또 다른 창조적 아이디어를 얻을 수 있을 것이다. 이것이 '관찰 여행'이다.

<칠불 목탱화>

불국사 석가탑의 아사달 전설에서도 나타났듯이 우리 조상은 오래전부터 연못 물을 화면 삼아 원격 연결성을 생각했다는 점이다. 멀리 떨어져 있어도 얼굴을 보며 이야기 할 수 있다는 상상력, 이것이 중요한 메시지다. 우리의 그 상상이 지금 전 세계에서 첨단 기술로 현실화되고 있다.

아자방 [사진=칠불사 제공]

　1970년대 이후 복원한 대웅전 건물 내부는 보기 드문 멋진 장식을 하고 있다. 석가모니불과 문수보살·보현보살을 모셨고 흔히 볼 수 있는 후불탱화는 색다르게 금빛 목탱화로 조성했다. 동국대학교 교수 청원 스님의 조각이다. 앞뒤로 중첩된 부처를 비교해 보는 멋이 있다. 좌측 벽에는 신중 목탱화를 역시 같은 방식으로 조성했다. 우측 벽은 특히 눈길을 끈다. 칠불사의 기원인 일곱 왕자를 새긴 목탱화다.
　대웅전 왼쪽 건물이 이름도 특이한 '아자방亞字房'이다. 방이 '亞'자형이어서 붙인 이름이다. 1100여 년 전, 신라 효공왕孝恭王(재위 897~912) 때 담공선사曇空禪師가 축조한 선원으로 방 안의 네 귀퉁이는 50cm씩 높게 해 좌선하는 자리를 만들고, 가운데는 십자 모양으로 낮게 해 좌선하다가 다리를 푸는 경행처輕行處로 만들었다. 한 번 불을 때면 온기가 100일 간다고 한다. 특히 높은 곳이나 낮은 곳이나 온도가 똑같다고 하니 1000년 전 우리 선조들의 기술에 놀랄 따름이다. 이 신비한 신

전래석

라의 온돌방 기술이 1979년 『세계건축사전』에 등재됐다. 1948년 소실된 후 1982년, 2020년 복원을 거쳤다.

이 아자방에는 세 가지 규칙이 있었다고 한다. 하루 한 끼만 먹고, 눕지 않으며, 말하지 않는다는 것이다. 엄격한 수행 덕분일까? 그래서 문수보살이 아자방에 화현한 사례가 많다고 한다. 이로써 동국제일선원이라는 자부심도 갖고 있다.

문수전에는 지혜를 상징하는 문수보살을 별도로 한 번 더 모셔놓았다. 범종각 옆 마당엔 '전래석'이라 부르는 수석들이 있다. 500년의 역사를 가진 칠불사 수석은 초의선사도 관심이 많았다고 한다. 그 동안 사라졌던 것을 현 주지 도응道應 스님이 노력 끝에 되살렸다.

경내에는 초의선사가 차를 달이던 샘물 유천수가 있다. 우윳빛 뽀얀 물로, 사찰의 유천은 수행자가 수행을 잘하고 공덕을 쌓거나 사찰이 발전할 운이 돌아올 때 유천수가 나타난다고 한다. 초의선사의 『동다송』에선 차를 끓일 때 유천이 아니면 차의 싱그러움이 나타나지 않는다고 했다. 칠불사에 그 유천수가 있었다고 전해온다. 실제로 유천수를 마신 스님도 있다고 한다. 지리산에서 가장 뛰어난 샘물로 알려져 있다.

경내 서쪽 오솔길 따라 산비탈로 2~3분 오르면 일곱 왕자가 성불했다는 운상원雲上院 터다. 지금은 스님들의 공부방으로 사용 중인데, 운상선원 또는 옥보대라 부른다. 옥보대란 이름은 장유 보옥화상의 이름을 땄다는 설과 거문고 전승자 옥보고의 이름을 땄다는 설이 있다. 아자방과 운상선원에서는 고려 시대의 정명선사, 조선 시대 서산대사,

운상선원(옥보대)

부휴대사, 초의선사 등 무수히 많은 선사들이 안거했다. 서산대사는 임진왜란 후 칠불암을 중수하고 〈칠불암개와낙성시七佛庵盖瓦落成詩〉를 짓기도 했다. 또한 민족 대표 33인의 일원인 용성선사는 아자방에서 선승들을 지도하며 『귀원정종歸源正宗』을 저술했다.

　운상원은 거문고의 전승지라는 역사성도 갖고 있다. 신라 옥보고玉寶高는 이곳에서 50년 동안 거문고를 연주하며 새로운 곡조 30곡을 지었다 한다. 〈중원곡中院曲〉·〈하원곡下院曲〉·〈남해곡南海曲〉 등 『삼국사기』에 그 곡명이 전해온다. 음악의 산실이다. 고대 악성이 탄생한 자리니 음악의 영험한 기운을 받고자 한다면 좋은 사색의 공간이 될 것이다.

＊ 칠불사에서 꼭 봐야 할 것들
　　다신탑비, 문수동자탑, 영지, 동국제일선원, 대웅전 내 〈칠불 목탱화〉, 문수전, 아자방, 전래석, 유천수, 운상선원(옥보대)

쌍계루

3편

장성 백암산 백양사

흰 양도 깨닫고 환생

양이 설법을 듣다

1574년 조선 선조 시절, 환양선사가 정토사淨土寺에서 독경할 때 많은 사람이 몰려왔다. 사흘째 되던 날 흰 양이 독경하는 자리에 나타나 무릎을 꿇고 앉아 머물다 갔다. 독경이 이레간 열리고 끝나던 날 밤에 스님의 꿈에 백양이 나타나 말하기를, "저는 천상에서 죄를 짓고 축생의 몸으로 내려왔는데 이제 스님의 설법을 듣고 업장 소멸하여 환생하게 되었습니다."라고 말하며 큰절을 올린 후 사라졌다.

이튿날 스님은 산책하다가 영천굴 아래서 꿈에 봤던 그 백양이 죽어 있는 것을 발견했다. 스님은 꿈과 현실에서 만난 이 기이한 백양이 독경을 듣고 환생하자 정토사를 백양사白羊寺로 고쳐 불렀다. 지금의 백양사 이름이 탄생하게 된 이야기다. 축생인 양도 독경으로 감화를 받아 제도濟度되었다는 백양사다. 백양사는 스님의 법력이 축생까지 제도했듯 사람이 업장을 소멸하고 제도하지 못할 이유가 없다는 믿음을 갖고 있다. 백양사는 서기 632년 백제 여환대선사가 백암사白岩寺로 창건했다. 1034년 중연 스님이 중창하면서 정토사라 개칭했고, 1350년 각진국사覺眞國師가 삼창했다.

단풍이 첫 이미지로 떠오르는 백양사는 말 그대로 가을엔 황홀한 단풍이 길을 안내한다. 형형색색 빛깔 좋은 단풍이 온 세상을 물들이는 백양사는 단풍이 아름답기로 잘 알려진 내장사와는 내장산을 사이에 두고 남북으로 맞붙어 있다.

입구 단풍 풍경

사찰 앞에 흐르는 약수천에는 갈겨니가 많이 서식한다. 청정 수질에서 사는 잉어과 어류 갈겨니는 눈 윗부분과 등지느러미에 붉은색을 띤다. 가을엔 군데군데에서 주황색 상사화가 피는데 이곳에선 '백양꽃'이라 부른다. 백양사만의 브랜드는 많다. 각진국사 이팝나무도 그 중 하나다.

백양사는 천연기념물인 비자나무로 둘러싸여 있다. 7000여 그루가 군락을 이루고 있어 전국에서 가장 많다. 고려 때 각진국사가 열매를 구충제로 쓰기 위해 심었다고 한다. 비자나무는 난대성 식물로 백양사가 북방 한계선이다.

고려·조선 명사들의 풍류 로망
'쌍계루'

입구 부도전에는 백양사를 거쳐간 휴정·유정 등 승려의 사리와 유골을 모셨다. 특히 소요대사 1562~1649년 석종형 부도는 용이 구름을 휘감고 하늘로 올라가는 그림이 조각된 예술품이다.

귀면鬼面, 게, 개구리 등 문양도 조각돼 있어 부도에 표현한 다양한 세상을 들여다 볼 수 있게 한다. 탑신 중앙에는 위패 모양 속에 '소요당逍遙堂'이라는 글자가 새겨져 있다. 1650년 무렵 제작한 것으로 추정한다. 소요대사는 휴정에게서 선을 닦았고 사명당과 함께 당대 불교계를 이끈 스님이다.

천왕문 앞에는 운문암 계곡과 천진암 계곡 물이 만나 쌍계雙溪를 이루는 지점에 맵시 좋은 누각 쌍계루雙溪樓가 서 있다. 1350년 각진국사가 처음 지어 '다리 누각'이란 뜻으로 교루橋樓라 불렀다. 중수 후 정도전이 〈백암산 정토사 교루기〉를 지었고, 1381년에는 목은 이색이 이름을 쌍계루라 지은 후 〈백암산 정토사 쌍계루기〉를 썼다. 그후에 포은 정몽주가 와서 목은 선생을 떠올리며, "목은 선생이 기문을 지으니 그 가치가 빛나도다."라는 시 한 수를 남겼다.

천상엔 백학이 날갯짓하고 발아래엔 명경지수가 흐르며 그 사이의 쌍계루가 천상천하를 이었으니 시 한 수 읊지 않을 수가 없었겠다. 고려의 명사가 노닐던 곳에 조선 시대에는 면앙 송순·하서 김인후·사암 박순 등 수많은 사대부와 스님들이 거쳐가며 180여 수를 남겼던 누각이다. 명사들의 이상향이었다. 6·25 한국 전쟁 때 소실되어 다시 지었다.

이어 만나는 천왕문은 만암선사가 한창 백양사를 중창하던 1910년

1. '만암대종사 고불총림도량' 탑 2. 고불매

대 지었다. 정면 5칸에 측면 2칸으로 천왕문으로서는 규모가 크다. 현판 '대가람 백양사' 해서체 글씨는 해강 김규진이 썼다. 만암선사는 1875년 출생해 10살 때에 백양사로 출가했다. 일제 강점기에 현재 동국대학교의 전신인 불교전수학교를 세워 초대 교장이 됐던 인물이다. 조계종 초대 종정이 되어 비구와 대처 갈등이 깊어갈 때 개혁을 추진하기도 했다. 1917년부터 절을 대대적으로 중창해 지금의 백양사 모습은 이때 이루어졌다. 이를 기념해 천왕문 입구 오른쪽에 '만암대종사 고불총림도량'이라는 기념탑을 세웠다.

천왕문을 들어서면 보리수나무가 맞이하며 뭔가 깨달음을 얻어가기를 권한다. 백양사 가람 배치는 천왕문에서 만세루, 극락보전이 일직선으로 배치돼 동향을 하고 있다. 중심 건물인 대웅전은 만세루를 지나 넓은 광장 오른쪽에서 홀로 남향을 한다.

대웅전과 백학봉

    보리수 앞에서 보이는 만세루 건물의 왼쪽으로 가면 봄 백양사를 빛내주는 주인공 '고불매古佛梅'가 자태를 드러낸다. 가을 단풍이 유명한 백양사지만 봄엔 350년 넘은 매화 '고불매'가 아름답다. 3월이면 담홍색의 꽃을 활짝 피우는 홍매다. '고불'은 덕이 높은 승려의 존칭으로, 만암대종사가 1947년 고불총림을 결성하면서 고목이 된 이 나무의 기품이 고불을 닮았다 해서 고불매라 부르기 시작했다. 국가 천연기념물로 외과적 수술과 각종 '의료 혜택'을 받으며 무거운 가지를 담장에 걸치고 있다.

극락보전

앞마당으로 나와 만세루를 돌아보면 같은 건물이지만 현판이 '꽃비가 내린다'는 '우화루雨花樓'다. 비 오는 봄날 매화 꽃잎이 흩날리는 풍경을 떠올리게 한다. 우화루 맞은편에 백양사에서 가장 오래된 건물 극락보전이 있다. 아미타불은 서방정토를 관장하는데, 백양사의 옛 이름이 정토사淨土寺였으니 이곳이 곧 극락세계임을 나타낸다. 중종의 계비이자 명종의 어머니인 문정왕후1501~1565가 건립에 관여했다 하는데 실제 건축은 선조 때인 1574년에 마무리됐다. 이후 네 차례 다시 지었지만 원형을 잘 간직하고 있다.

옆에는 진영각과 칠성전이 한 건물을 나눠 입주해 있다. 전면 네 칸 중 왼쪽 두 칸은 진영각으로 창건주 여환대사 등 고승 대덕의 진영을 모셨고 우측 두 칸은 칠성전七星殿이다. 칠성은 보통 '칠성각'이라 하거나 '삼성각' 속에 함께 있지만 백양사는 '칠성전'으로 격을 높였다. 건물 현판에 '전殿' 자가 붙으면 최상급을 상징한다. 백양사는 칠성신앙을 중시한다. 칠성신앙은 도교에서 유래한 칠성신을 받아들인 우리 민간 신앙인데 불교가 흡수함으로써 불교의 한 부분이 되었다.

백양사의 중심 법당 대웅전은 1917년 만암대종사가 다시 지은 것으로, 정면 5칸의 큰 규모에 비해 높이는 시각적으로 낮아 보인다. 덕분에 기와 지붕 너머 솟아오른 백학봉이 자연스럽게 한 폭의 산수화가 되어준다. 게다가 대웅전의 수평미와 백학봉의 수직미가 음과 양의 조화를 이룬다고 할 수 있겠다.

팔층사리탑

내부에는 석가모니불과 문수보살, 보현보살을 봉안하고 있다. 석가모니불 위로는 화려한 이중 닫집이 있다. '적멸보궁寂滅寶宮' 닫집과 그 위에 '내원궁內院宮' 닫집이 화려하게 장식돼 있다. 적멸보궁 닫집이 있는 이유는 대웅전 뒤에 훗날 모셔온 진신사리가 있기 때문이다. 내원궁은 도솔천에 머물고 있는 미륵불의 정토다. 석가모니 후임으로 사바세계로 올 부처다. 그땐 인간의 수명이 8만 4000세가 된다고 한다.

천장에는 봉황과 용 등의 조각이 천상의 세계로 안내한다. 화려한 단청은 조선 후기 불화의 맥을 잇는 보응 스님의 제자 일섭 스님의 마지막 작품이라고 하니 그것으로도 의미를 부여할 수 있다.

백학봉白鶴峰은 하얀 학이 날개를 펴고 있는 형상이라 해서 붙은 이름이다. 이 바위가 흰색이어서 이 산을 백암산이라 부른다. 옛날 호남 지방에 전란·가뭄·전염병이 생기면 임금의 명에 의해 '백암산 국기제'를 올리던 산이다. 그 국기단國祈壇은 지금도 남아있다.
　대웅전 뒤로 돌아가면 날씬하게 솟아오른 팔층사리탑이 있다. 석가모니 진신사리 1과를 모셨다고 한다.
　백양사 주차장 옆 수석 전시관에는 불상을 닮은 천연 수석 수백 점이 감탄을 자아내게 한다. 마치 예술가가 그리고 조각한 듯한 천연 예술품이다.

* **백양사에서 꼭 봐야 할 것들**
　단풍, 소요대사 부도, 쌍계루, 만암대종사 기념탑, 천왕문 현판, 보리수, 고불매, 극락보전, 진영각, 칠성전, 대웅전과 백학봉, 대웅전 내부, 팔층 사리탑, 수석 전시관

원형다층석탑과 석조불감

4편

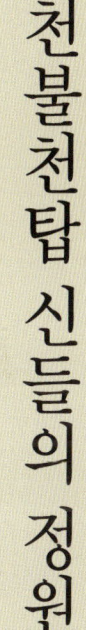

화순 영귀산 운주사

천불천탑 신들의 정원

미완으로 남은
천년의 미스터리

 나주호 동쪽 산 깊은 계곡에 1000구의 불상, 1000기의 석탑이 솟은 신령스러운 광경이 펼쳐져 있다. 옛사람들은 이를 '천불천탑千佛千塔'이라 불렀다. 화순 운주사雲住寺 이야기다.
 그런데 이곳의 불상과 탑은 흔히 사찰에서 보는 정교한 불상, 탑과는 상당한 거리가 있다. 불교 사찰 탑의 계보를 벗어나 민간 토속적 자유분방한 모습이다.
 누가, 언제, 왜, 이곳에 이런 불상과 탑을 조성했는지 알 수 없다. 때문에 신비에 신비를 더해 이야기와 상상력은 끝이 없다.
 예로부터 전해오는 전설은 많다. 신라 고승 운주화상이 거북이의 도움을 받아 만들었다는 설과 마고 할미가 지었다는 설, 이민족이 와서 세웠다는 설, 도선국사가 하룻밤에 조성했다는 설까지 다양하다. 워낙 투박한 석물이다 보니 석공들의 연습장이었을 것이라는 추측까지 난무한다.
 가장 믿고 싶어하는 것은 도선국사가 만들었다는 이야기다. 거기엔 도선국사의 지명도가 깔려있음은 물론이다. 도선국사는 풍수지리 차원에서 우리나라 지형이 배의 형상으로, 배는 균형을 잡아야 하는데 영남에는 높은 산이 많아 무겁고 호남에는 평야 지대이니 무거운 균형 추를 맞추기 위해 돌탑을 세웠다는 것이다. 도선국사는 새벽닭이 울기

전경

전까지 하룻밤에 작업을 끝내야 했다. 모든 작업을 마치고 마지막 와불을 조성하는데 새벽닭이 우는 바람에 와불을 세우지 못하고 떠났다 한다. 그래서 이 와불이 일어서는 날 새로운 나라가 활짝 열려 1000년 간 태평성대를 누린다는 것이다. 그런데 도선국사는 9세기 인물인 반면 여기 유적은 11~13세기로 추정된다는 게 문제다.

이야기는 또 있다. 반란을 일으킨 노비와 천민들이 새 세상을 갈망하는 운동으로 만들었다는 것이다. 황석영의 『장길산』이 그 이야기로 소설의 대미를 장식하기도 했다. 물론 이곳과 소설 속 시대적 배경은 큰 차이가 난다. 소설은 소설일 뿐이다.

하나 더 나오는 이야기는 12세기 전후엔 몽골에 저항하던 시기인 만큼 하루바삐 천불천탑을 만들어 나라를 지키려는 호국용이었다는 것이다. 나라가 위급하던 때였으니 '하루바삐' 만들어야 했기에 정교한 조각은 불가능했다. 도선국사가 '하룻밤 새' 만들었다는 이야기가 '하루바삐'와 묘한 연관성을 갖게 한다.

누가, 언제, 왜, 이렇게 만들었는지가 밝혀지는 그날까지 운주사 천불천탑은 신화로 남을 것이다.

"와불이 일어서는 날 새 세상 열린다"

일주문에 쓰인 '영귀산운주사靈龜山雲住寺'라는 현판이 이곳부터 신비의 정원임을 알린다. '영귀산'이라는 지명은 옛날 운주화상이 천불천탑의 운주사를 세웠지만 신도가 없자 큰 거북으로 변해 사람들을 등에 태워 데려왔다. 그러다 늙어 뒷산에 올라가 죽었는데, 그 후로 이 산을 영귀산이라 했다 한다.

천불천탑은 '많음'을 표현한 말이겠지만 1940년대만 해도 200여 점 있었던 유물이 지금은 100개 안팎에 불과하다. 일주문의 안쪽 현판은 '천불천탑도량千佛千塔道場'이라 하여 운주사가 수많은 탑과 불상의 도량임을 말해준다.

여기서 길은 개울을 두고 좌우로 나 있다. 두 길이 다시 만나는 지점에 이르면 높다란 석탑이 방문객을 처음 맞이한다. 구층석탑이다. 운주사의 석조물들은 투박하지만 이 구층석탑을 비롯해 3기가 보물로 지정돼 있다. 이 탑은 높이 10.7m로 운주사에서 가장 높다. 지대석 위에 바로 1층 탑신을 세운 기법도 낯설지만 탑이 전반적으로 이국풍이

구층석탑

다. 2층부터 위로 답신 4면에는 두 겹의 마름모 새김 속에 네 잎 꽃문양이 그려져 있다. 암호 같기도 한데, 어떤 의미를 담았을는지 궁금하다.

옆 산비탈 바위 아래는 마치 장난감처럼 만든 석불군이 있다. 조각하다 말고 잠시 옆에 세워둔 듯한 느낌이지만 유심히 바라보노라면 그 옛날 석공들이 이 자리에 모여앉아 이 모양 저 모양으로 새기며 두들겼을 망치 소리가 들리는 것만 같다.

그 절벽 위에는 투박한 오층석탑이 있다. 석불군 옆 계단으로 올라갔다 내려오면 된다.

구층석탑 뒤쪽에는 석재군과 또 다른 석불군이 있다. 석불군은 여러 석불을 한데 모아둔 것이고 석재군은 재료가 될 돌들을 모아둔 것이다. 여러 곳에 산재한 것을 가, 나, 다 식으로 구분해 놓았다.

다음에 만나는 것은 쌍교차문 칠층석탑이다. 왜소한 듯하면서도 수직으로 치솟은 모습은 구층석탑과 유사하다. 외형은 신라 양식이지

석불군 가

만 탑신석에는 암호와 같이, 다이아몬드를 뜻하는 마름모 문양이 있고 'XX'와 같은 쌍교차문도 있다. 이 암호문을 빨리 풀라는 압박감이 엄습해 오는 듯하다. 이 다이아몬드 문양이 불교『금강경』과 관련이 있는 것인지는 알 수 없지만 상상력은 점점 더해가되 미궁으로 빠져들게 한다. 'XX' 문양도 1층은 양각이지만 2층부터는 음각으로 돼 있다.

이어 광배석불좌상이다. 드물게 광배를 갖춘 석불 등 총 3기가 나란히 있다.

다음은 석조불감 앞 칠층석탑과 석조불감, 그리고 원형다층석탑이 한 줄로 서 있다. 석조불감과 원형다층석탑은 보기 드문 유물이다.

화강석으로 만든 높이 5.3m의 웅장한 사각형 석조불감은 팔작지붕으로 마감한 것이 목조 건축 양식임을 보여준다. 석불 두 분이 벽을 사이에 두고 등을 맞댄 채 각각 남북으로 바라보고 있다. 전체 석불군의 정중앙에 자리함으로써 사역 내에서 중심적인 역할을 했으리라 짐작

1. 석조불감 **2.** 대웅전 앞 다층석탑

된다. 문이 있었던 흔적이 남아있다.

　5m 떨어진 거리엔 우리나라 사찰에서 유례가 없는 원형다층석탑이 시선을 압도한다. 5개의 돌을 조립해 10각으로 만든 기단석 위에 16개의 연꽃을 새긴 앙련 덮개돌을 얹고 여러 개의 햄버거를 쌓아 올린 듯한 모습이다. 호떡 같다고도 하고 원반 같다고도 한다. 위로 올라갈수록 작아지는데 6층이지만 원래는 칠층이나 구층이었을 수도 있다. 연산군 시대에 대대적으로 보수했다는 기록이 발견됐다 한다. 이국적 탑의 분위기를 물씬 풍긴다.

　이곳을 지나면 대웅전으로 향한다. 대웅전 앞에는 '대웅전 앞 다층석탑'이 있다. '다층'이라고 한 것은 현재 4층까지만 남아 있어 나머지는 상상에 맡겨야 하기 때문이다.

　대웅전에는 협시불 없이 부처님이 독존불로 모셔져 있다. 대웅전과 지장전 사잇길로 가면 산신각과 미륵전이 있으며 이 주변에도 낯선 탑

와불

들이 산재한다.

특히 높은 기단석 위에 항아리 4개를 쌓아둔 것 같은 발형鉢形다층석탑이 눈길을 끈다. 미륵전 옆 언덕 위의 원반형석탑은 원래 형태에서 변형된 것으로 보이지만 탑신과 옥개석이 원형인 것은 특이한 사례다. 옆의 사층석탑도 이채롭다. 미륵전 뒤쪽 암벽에는 마애여래좌상이 조각돼 있다. 비바람에 조각 선이 많이 흐려진 모습이다. 이 절벽 위쪽이 공사 바위 또는 불사 바위로 불린다.

다시 대웅전을 가로질러 나와 종각 담장 밖에서 산으로 오르는 계단을 따라가면 운주사 최대 관심사인 와불臥佛이 있다. 정상의 와불을 중심으로 이 산에는 오층석탑, 칠층석탑, 시위부처, 칠성바위, 채석장 등 볼거리가 많다.

와불은 땅바닥 거대한 바위에 그대로 조각한 불상이다. 그러니 누워

있는 불상이다. 큰 것은 12.7m에 달한다. 도선국사가 새벽닭이 우는 바람에 미완으로 남기고 떠났다는 전설의 주인공으로, 이 불상이 일어서면 미륵부처가 도래해 새로운 시대가 열린다는 것이다. 또 다른 이야기로, 두 와불을 부부로 간주하고 부부가 나란히 누워있는 것은 곧 둘이 하나가 되는 것이니 다산을 상징한다는 것이다. 더욱더 민간 토속적인 사상으로 들어가는 이야기다.

발형다층석탑

내려오는 길에 만나는 채석장은 불상을 만들기 위해 돌을 잘라낸 흔적이 남은 바위다. 근처에 있는 칠성바위는 북두칠성을 상징하는데, 북두칠성은 칠성신앙으로 장수를 축원한다. 도교적 신앙이 혼재되었음을 보여준다.

이곳에서 맞은편 산을 바라보면 군데군데 탑이 솟아 있어 가히 신비스러운 풍경을 연출한다. 그 사이로 데크길이 이어져 있어 산책하기에 더할 나위가 없다. 나오는 길 오른쪽 잔디밭에 20기 안팎의 석불상도 눈길을 끈다.

* **운주사에서 꼭 봐야 할 것들**
  구층석탑, 쌍교차문 칠층석탑, 석불군 가나다, 광배석불좌상, 석조불감, 원형다층석탑, 대웅전 앞 다층석탑, 발형다층석탑, 원반형석탑과 사층석탑, 공사 바위(불사 바위), 마애여래좌상, 수직문 칠층석탑, 와불, 채석장, 칠성바위

골굴사 석굴사원

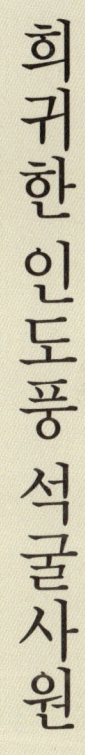

경주 함월산 골굴사

희귀한 인도풍 석굴사원

절벽 위
부처의 방

"돌을 갈아 발 디딜 자리를 만들고 굴 안으로 들어간다. 그곳엔 방처럼 생긴 곳이 있어 누우면 차지 않고 훈훈하며 병자는 병이 낫기도 한다. 굴 벽에 조각한 석불도 있는데 언제 조성했는지 알 수는 없으나 연기에 그을려 알아볼 수가 없다. 굴 위에 조각한 석불에서는 자주 서광이 빛나는데 이러한 기적은 해마다 있다."

1740년에 기림사 사적기에 기록돼 전해오는 골굴사骨窟寺 내용이다. 앙상한 뼛속의 굴같은 절이란 뜻이다.

인도나 중국에서 볼 법한 산 절벽의 석굴사원이 우리나라에도 귀하게 있으니 신기한 장면이다. 석굴의 돌도 우리나라에서 흔히 보는 화강암이 아니니 더욱 신비롭다.

감포항에서 경주 시내로 향하는 길목에 자리한 골굴사는 신라에 본격 불교가 도입되던 6세기 인도에서 온 광유성인光有聖人이 창건했다고 전해온다. 이웃의 기림사祗林寺도 함께 창건했다.

골굴사를 실제 인도 승려가 창건했는지는 알 수 없지만, 인도 승려가 창건했다는 이야기는 석굴사원이 인도에서 유래했다는 점에서 그 인식을 같이한 것으로 볼 수 있다. 우리나라 많은 사찰의 창건 이야기는 미스터리가 많다. 오랜 시간 후 기록된 사적기로 남아 있는 글이 대부분인데 여기서 많은 이야기가 윤색되곤 하기 때문이다. 사실일 수도 있고 유사한 이야기가 신비롭게 가공되어 기록됐을 수도 있다. 그러나 그 가공도 어떤 실체가 있었기에 가공될 수 있는 것이니 마냥 흘려들을 수만도 없다.

　어쨌든 골굴사는 여러 면에서 인도풍을 자아낸다. 응회암 凝灰岩(직경 2mm이하 화산재 암석) 절벽에 수많은 석굴로 조성한 모습도 그러하거니와 바다에서 내륙으로 들어가는 입구에 위치한 인도 카를라석굴과 입지 면에서의 분위기도 닮았다. 이로 인해 골굴사와 인도 석굴사원을 비교하는 학술대회도 종종 열린다.

석굴사원 모습

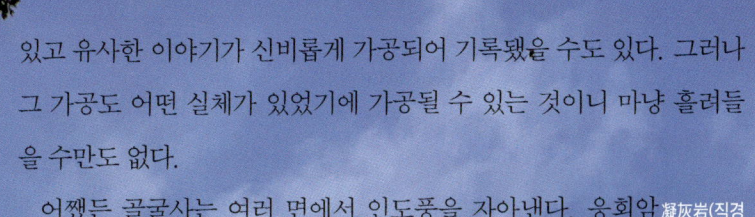

골굴사는 규모와 조성한 석불 등에서 인도 석굴사원과 비교할 수 없지만 우리 나름대로 석굴사원을 조성했다는데 그 의미가 있다. 우리나라는 석굴사원을 조성하기 어렵다. 인도·중국과 달리 단단한 화강암인 우리나라에선 석굴을 만들기가 어렵기 때문이다. 그런 가운데 '달을 머금은 산'이라는 함월산含月山 남쪽 기슭에 응회암 절벽이 있었고 이를 놓치지 않고 불교의 원류를 좇아 인도풍 사원으로 조성했다는 것은 눈여겨봐야 할 부분이다. 응회암은 다루기는 쉽지만 풍화작용에 마모도 쉬운 단점이 있다. 우리나라의 대표 석굴사원은 토함산 석굴암과 제2의 석굴암으로 불리는 군위 아미타여래 삼존석굴 등이 있다.

골굴사는 오랫동안 폐허로 있다가 1990년 설적운薛寂雲 스님이 원력으로 일으켰다.

'한국의 소림사' 선무도

일주문을 들어서면 넓은 광장형 주차장이 나오는데 보통 이곳에 주차하고 걷는 게 좋다. 광장이 끝나는 지점에서 왼쪽 길로 접어든다. 잠시 산속 길을 오르다 보면 또 하나의 주차장이 나오는데 이곳에 개 석상 '동아보살 공덕기'가 있다. 이 절에 그 사연이 있다. 골굴사 주지 설적운 스님이 1990년 태어난 강아지 '동아'를 입양했는데 강아지가 새벽 예불부터 동행하며 예사롭지 않은 행동을 해왔다. 참선하고 탑돌이도 따라했으며 살생도 하지 않았다. 커서는 새끼를 낳아 분양한 돈을 대적광전과 선무도대학 건립에 보탰다. 나이가 들어 치매와 중풍을 앓아 힘든 몸이었는데 죽던 날 아침 새벽 예불까지 마쳤다. 그리고 절을 떠났다. 10여 일 뒤, 산 언덕 양지바른 곳에서 죽은 동아가 발견됐다. 스님은 49재를 지내고 매년 기제사를 올린다. 절에서는 동아를 '동아보살'이라 부르고 동아가 축생으로서의 20년 삶 다음 생엔 반드시 사람으로 환생하리라 믿고 있다. 전설 같은 실화다. 자신의 역할을 끝낸 개가 홀연히 떠나 조용히 생을 마무리한 것은 많은 생각을 하게 한다.

오르막길을 조금만 오르면 길 우측으로 건물이 하나씩 차례로 나타난다. 그곳을 지나면 오른쪽으로 이국풍의 석굴들이 나타나고 위쪽에 커다란 마애불이 한눈에 들어온다.

아래에서 전체를 조망하고 이제 석굴 사원에 올라 하나씩 봐야 한다. 가파르고 좁은 돌계단을 밧줄을 잡고 올라야 한다. '갈 지之'자 철제 난간을 둘러놓은 곳곳에는 작은 굴이 있고 그 안에 석불을 모셨다. 모두 12석굴이다. 이 석굴 하나하나가 일반 사찰에서 전각에 해당한다. 나한굴·산신굴·칠성단 등이 각각의 특성에 맞게 조성돼 있다. 마치 아파트 한 동에 각각 층별로 호실이 있는 사찰 느낌이다. 지그재그식으로 1~4층에 조성한 굴을 올라가면서 보면 어느덧 4층 정상이다. 고소공포증이 있는 사람이라면 살짝 오금이 저린다. 그 아슬아슬한 맛은 골굴사에서만 경험할 수 있고, 골굴사이기 때문에 경험해야 할 신비로움이다.

압권은 맨 위에 있는 높이 4m 벽의 마애여래좌상이다. 보물 제581호로 지정된 유물이다. 비바람에 마모가 심해 지붕을 씌워 보호하고 있다.

온화한 신라 불상의 미소를 간직한 마애불이 바라보는 곳은 동해 문무대왕 수중릉이다. 풍화작용으로 가슴과 하반신 표면 일부가 떨어져 나가 아쉬움을 남기지만 나머지는 물결 무늬가 생생하게 표현된 모습

마애여래좌상

1. 극락문 2. 관음굴

을 잘 간직하고 있다. 불꽃 문양 광배도 갖추고 있다. 9세기 작품으로 추정한다. 하지만 창건 설화처럼 6세기부터 조성하기 시작했다면 신라 불교 도입 단계에서 인도의 사원을 적극 채택했다는 것인데 이는 중국을 통하지 않고 인도에서 해양으로 직접 전래되었을 수 있음을 암시한다.

옛 기록에는 이곳 석굴마다 목조 전실을 설치해 전각들이 바위에 매달려 있는 것처럼 보였다고 한다. 약 300여 년 전 모두 소실된 후 오랫동안 폐허로 있었기에 지금은 그런 모습을 볼 수 없다. 하지만 그러한 기록들이 더욱 더 신비로움을 선사한다.

마애불에서 관음굴 쪽으로 내려오면 좁은 굴을 통과해야 한다. 극락문으로 불린다. 성인이 몸을 완전히 굽혀야 빠져나갈 수 있다. 절에선 이 문을 통과 후 몸이 떨리면 전생에 공덕을 쌓지 않았기 때문에 현생

선무도 [사진=골굴사 제공]

에 공덕을 많이 쌓으란 메시지라고 재미있게 말한다.

그렇게 나가면 또 절벽 위에 매달린 관음굴이 있다. 굴 앞에 지붕과 문을 달았고 불상은 굴 안에 모셔져 있다. 이런 풍경 자체가 우리나라에서는 희귀하다. 이 관음굴은 원효성사가 마지막 수행하다 열반한 곳으로 추정되는 곳이다.

관음굴에서 한숨 돌리며 내려오면 대적광전이다. 경사지에 두 개의 건물을 겹쳐 쌓아올린 모습이 이채롭다. 아래쪽에 보제루를 짓고 그 지붕을 마당으로 삼은 대적광전이 자리한다. 이 작은 마당에서 선무도가 펼쳐진다. 선무도禪武道는 깨달음을 위한 실천적 방법인 불교의 전통 수행 정혜쌍수定慧雙修 수련법이다. 명상·선요가·선무술을 동반하는 총체적 수행법으로 심신의 건강을 되찾고 활력을 얻게 해준다. 골굴사 주지 설적운 스님에 의해 크게 전파되어 이젠 하나의 문화 생활이 되었다. 허무하거나 일상에서 새로운 활력소를 찾고자 하는 사람들이 이

'선禪의 숨결'을 많이 찾는다고 한다. 연간 외국인 7000명을 포함, 2만 명의 사람들이 골굴사 선무도를 수련한다. 참여자들은 발우공양 및 국궁, 승마 체험도 할 수 있다.

골굴사는 세계 선무도 총본산이다. '한국의 소림사'라는 말도 얻게 됐다. 한국인은 몰라도 외국인은 잘 아는 골굴사다. 이러한 특색에 반한 외국인들이 템플스테이를 많이 한다.

대적광전 내벽에는 원효성사 영정이 모셔져 있다. 대적광전 뒤쪽 기슭에는 두 개의 바위가 붙어있는데 '남근 여궁 바위'다. 우뚝 솟은 바위가 남근이고 그 옆에 붙은 바위가 여궁이다. 우리 민족의 전통적인 토속 신앙에서 많이 전래된 남근 여궁에는 출산을 기원하는 소망이 담겨 있다. 다산을 기원했던 옛날에는 남근 바위에서 참배한 후 여궁 바위에 정화수를 떠놓고 기도하면 아이를 낳는다고 믿었다.

대적광전 옆을 따라 능선에 오르면 오륜탑五輪塔이 있는데 태국에서 모셔온 불사리 3과를 봉안했다고 한다.

골굴사의 기이함은 조선 후기에 그림으로도 남겨졌다. 겸재 정선鄭敾이 그린 것으로 알려진 '골굴석굴도'가 당시에도 빼놓을 수 없는 명승지였음을 말해준다.

* **골굴사에서 꼭 봐야 할 것들**
  동아보살 공덕기, 산신굴, 나한굴, 칠성단, 마애불, 극락문, 관음굴, 대적광전, 원효성사 영정, 남근 여궁 바위, 오륜탑

6장

문화감성

지적인 유혹

분황사
쌍계사
봉정사
내소사
은해사

모전석탑의 가을

1편

경주 분황사

모전석탑에서 피어나는 신라 향기

선덕여왕의 '향기나는 절'

유성이 품속으로 들어오는 꿈으로 잉태하고 오색구름이 땅을 덮은 가운데 해산하니, 서기 617년에 태어난 원효성사元曉聖師(617~686년)다. 성은 설薛씨다. 설씨는 신라 탄생 6부족 성씨 중 하나다. 어머니는 밤나무 아래를 지나다 갑자기 출산했는데 그곳의 밤알 하나의 크기는 그릇을 가득 채울 정도였다. 원효의 비범성은 밤나무로도 나타났다.

원효는 출가 후 집을 희사해 절로 삼아 초개사初開寺라 불렀다. 그는 스승이 없이 사방으로 떠돌며 독학으로 수행했지만 파계승으로도 유명하다. 하루는 기이한 행동을 하며 "그 누가 자루 없는 도끼를 내게 빌려주려는가? 나는 하늘을 떠받칠 기둥을 찍으리라."라고 노래하니 아무도 그 뜻을 알지 못했는데 태종 무열왕만이 알아듣고 그를 찾아오게 했다. 이때 원효는 개천을 건너다 자신을 찾으러 온 신하를 만나자 일부러 물에 빠져 옷을 적셨다. 신하는 무열왕의 과부가 된 요석공주에게 안내해 옷을 벗어 말리게 하며 그곳에 머물게 했다. 공주는 임신해 아들을 낳았고, 그 아이가 설총薛聰이다.

원효는 큰 표주박을 얻어 『화엄경』의 한 구절 속에 나오는 말 '무애無㝵(장애 없는 자유자재)'라 이름하고 사방팔방 노래와 춤으로 몽매한 백성들을 교화했다.

원효元曉라는 이름은 그가 스스로 지었다. 사람들은 그 뜻이 '새벽'이

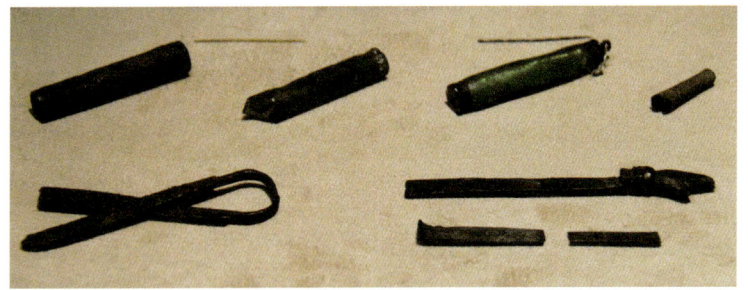
바늘·바늘통·가위·족집게 [사진=국립경주박물관 소장]

라고 했다. '불교를 처음 빛나게 했다'는 뜻이다.

원효성사는 일찍이 분황사에서 『화엄경소』·『금광명경소』 등 많은 서책을 저술해 이곳은 명저의 산실이 됐다. 원효의 연구소 역할을 한 것이다.

선덕여왕재위 632~647년은 643년 자장율사가 당나라에서 귀국하자 제일 먼저 분황사에 머물게 했다. 그때 시중드는 사람과 함께 물건을 보내 극진히 대접하며 궁궐로 청해 『대승론』을 강의하게 했으며 또한 이웃한 황룡사에서 『보살계본』을 이레 밤낮 강연하게 했다.

당대 최고의 지식인 자장율사와 원효성사 등이 머물렀던 분황사芬皇寺는 634년 선덕여왕이 창건했다. '향기나는 임금의 절'이란 뜻이다. 왜 굳이 향기를 강조했을까? 선덕여왕은 당 태종이 모란 그림을 보내오자, 모란에 벌·나비 그림이 없는 것을 알아차리고 자신에게 향기가 없음을 조롱한 것으로 생각해 '분황사'를 지어 자신에게도 향기가 있음을 보여준 것이다.

분황사는 선덕여왕이 최초의 여왕임을 대내외 천명하는 상징성을 가진 사찰이기도 하다. 그래서인지 분황사에는 유난히 여성과 관련된 이야기가 많다. 여인 희명希明이 기도로 눈먼 아이의 눈을 뜨게 했다는 이야기, 진성여왕 때 분황사 이웃집의 가난한 여인이 품을 팔아 어머니를 부양했다는 이야기와 함께 석탑의 사리장엄구에서도 가위와 같은 여성 유물이 많이 출토됐다. 경덕왕 시대 여인 희명은 아이가 태어난 지 5년 만에 갑자기 장님이 되자 분황사 왼쪽 전각 북쪽 벽에 그려진 천수대비에게 나아가 아이에게 "천 개의 손, 천 개의 눈 하나를 덜어서 두 눈이 없는 저에게 하나라도 고쳐 주옵소서."라며 기도하게 했더니 눈을 뜨게 해주었다고 한다.

원효성사가 세상을 떠나자 아들 설총이 아버지의 부순 유해로 실제 모습처럼 소상塑眞容(흙으로 빚은 영정)을 만들어 분황사에 모시고 흠모하며 슬퍼했다. 그때 예를 올리자 소상이 갑자기 돌아봤는데 그 후로 돌아본 모습 그대로 있었다고 한다. 일연 스님이 『삼국유사』를 집필할 때까지는 그 소상이 있었던 것이 증명된 것이다.

원효의 핵심 사상은 종파주의적 불교 이론을 회통시키려 한 화쟁사상和諍思想과 일심사상一心思想, 그리고 그의 자유분방한 무애사상無碍思想이다.

아버지 원효가 불교의 거장이었다면 설총은 유교의 거장이었다. 이 두 문자를 집대성하며 설화집 『화왕계花王戒』를 써서 신라 3대 문장가라는 칭송을 받는다.

분황사에는 신라 경덕왕 시절 천재 화가 솔거率居가 벽에 〈관음보살도〉를 남겼다. 이웃 황룡사 벽에는 실물 같은 노송 그림을 그려 새들이 날아와 벽에 부딪혀 떨어지곤 했다고 한다. 또 진주 단속사에 〈유마상維磨像〉 그림도 남겼는데, 이 모두 세상 사람들은 신화로 여겼다고 한다.

자장·원효·설총·솔거·추사를 만나다

이젠 분황사 전각의 벽에 서서 <관음보살도> 그림을 상상 속에 그려봐야 한다. 그렇지만 선덕여왕·자장·원효·설총·솔거라는 신라 당대 최고의 명망가들이 머문 그

분황사 현판

자리에 와서 잠시 함께하는 것만 해도 이미 그들과 영혼의 만남을 가진 것이니 이것으로 위안 삼을 수 있겠다.

옛 영화는 간데없고 황량한 황룡사 빈터와 울타리를 함께한 분황사도 지금의 모습은 초라하다. 그러나 옛 영화를 눈으로만 보려 해선 안 된다. 지나간 세월마다 남겨 켜켜이 쌓인 그 시절 문화는 분황사라는 이름 속에서 영원히 지워지지 않을 터이니 머릿속으로 그려봐야 하는 여백도 감사한 일이다.

입구 현판의 '분황사芬皇寺' 글씨 중 유독 '芬'자만이 날아가는 듯한 수려한 모습이다. 마치 범종에 새겨진 비천상 같은 선율이다. 선덕여왕의 '향기'가 퍼져가는 형상이 바로 이런 모습이 아닐까?

마당에 들어서면 처음 오는 사람도 너무나 눈에 익은 모전석탑模塼石塔(벽돌 모양 석탑)이 1400년 세월 무상하단 말 없이 그 자리를 지키고 있다. 전체적으로 목탑의 형상을 하고 있는데, 광물질을 함유한 안산암安山岩이라는 석재로 만든 탑이다. 현재 9.3m 높이의 3층으로 남았지만 원래는 7층이나 9층이었을 것으로 추측한다. 창건 연대가 알려진 신라 최초의 석탑으로, 7세기 양식이다. 동시대에 백제에서 만든 익산 미륵

모전석탑

사지 석탑과 비교해볼 수 있다.

기단 위에는 모퉁이마다 화강암으로 조각한 사자상 네 개가 있는데 동해 쪽은 암사자, 내륙 쪽은 수사자가 자리한다. 1층에는 감실을 만들어 네 면에 문을 설치했다.

1915년 일본인이 해체 수리할 때 발견된 병 모양의 그릇, 은합, 실패와 바늘, 침통, 금은제 가위 등은 국립경주박물관에서 소장하고 있다.

모전석탑 옆엔 썰렁하게 남은 귀부가 있다. 고려 숙종은 원효 스님에게 '화쟁국사 和諍國師' 시호를 내리고 절에 비를 세워 공덕을 기리게 했는데 비는 사라지고 귀부만 남은 것이다. 조선 후기 추사 김정희가 분황사에 와서 귀부에 〈차화정국사지비월 此和靜國師之碑趽〉이라는 글씨를 새겨놓았다. 그런데 '이것은 화쟁국사의 비 유물'이라는 뜻일 텐데, '諍쟁'을 '靜정'으로, '蹟적'을 '趽월'로 쓴 것은 의문이다. 31살 추사의 오류일까?

모전석탑 앞엔 신라 시대에 만든 석정石井이 그대로 남아 있다. 전해오는 이야기로는, 이 우물에 세 마리의 호국용이 살고 있었는데, 원성왕 11년 795년 당나라 사신이 이 우물 속에 사는 용을 세 마리의 물고기로 변하게 해 가져가는 것을 원성왕이 사람을 시켜 되찾아왔다고 한다. 그 뒤 '삼룡변어정三龍變魚井'이라고 부르게 되었다.

가을 모전석탑 앞 주황 빛깔 감이 주렁주렁 익어갈 때의 풍경은, 왠지 사라진 천년 왕조 신라의 황량한 빈터에 주인 잃은 감나무만 말없이 스산한 풍경으로 자리를 지키는 듯한 모습으로 비친다.

아담한 보광전에는 경덕왕 14년 755년 무게가 30만 6000근이나 되는 약사여래

1. 귀부 2. 석정 3. 보광전

입상을 만들어서 봉안했다고 한다. 1998년에 보광전을 고쳐 짓기 위해 해체하던 중 기록이 발견됐는데, 분황사는 임진왜란 때 불탔고 현재의 불상은 1609년에 동 5360근으로 만든 것으로 돼 있다. 이후 보광전은 1680년에 다시 지었다. 손에 약그릇을 들고 있어서 약사불임을 알 수 있다.

1965년 분황사 뒷담 북쪽의 우물 속에서 불상들이 출토됐는데 국립

황혼빛에 물든 당간지주

경주박물관에서 소장하고 있다. 절 주차장 남쪽 넓은 밭에는 당간지주만이 황혼빛에 붉게 물든 채 천 년 신라의 마지막 순간을 간직하려 애쓰는 모습이다. 당시 대가람 분황사의 당간지주로 추정한다. 당간지주 남쪽 넓은 터가 황룡사지다.

오늘날 분황사는 매년 음력 3월 29일 원효제향대재를 지내고, 10월엔 원효예술제 행사를 열어 원효를 기리고 있어 1400년 전의 향기가 여전히 은은하게 피어오른다.

* **분황사에서 꼭 봐야 할 것들**
  모전석탑, 분황사 현판, 귀부 추사 친필, 석정(삼룡변어정), 약사여래, 당간지주, 황룡사지, 국립경주박물관(출토 유물)

가을 풍경

2편

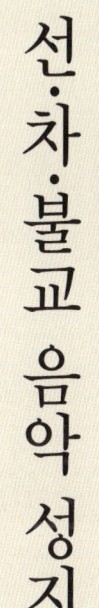

하동 삼신산 쌍계사

선·차·불교 음악 성지

'항아리 속 별천지' 화개동

서기 722년 통일 신라 성덕왕 시대에 의상義湘의 제자 삼법三法 스님이 당나라에서 "육조 혜능六祖慧能의 정상頂相(두개골) 사리를 삼신산三神山(금강산·한라산·지리산)의 눈 쌓인 계곡 위 칡꽃이 핀 곳에 봉안하라."는 꿈을 꾸고 귀국했다. 금강산·한라산을 두루 다녔지만 찾지 못하다 마침내 지리산에 이르러 정상을 모셨다.

100여 년 지나 830년 중국에서 선종의 법맥을 이은 진감선사眞鑑禪師가 지리산 화개곡에 들어오자 호랑이 몇 마리가 길을 안내했다. 따라가 자리를 보니 옛날 삼법 스님의 퇴락한 절터였다. 진감선사는 그 빈 자리에 가람을 크게 일으키고 옥천사玉泉寺라 불렀다.

진감선사는 옥천사에서 세 가지 상징을 남겼다. 자신이 중국에서 공부해온 남종 돈오선頓悟禪을 크게 전파했다. 하나씩 차례로 깨달아 가는 '점오漸悟'와 달리 '돈오'는 한 번에 깨닫는 것을 말한다. 이에 옥천사는 '선禪도량'으로 명성을 날렸다.

동시에 진감선사는 중국에서 가져온 차茶 종자를 절 주위에 심어 차 문화를 크게 일으켰다. 지리산 남쪽 사면 빛 좋고 물 좋은 곳에서 차는 잘 자랐다. 앞서 흥덕왕 3년828년 김대렴金大廉이 당나라에서 차나무 씨를 가져와 왕명으로 지리산 줄기에 처음 심은 이후 진감선사가 본격적으로 차밭을 조성하고 보급했다.

<쌍계석문> 각자

　진감선사는 또한 중국에서 공부한 불교 음악으로 우리 민족에게 맞는 범패梵唄(불교 의식 음악)를 만들어 명인을 양성했다. 섬진강에 뛰노는 물고기를 보고 팔음률로써 〈어산魚山〉을 작곡했다고 한다. 이로써 불교 음악의 발상지가 되었다.

　이에 정강왕신라 제50대왕(재위 886~887년)은 진감선사를 높이 평가해 지리산에 또 다른 옥천사가 있어 혼동이 된다며, 두 계곡물이 절 입구에서 만나므로 '쌍계사雙磎寺'란 이름을 하사해 오늘날에 이른다. 최치원에게 입구에 〈쌍계석문雙磎石門〉 글자를 쓰게 했다고도 전한다. 흔히 '시내'를 뜻하는 글자는 '溪'를 쓰지만 하동 쌍계사는 '磎' 자를 쓴다. 시내에 돌이 많다는 뜻이다.

　최치원은 쌍계사가 있는 화개 계곡의 풍경에 대해, "봄 시냇가의 꽃, 여름 길가의 소나무, 가을 골짜기의 달, 겨울 산마루의 흰 눈처럼 철마다 모습을 달리하고 만상이 빛을 바꾸니 온갖 소리가 어울려 울리고 수많은 바위가 다투어 빼어났다. 일찍이 중국에 다녀온 사람들이 이곳에 와서 머물면 모두 깜짝 놀라 살펴보며 이르기를, '혜원공慧遠公의 동림사東林寺(혜원법사가 도연명에게 도를 설명했던 절. 호계라는 계곡을 건넘으로써 '호계삼소' 고사를 남긴 곳)가 바다 건너로 옮겨 왔도다. 연화장세계는 범부의 생각으로 헤아릴 수 없지만 항아리 속에 별천지가 있다 한 것은 정말이구나' 하였다."라고 진감선사 탑비에 설명했으니, 이곳이 진정 '항아리 속 별천지'다.

지봉 이수광의 『지봉유설芝峯類說』에는 고운 최치원 선생의 〈화개동천花開洞天〉 시가 실려 있다.

우리나라 화개동은東國花開洞
항아리 속 별천지라네壺中別有天.
선인이 옥베개를 밀치니仙人推玉枕
몸과 세상이 어느새 천년일세身世忽千年.
골짜기마다 물소리 우레 같고萬壑雷聲起
봉우리마다 초목은 비에 새로워라千峯雨色新.
산속 스님은 세월을 잊고山僧忘歲月
나뭇잎으로만 봄을 기억하네惟記葉間春.

최치원 불후작
〈진감선사탑비〉

주차장에서 나와 아래쪽 로터리의 오른쪽 길을 따라가면 식당가 속에 큰 바위 두 개가 문기둥처럼 서 있는 〈쌍계석문〉 글자를 만난다.

지리산 신선이 되었다는 최치원의 친필로 전해온다. 왼쪽에는 '쌍계雙磎', 오른쪽에는 '석문石門'이라는 글자가 각각 새겨져 있는데, 최치원이 말한 별천지의 의미를 부여한 글씨다. 필체는 얼핏 왜소해 보이나 가늘면서 굳세고 기이하며 고풍스럽다는 옛사람들의 평가를 얻고 있다. 지팡이로 썼다는 말이 전해온다. 최치원은 3살 때 지팡이가 닳도록 글씨 연습을 했다는 기록도 있다. 그 길을 따라가면 매표소로 향한다. 주차장에서 지름길이 나면서 이 귀한 유적이 있는지도 모르는 사람이 많다.

구층석탑

일주문 앞에 서면 김규진의 글씨 〈삼신산쌍계사〉 현판이 보인다. 분명 '지리산 쌍계사'일 법한데 '삼신산三神山 쌍계사'이기를 원한다. 정면에서 지붕을 보면 '여덟 八'자 모양이 뚜렷하다. 지붕과 공포가 매우 크고 화려하다 보니 기둥이 상대적으로 약해 보일 정도다. 일주문을 들어서면 금강문과 천왕문이 차례로 이어진다. 사천왕상의 색깔이 매우 산뜻해 눈길을 끈다.

다음에 만나는 것은 얼핏 보면 월정사에서 본 듯한 팔각구층탑이다. 스리랑카에서 모셔온 불사리 3과와 근처 국사암 후불탱화에서 나온 진신사리 2과를 봉안해 1990년에 세웠다.

여기서 이제 두 갈래 길이다. 쌍계사 경내가 크게 두 개의 영역으로 나뉘는데 금당 영역과 대웅전 영역이다. 금당 영역은 원래 쌍계사 탄생의 역사를 가진 곳이고 대웅전 영역은 1543년 혜수惠修 스님이 대웅전을 세우면서 넓힌 곳이다. 금당 영역은 하안거와 동안거 땐 스님들 수행 공간이어서 출입이 통제된다.

대웅전 영역으로 직진하면 팔영루八泳樓로, 진감선사가 840년에 처음 세워 수차례 중수를 거쳤다. 팔영루는 불교 음악의 발상지다. 진감선사가 명인들을 가르친 교육장이다. 〈어산魚山〉을 작곡했다고 하여 팔영루라고 한다.

팔영루를 지나면 쌍계사 최고의 가치라 할 〈진감선사탑비〉가 마당 가운데 세워져 있다. 통일 신라 후기 양식으로 거북 받침돌의 머리는 용머리로 돼 있다. 등에는 육각형 무늬가 채워져 있다. 887년 신라 정강왕의 지시로 최고 문장가 최치원이 비문을 짓고 썼다. 총 2423자의 글자 속에는 진감선사의 선조가 당나라에서 귀화해 금마 지금의 익산 사람이 된 이야기, 태어날 때 울지 않은 진감선사의 비범성, 왕이 불러도 거절하고 수도 정진에만 몰두하자 왕이 부끄러워한 이야기들이 빼곡하게 기록돼 있다. 부처와 공자에 대해 배워야 함도 강조하고 있다. 이 탑비는 최치원의 사산비명四山碑銘의 하나로 더욱 유명하다. 사산비명엔 4개 사찰에 대해 왕이 당대 최고 문장가 최치원에게 명해 남긴 최고의 명문장이 담겨 있다. 쌍계사에는 조선 후기까지 최치원이 거처했던 학사당이 있었다고 한다.

계단을 오르면 쌍계사의 본전인 대웅전이다. 전반적으로 조선 시대 불교 건축물의 모습을 잘 간직하고 있다는 평가다. 석가모니·약사여래·아미타불과 네 분의 보살을 함께 모셨다. 아미타불은 종이로 만든 것으로 알려져 그 가치를 돋보이게 한다. 대웅전 앞에는 통일 신라 시대 작품으로 추정되는 석등과 괘불석주, 오래된 작은 석탑이 자리한다.

<진감선사탑비>

1. 금당으로 향하는 108계단 **2.** 금당

　조선 후기까지만 해도 대웅전 오른쪽에 향로전이 있었고 거기에 최치원의 영정을 모셨다는 기록 1727년 김도수의 『남유기』이 있다. 이 영정은 최치원 영정으로는 가장 오래된 것으로 신라 말 또는 고려 시대 작품으로 알려졌지만 유림들에 의해 반출된 뒤 정읍의 무성서원에서 보관했고 1967년 서울 국립중앙박물관으로 간 뒤 사라졌다. 지금은 그 개모본 改摸本만이 존재한다. 쌍계사는 최치원과 뗄 수 없는 관계를 맺고 있다.

　대웅전 뒤에는 2007년 부처님 진신사리를 모신 금강계단이 있고, 그 산기슭에는 마애불이 조성돼 있다. 대웅전 좌우로는 전통 사찰에서 보듯, 나한전·삼성각·명부전 등이 위치해 있다.

　다시 팔영루를 빠져 나가면 오른쪽으로 긴 계단이 나오는데 108계단이다. 정상에 금당이 자리한다. 도중에 만나는 팔상전은 고려 충렬왕 16년 1290년 진정국사가 처음 지은 후 수리를 거쳐왔다. 높은 석축 위에 반듯하게 자리잡은 모습이 운치 있다.

　마지막 계단까지 오르면 쌍계사의 역사가 시작된 금당이다. 육조정상탑전이라고도 한다. 중국 불교 선종의 6대조인 혜능 스님의 정상 頂相을 석감에 넣어 건물 땅밑에 모셨다 한다. 통일 신라 경애왕 재위 924~927년 때 진감선사가 건물을 세워 육조영당이라 부르다 후에 금당이라 불려온다. 건물 안에 7층 석탑이 있는데 이 탑은 1800년대에 목압사의 석탑을 용담 스님이 옮겨 놓은 것으로 그 뒤부터 육조정상탑이라 불리게 됐다. 여기서도 추사 김정희를 만날 수 있는데 바로 현판 〈육조정상탑六祖頂相塔(혜능의 골사리탑)〉과 〈세계일화조종육엽世界一花祖宗六葉〉 글씨를 남겼다. 불법의 세계가 초조 달마에서 6조 혜능까지 이어졌다는 뜻이다.

차 시배지

성보전에는 영산회상도·삼세불탱·팔상탱·감로탱·괘불 등과 말사의 주요 문화재를 소장, 전시하고 있다.

쌍계사 차茶 시배지는 우리나라 차의 역사를 알게 해주는 곳으로, 주차장에서 300m 지점에 있다. 이 일대에 광범위하게 차밭이 넓게 펼쳐져 있다. 하동 야생차박물관과 차 체험관도 가까운 곳에 있다.

---

* 쌍계사에서 꼭 봐야 할 것들
<쌍계석문> 표지석(최치원 글씨), 일주문, 사천왕상, 팔각구층탑, 팔영루, <진감선사탑비>, 대웅전, 금강계단, 마애불, 108계단, 팔상전, 금당, 금당 현판, 성보박물관, 차나무 시배지

극락전과 삼층석탑

3편

안동 천등산 봉정사

가장 오래된 목조 건물

왕건·공민왕·엘리자베스여왕 '왕들의 사찰'

안동시 북쪽 30리 대망산 검은 바위굴에서 소년 능인能仁이 하루 한 끼 생식을 하며 도를 닦았다. 10년이 지난 어느 날 밤 홀연히 나타난 아리따운 여인이 낭랑한 목소리로 "낭군님" 하고 불렀다.

여인이 "낭군님의 덕을 사모해 모시고자 청하오니 받아주시옵소서." 라며 애원하자 능인은 "썩 물러가라." 하고는 수행 정진을 이어갔다. 여인은 하는 수 없이 하늘로 날아오르며 "옥황상제의 명으로 스님을 시험했는데 역시 스님은 참으로 훌륭하십니다." 하고는 사라졌다. 곧 이어 하늘에서 불빛이 내려와 굴을 환하게 비추며 다시 여인의 목소리가 들려왔다. "옥황상제의 등불을 드리오니 더욱 도를 닦으시길 바랍니다."

능인은 마침내 득도했고 굴이 있던 대망산을 '하늘에서 선녀가 등불을 내려줬다' 하여 천등산天燈山으로 고쳐 불렀다.

의상대사의 제자가 된 능인 스님은 서기 672년 신라 문무왕 12년에 종이 봉황을 접어 날리니 천등산 기슭에 와서 멈췄다. 능인 스님은 그곳에 사찰을 짓고 '봉황이 멈춘 자리'라 하여 봉정사鳳停寺라 이름했다. 산과 사찰 이름이 탄생하게 된 이야기다. 표현대로 믿기는 어려운 전설이지만 어떤 사연들이 윤색된 표현이 그러할 테니 그 실체가 궁금할 뿐이다. 어쨌든 옥황상제가 아리따운 여인으로 유혹해도 넘어가지 않

정면에서 본 극락전

은 능인 스님의 굳건함을 엿볼 수 있다. 능인 스님은 의상대사가 부석사에서 화엄종찰을 개창하고 길러낸 10대 제자 중 한 명이다.

봉정사는 안동이라는 역사 도시에서 그리 멀지 않은 산중에 있어 관심을 많이 받아온 사찰이다. 절에서 머잖은 곳에 살았던 퇴계 선생도 66세 봄날에 찾아와 시를 남겼다는 기록도 있다. 물론 퇴계 선생은 젊은 날부터 봉정사를 찾았고 관련 유적이 지금도 남아 있다.

한때 참선도량으로 명성을 날렸다. 여느 사찰이 그러하듯 6·25 한국전쟁 때 인민군이 머물면서 경전과 기록물들이 모두 소실됐다.

그럼에도 봉정사가 갖는 위대한 가치는 우리나라에서 가장 오래된 목조 건물을 가졌다는 것이다. 현존 목조 건물 중 가장 오래된 것이 고려 시대 건축물로, 현재 봉정사 극락전, 부석사 무량수전과 조사당, 수덕사 대웅전, 강릉 객사 등 소수에 불과한데 그중 가장 오래된 것이 봉정사 극락전이다. 12세기 초 전후 건립한 것으로 추정한다. 다만 복원

과정에서 충분한 고증을 거쳤느냐 하는 부실 문제점도 제기되고 있지만 그 근본적 가치는 변함없다.

봉정사 극락전은 공민왕 12년1363년 옥개부를 중수했다는 기록이 발견됨으로써 건축 시점은 그 훨씬 이전임을 알 수 있게 한다.

봉정사는 영국 왕실과 각별한 인연을 맺었다. 1999년 엘리자베스 2세 여왕이 방문한 데 이어 20년 후 2019년 그의 둘째 아들 앤드류왕자가 왕실의 대를 이어 봉정사를 방문했으니 이 역시 세계에서 이런 사례가 얼마나 있을까? 엘리자베스여왕은 기와 불사를 했고, 앤드류왕자는 극락전 설명을 듣고 감탄했다고 한다. 고려 태조 왕건과 공민왕이 다녀갔고 영국 여왕이 찾아온 봉정사는 명실상부 '왕들의 사찰'이 되었다.

오래된 목조 건축 문화유산을 잘 간직한 봉정사는 유네스코 세계 문화유산 사찰이다.

극락전 그리고 아담한 한옥 정원

주차장에서 걸어 오르면 계곡 초입 왼쪽에 보이는 정자가 명옥대鳴玉臺다. 퇴계 선생이 후학을 가르치던 곳으로, 스승을 그리워한 후학들이 세웠다.

솔 숲길을 따라 걸어 오르면 일주문을 지나고 경사지에 아담한 사찰 봉정사를 만난다.

언덕 경사지에 보이는 2층 누각이 만세루로, 둥글게 휜 목재 문지방

1. 대웅전 **2.** 대웅전 마루

이 눈길을 끈다. 이곳을 들어서면 정면에 전반적으로 조선 초기 양식의 단정한 대웅전 건물이 나온다. 멀리서도 눈에 확 띄는 것이 정면 3칸 각각의 칸에 사분합四分閤 문을 단 것이다. 또 하나는 어느 사찰 대웅전에서도 볼 수 없는 툇마루를 설치했다는 것이다. 사대부 집안 사랑채와 같은 분위기를 자아낸다. 내부 불단 위쪽은 아름다운 소란 반자를 설치하고 보개로 장엄미를 추구했다. 보개 천장에는 구름과 함께 황룡과 백룡이 날아가는 모습을 그려 놓칠 수 없는 장면이다.

대웅전 측면에는 또 색다른 건축미가 기다리고 있다. 수려한 팔작지붕 곡선 아래 3칸 벽에는 보통 문이 하나지만 여기는 좌우로 두 개 설치됐다. 이 역시 보기 드문 사례다.

앞마당에 붙어있는 화엄강당 건물은 스님들이 공부하는 공간으로 이 건물이 동쪽의 대웅전 영역과 서쪽의 극락전 영역의 경계선 역할을 한다.

극락전은 곧 봉정사의 랜드마크다. 눈으로 확인할 유형의 상징물이

고금당

자 우리나라에서 가장 오래된 목조 건축물이라는 가치의 주인공이다. 작고 단출한 외관이 한눈에 쏙 들어온다. 이 건물은 고려 시대를 넘어 통일 신라 시대 양식을 띠고 있다는 분석도 있다. 내부는 뒤쪽에 2개의 고주高柱를 세워 그 사이에 아미타불을 봉안하고 이동식 불단으로 설치했다.

앞마당엔 고려 중엽에 세운 삼층석탑이 있다. 잠시 도취되면 지금이 고려 시대인가 싶다.

마당 서쪽에 배치된 건물은 고금당이다. 조선 중기 건축 양식이다. 작은 건물이기도 하지만 3칸의 기둥이 더욱 좁게 느껴진다. 중앙 어간御間의 문은 좌우의 문보다 아래쪽으로 더 긴 특징을 갖고 있다.

고금당 옆 동종각 옆길로 가면 성보박물관이 있다.

고금당 서쪽 작은 능선 위로 오르면 산속의 당집처럼 생긴 자그마한 삼성각이 있다. 앞엔 말라버린 고목이 서 있어 다소 스산한 느낌을 주

삼성각

 는데 건물은 앙증맞은 느낌이다.

 사찰에서 삼성각三聖閣은 산신·칠성·독성을 함께 모신 전각을 말한다. 원래 불교와는 관련이 없는 토속 신앙이 불교가 도입되면서 공존하게 된 신앙이다. 주로 호랑이와 함께 그려지는 산신山神은 가람을 수호함과 동시에 자식과 재물을 관장한다. 칠성七星은 북두칠성을 신격화하여 인간의 수명과 복을 주는 신앙이다. 인간의 길흉화복을 관장하는 도교에서 비롯됐다. 독성獨聖은 불교 고유의 신앙 대상인 나반존자那畔尊者로 불리는데, 부처님의 뜻에 의해 열반에 들지 않고 말세의 중생을 위해 홀로 천태산에 머물면서 복을 내린다. 이 삼성은 사찰 내에서 다소 아웃사이더 격인 만큼 사찰의 외곽 산비탈에 작게 자리한다. 전각 이름도 부처님이 머무는 'OO전殿'이 아닌 한 단계 격이 낮은 '각閣' 자를 사용한다. 장성 백양사의 경우 칠성신앙을 중시해서 '칠성전'이라 높여 부르는 것은 아주 특별한 경우다.

영산암 응진전 정원

　봉정사 동쪽으로 100m 지점에 있는 부속 암자 영산암은 한옥 정원이 아름다워 놓칠 수 없는 공간이다. 크고 작은 건물이 'ㅁ'자형 구조를 하고 중앙에 정원을 만들었다. 19세기 말 건축물로 추정되는 이곳의 전각은 응진전·영화실·송암당·삼성각·우화루·관심당 등으로 응진전 건물은 특히 눈여겨볼 만하다.

　우화루雨花樓 현판의 출입문으로 들어서면 마당을 3단으로 구획했고 주변은 모두 건물이 에워싼 사각형의 정원을 갖추고 있다. 맨 안쪽은 마당의 상단으로, 축단 위에 주불전인 응진전이 고색창연하게 남향으로 자리잡고 있다. 그 서쪽으로 한 칸짜리 초미니 삼성각과 외곽에 영화실이 배치되어 있고, 그 앞에 나무를 심어 한 뼘짜리 동산으로 꾸몄다. 마당 중단에는 관심당과 송암당이 동서로 마주본다. 하단에는 우화루가 있고 정문 역할을 한다.

　폐쇄적인 작은 공간이 마당에 3단 변화를 주면서 알차게 꾸며 한옥과 마당을 아늑한 정원으로 조화시켜 놓았다. 작은 공간에 다양한 변화를 주면서 지루하지 않게 조성한 지혜를 배우게 한다.

* 봉정사에서 꼭 봐야 할 것들
　명옥대, 만세루, 대웅전, 대웅전 툇마루, 대웅전 내부, 화엄강당, 극락전, 삼층석탑, 고금당, 삼성각, 무량해회, 영산암, 성보박물관

진입로 단풍

4편

부안 능가산 내소사
지지 않는 문살의 꽃

능가산이 뿜는
소생의 기운

　법당을 지을 목수가 오랜 시간 후에 나타나 목재 톱질만 다섯 달, 목침 대패질에 3년을 보냈다. 지켜보던 사미승이 화가 나 산더미처럼 쌓아둔 목침 하나를 숨겼다. 마침내 목수는 대패를 내려놓고 목침을 세기 시작하더니 마냥 눈물을 흘리며 노승에게 "소인은 법당을 지을 인연이 아닌 듯합니다. 목침 하나가 부족합니다."라고 말했다. 그 많은 목침에서 하나가 없어진 것을 알자 사미승은 깜짝 놀랐다.
　스님의 권유로 다시 일을 시작한 목수는 눈 깜짝할 새 법당을 완성했다. 하지만 목침 하나가 부족해 법당 천장에는 그 빈자리를 남겨뒀다. 이어 단청을 하기 위해 화공畵工을 불러왔다. 노승은 화공의 요청에 따라 사람들에게 "단청을 다 끝낼 때까지 100일 동안 안을 들여다보지 말라."라고 당부했다. 한 달 두 달이 지나도 화공이 나오지 않자 궁금해하던 사미승이 99일째 아무도 몰래 법당 안으로 들어가 보았다. 그런데 화공은 없고 영롱한 관음조觀音鳥 한 마리가 입에 붓을 물고 날아다니며 그림을 그리고 있었다. 그때 갑자기 호랑이 소리가 우렁차게 들리더니 관음조는 날아가 버리고 밖에 집채만한 호랑이가 쓰러졌다. 관음조는 능가산 중턱에 앉았고 그 무렵부터 노스님이 그곳에 암자를 짓고 살았는데 사람들은 그 노스님을 관음조의 화신이라 불렀다.
　내소사에 얽힌 전설이다. 1633년, 내소사 조실 청민선사는 대웅보전

전설 그윽한 대웅보전

을 증축한 후 어디론가 자취를 감췄다고 한다.

"여기 오시는來 분은 모두 소생蘇하도록 하여 주십시오."

백제 무왕武王(재위 600~641년) 때인 633년 백제의 승려 혜구두타惠丘頭陀가 이 소망을 담은 원력으로 내소사를 창건했다고 한다. 창건 당시 대소래사大蘇來寺와 소소래사小蘇來寺가 있었지만, 지금의 내소사는 소소래사이다. '소래사'란 이름이 어느 시점엔가 '내소사來蘇寺'로 바뀌었다.

내소사는 부안扶安 변산의 아름다운 자연 속에 자리한다. 부안은 수려한 자연 경관과 호남 평야, 바다에서 나오는 물산이 풍요로운 고장이다. 부안이라는 지명은 조선 초 옛 부령扶寧 현과 보안保安 현을 합쳐 부른 말이다.

변산반도 관음봉 아래 자리한 내소사는 '능가산 내소사'라 부른다. 능가산 楞伽山은 남천축 南天竺(인도 남부) 바닷가에 있어 신통력이 있는 사람만이 들어갈 수 있다는 산이다. 세존이 설법했다는 산으로 그곳에서 하신 말씀이 『입능가산경 入楞伽山經』이다.

내소사 뒷산 중턱의 청련암에는 일제 강점기에 송진우·김성수·여운형 등 독립지사가 일본의 조사를 피해 은거했다는 이야기가 있다.

전설과 예술의 보고
대웅보전

내소사로 가는 길로 진입하면 멀리 앞에 펼쳐진 산의 경치가 경이롭게 펼쳐진다. 높은 산에 성벽을 이룬 바위가 병풍처럼 둘러쳐져 있어 그 안의 절은 아늑한 품에 안긴 형국이다.

느티나무 고목 아래의 일주문을 들어서면 전나무 숲길이다. 흙길이라서 더 좋다. 나무 향, 흙냄새뿐이니 자연의 품에 안겨 속세의 때를 벗기라고 한참을 걷게 된다. 여름엔 청정 신록이, 가을 단풍철에는 붉은 단풍 터널이 장관을 이룬다. 600m를 사색하며 걷다 보면 천왕문에 이른다. 천왕문부터는 누각 봉래루를 거쳐 대웅보전까지 가람 배치가 거의 직선 축을 이룬다.

천왕문을 들어서면 천년 가까이 된 느티나무가 위풍당당하게 서 있

1. 전나무 숲길 2. 느티나무 금줄

다. 그런데 사찰 안의 이 나무에 '당산나무 옷'을 입혔다.

    산신·칠성·독성 등 삼성의 민간 신앙들은 불교가 우리나라에 들어오면서 흡수했지만 당산나무가 절에 있는 예는 드물다. 내소사는 토속 신앙의 대상이었던 느티나무에 금줄을 치고 제를 올린다. 사라져 가는 우리 전통문화를 내소사가 이어가고 있다. 이 나무는 할아버지 당산나무이고 일주문 옆 나무는 할머니 당산나무라고 한다.

    느티나무에서 동쪽 끝에 있는 작은 건물이 특이한 재래식 해우소다. 1640년 청민선사가 2층으로 지은 화장실로, 위층 바닥을 타원형으로 뚫어 용변을 볼 수 있게 만들었다. 진입하는 곳이 마당 높이만큼 흙이 채워져 있어 1층으로 보인다.

    다시 느티나무를 가로질러 오면 작은 보종각이 있다. 고려 동종이

고려동종

있는 전각이다. 이 동종은 고려 고종 때인 1222년 내변산 청림사에서 제작되었고 청림사가 폐사된 후 오랫동안 매몰돼 있던 것을 조선 철종 4년1853년에 내소사로 옮겨온 보물이다. 동종만큼이나 이 전각도 사연이 많다. 원래 1880년 경에 정읍시 태인에 지어졌던 것이 부안의 한 개인 누각으로 옮겨갔다가 또 다른 사람에게 넘어갔고 1965년 내소사로 오게 됐으니 우여곡절이 많은 전각과 동종이다.

다음은 봉래루라는 누각 아래로 진입한다. 여기도 특징이 있는데, 자연석을 초석으로 쓰면서 돌의 높낮이가 다르다 보니 누각의 기둥 또한 길이가 달라진 것이다. 저마다 생김새가 달라도 하나의 작품으로 조화를 이룰 수 있다는 것을 보여준다. 봉래루는 삼신산의 하나인 봉래산 명칭에서 유래한다. 내소사 봉래루는 원래 만세루라 불렀다가 후에 봉래루라는 현판을 달게 됐다고 한다. 만세루는 흔히 사찰에서 대웅전 등 중심 법당과 마주보며 설법을 위한 강당 기능과 예불 올리는 공간을 겸한다. 대웅전 안에 다 들어갈 수 없는 인원을 수용하기 위한 보조적 공간이라고 할 수 있다.

봉래루를 지나면 넓은 마당에 삼층석탑과 대웅전이 바라다보인다. 고려 시대 작품으로 추정되는 삼층석탑은 탑신에 비해 2중으로 된

대웅보전과 삼층석탑

기단이 크고 높다. 1층 면석에 우주가 선명하게 새겨져 있고 상륜부에는 2개의 구형 석재가 얹혀 있다. 흔히 있을 법한 석등은 없다.

내소사 대웅보전은 전설도 많고 건축물의 예술성도 높아 내소사 이미지를 대변한다. 정면 3칸이지만 가운데 칸이 훨씬 넓다. 든든해 보이는 기둥은 바깥쪽은 배흘림, 안쪽은 민흘림 기둥이다. 문에서 돋보이는 것이 바로 꽃문살이다. 연꽃·국화·모란 등 꽃들이 400년 동안 심미적 향기를 발하고 있다. '내소사 대웅전 꽃문살'이라는 표현 자체가 유명할 만큼 예술성이 높은 조각이다. 게다가 단청하지 않았기에 드러나 보이는 나뭇결은 마치 꽃잎이 살아 움직이는 것처럼 생생하게 다가온다.

〈대웅보전〉현판은 원교 이광사李匡師의 필체다. 이광사는 동국진체東國眞體를 완성한 서예가로, 1755년의 나주괘서사건에 휘말려 유배지에서 생을 마쳤다.

내부에는 석가모니불과 좌우에 문수보살·보현보살이 봉안돼 있다. 천장에는 목침 하나가 부족해 비어 있는 흔적이 남아 있으니, 이것은 사미승이 숨겨서 빚어진 이야깃거리다. 뒤의 벽면에는 전설 속의 관음조가 그렸다는〈백의관음보살좌상〉이 어둠 속을 은은히 밝히고 있

1. 꽃창살 2. 물고기를 입에 문 용

다. 관음조가 그린 만큼 신비스러운 이야기도 있는데, 관음보살과 눈을 맞추어 좌우로 왔다 갔다 할 때 관음보살의 눈도 따라 움직이면 소원이 이루어진다고 한다. 국내〈백의관음보살좌상〉으로는 가장 크다.

대웅전에서 마당 쪽을 볼 때 왼쪽의 건물이 설선당으로, 보기 드문 'ㅁ'자형 건물이다. 큰 방과 승방, 부엌이 있는 승려들의 공간이다. 1640년 중건 때 건립한 것으로 추정한다.

사찰을 나갈 때는 왼쪽 산 아래 지장암으로 거쳐 가면 좋다. 높은 절벽 바위산 아래 지장암이 그윽한 풍경을 자아낸다. 이 지장암이 위치한 곳은 통일 신라 때부터 있었던 사찰터로, 변산 부사의방과 김제 금산사에서 주로 활동했던 진표율사가 사찰을 창건했다고 한다. 빈터로 남아오다 1941년 복원한 후 지장암으로 변신했다.

* 내소사에서 꼭 봐야 할 것들
절 주변 산의 장엄한 바위, 전나무 숲길, 가을 단풍, 느티나무 금줄, 해우소, 고려 동종, 봉래루 기둥, 삼층석탑, 대웅보전, 꽃문살, <대웅보전> 현판 글씨, 대웅보전 천장 빈 목침 흔적, <백의관음보살좌상>, 설선당, 지장암

은해사 전경

5편

영천 팔공산 은해사

은빛 바다 위 극락정토

조선 왕실이
애지중지한 사찰

신라 제41대 헌덕왕憲德王(재위 809~826년)이 809년 난을 일으켜 조카 애장왕哀莊王을 살해하고 왕이 된 살벌했던 시절, 팔공산 동쪽 깊은 산속 해안평에 찾아든 혜철국사惠哲國師가 원혼을 달래려 해안사海眼寺를 창건했다.

전설 속의 해안평은 깊은 산속에 한 뼘의 평원으로 실존한다. 산봉우리 속에 감춰진 이 작은 평원이 안개와 구름에 잠길 땐 눈앞에 마치 은빛 바닷물결이 출렁거리는 듯했으니 '해안평海眼坪'이다. 그곳은 '산속의 오아시스'였다.

고려 시대 중창을 거쳐 오다 1545년 조선 인종仁宗(재위 1544~1545년) 원년에 대형 화재로 사찰이 전소했다. 이 화재는 매우 불길한 징조였다. 대형 화재가 난 해 인종은 승하했다. 왕이 된 지 8개월만으로 조선 27명의 왕 중 재위 기간이 가장 짧다. 문정왕후가 독살했다는 설을 남긴 비운의 왕이다.

이때 산사도 자리를 옮겨야 했다. 마침 왕실과 인연이 닿았다. 이듬해인 1546년 나라에서 인종의 태실을 이 산에 모시고 사찰에 보조금을 하사해 천교화상天敎和尙이 지금의 은해사 자리로 옮겨와 법당을 다시 지었다. 사찰은 법당과 비석을 건립해 인종의 태실을 봉하고 사명을 '은빛 바다'라는 해안사의 의미를 그대로 담아 은해사銀海寺라 지었다. 여기에는 은해사를 비롯 주변 부속 암자와 말사에 모셔진 수많은 부처·보살·나한 등이 마치 은빛 바다가 춤추는 극락정토와 같다는 의미도 부여됐다. 은해사는 아미타불을 본존불로 모시는 미타도량으로 명성이 자자하다.

은해사는 이 해안사에서 역사가 시작됐다. 그리고 그 산은 태실봉胎室峰으로 불린다. 태실봉은 팔공산의 동쪽 줄기에 솟은 봉우리다. 팔공산은 왕건이 견훤과 공산公山에서 전투를 벌일 때 위기에 처했는데 이때 신숭겸 등 8명의 부하 장수가 목숨을 바쳐 구해내 고려 개국 공신이 되었고 이후 그들을 기리기 위해 팔공산八公山이라 불렀다 한다.

임진왜란 때도 큰 피해 없이 사찰은 불사를 이어갔고, 숙종은 1712년 은해사를 종친부에 귀속시켰다. 이어 사찰 입구 땅을 매입해 소나무를 심었는데 지금의 은해사 앞 아름다운 노송들은 그때 이후로 300살을 살아오고 있다. 영조도 가세했다. 영조는 왕자 시절에 이 은해사를 잘 수호하라는 완문完文을 지어 보냈다. 왕위 등극 후 〈어제완문御製完文〉으로 영향력을 발휘했다. 왕실의 각별한 관심을 받은 은해사다.

그럼에도 우리나라 모든 천년 고찰이 그러하듯 수차례 화재를 피해가기란 쉽지 않았다. 1847년 헌종 13년에 은해사 창건 이래 최악의 화재로 극락전을 제외한 천여 칸이 잿더미가 됐다. 불행 속 왕실의 인연 덕분에 복구를 위한 시주가 속속 답지해 2년 후 중창 불사를 마무리할 수 있었다.

이때 지은 건물이 대웅전·향실·고간·심검당·설선당·청풍료·보화루·옹호문·안양전·동별당·만월당·향적각·공객주 등이다. 은해사 발상지 해안사 터에는 지금 운부암雲浮庵이 자리하고 있다. 역시 '구름 위에 뜬 사찰'이다. 한때 성철 스님의 수행처였다.

은은하게 피어오르는
추사체 향기 〈불광〉

잘 정비된 주차장 주변은 현대식으로 조성한 식당가와 대형 공원이 있다. 공원이 끝나는 지점에 일주문이 있어 사바세계에서 산사로 들어가는 관문임을 알린다.

일주문을 들어서서 직진 길로 가면 400m 솔 숲길을 걷는다. 왕실에서 조성한 소나무밭이다. 이곳에서는 살생도 금했는데 이로 인해 이곳을 금포정禁捕町이라고 부른다. 이 길에서 느티나무와 참나무가 하나 된 '사랑나무'의 진기한 모습도 볼 수 있다.

은해사는 위에서 내려다보면 반야용선의 모습이라고 한다. 실제로 경내 동서 양 끝은 좁고 중앙이 넓어 배의 형상을 한다. 배의 문인 보화루 앞엔 마침 치일천이 흐른다. 깨달음을 얻은 중생이 이 반야용선을 타고 극락세계로 향하는 모습과 영락없이 일치한다.

다리를 건너 보화루로 들어가는 중생은 선택받은 사람인 셈이다. 은해교 왼쪽에 유교 유물인 하마비大小人下馬碑가 있어 왕실 인연의 흔적이 그대로 남아 있다.

보화루로 들어가면 넓게 펼쳐진 마당 오른쪽엔 450년 된 향나무가 꿋꿋하게 자라고 있다. 나이만큼이나 키10m도 크고 우산처럼 지붕을 펼쳐 사람들을 품어준다.

마당 정면 안쪽엔 은해사의 중심 법당인 극락보전이 있다. 서방정토를 관장하는 아미타불을 모셨으니 반야용선은 곧 이곳으로 도착하게 된다. 여기서 놓칠 수 없는 것이 바로 '쥐'다. 극락보전 어간 문 위에 흰 쥐와 검은 쥐 조각이 있는데 왜 하필이면 쥐일까? 쥐는 근면과 다산,

극락보전

풍요의 상징이다. 흰 쥐는 낮, 검은 쥐는 밤을 상징하니 덧없이 지나가는 세월 속에서 탐욕을 버리고 부지런히 수행 정진해 극락세계로 가라는 의미다. 흰색과 검은색은 서로 다른 모든 중생을 의미하기도 한다.

쥐는 불교 경전에도 등장한다. 『불설비유경佛說譬喩經』에 황야를 지나던 나그네가 성난 코끼리를 만나 물속으로 피신하다 큰 나무 덩굴을 잡고 버티는데 물속에선 독사들이 혀를 내밀고 떨어지기를 기다리고 있었다. 이때 흰 쥐와 검은 쥐는 나그네가 매달린 덩굴을 갉아먹는데 나그네는 위에서 떨어지는 꿀물의 달콤함에 취해 곧 위험에 빠질 자신의 처지를 알지 못하고 있다는 내용이다. 탐욕이 불러오는 위험성을 잘 보여주는 이야기다. 그러나 이 쥐 조각은 아무에게나 보이지 않는다. 깨우치고 살펴보는 사람만이 보게 될 것이다. 그리고 본 사람은 자신이 지금 무엇을 하고 있는지, 어디로 가고 있는지를 살펴볼 것이다.

극락보전에서 앞을 내다 보면 왼쪽에 심검당, 오른쪽에 설선당이 자리한다. 극락보전 뒤로 가면 이름이 낯선 단루각 單樓閣이 있는데 나한전과 같은 곳이다. 16나한을 모시고 있다.

추사 친필 〈불광〉 현판 [사진=은해사 성보박물관 제공]

뒤쪽 기슭의 아담한 산령각에 오르면 사찰 전경이 아름답게 들어온다.

은해사 성보박물관은 동쪽 영역 석탑 앞 'ㄱ'자 건물이다. 여기서 추사가 만년에 쓴 5점의 무르익은 추사체를 만날 수 있다. 추사 김정희와 은해사와의 인연은 아버지 김노경이 경상 감사로 부임하면서 맺어진 것으로 보인다. 또한 은해사에 수호완문을 써보낸 영조는 추사의 외고조이니 관계가 가볍지 않다. 제주 유배지에서 추사체를 완성한 추사는 헌종 15년 1849년에 새로 지은 대웅전과 보화루, 불광의 삼대 편액을 썼고 후에 또 글을 남겨 은해사는 추사의 작품 5개를 소장하고 있다. 특히 〈불광 佛光〉은 길게 늘인 '佛'자의 획으로 유명한데, 전하는 이야기로는 당시 주지 스님은 마음에 들지 않는다며 획을 짧게 고쳐 현판으로 달았고 이를 본 추사가 화가 나서 태워버렸다고 한다. 자신의 작품을 마음대로 변형했으니 화가 날 만도 했겠다. 주지 스님이 사과하자 다시 써줬다고 하는 이야기가 전해온다. 해강 김규진의 〈은해사〉 친필 현판도 있다.

<은해사 괘불탱> [국립중앙박물관 전시물 촬영]

<염불왕생첩경도> [사진=은해사 성보박물관 제공]

　은해사는 극락의 이상적인 모습을 간직한 사찰로 불화도 이를 놓치지 않는다. 극락세계를 잘 묘사한 <염불왕생첩경도念佛往生捷徑圖>는 비단에 그린 것으로 섬세한 필선, 존상들의 표정까지 생생하다. 제작 연도는 1750년이다. 은해사 괘불탱의 가장 큰 특징은 조선 시대 어진에 사용했던 특수 직물 '초絹'에 그렸다는 점이다. '초'는 누에고치에서 가늘게 뽑은 실로 짠 평직 비단으로, 청주 보살사普薩寺 영산회 괘불탱은 일부분에서만 '초'가 사용됐지만 바탕 전체가 '초'인 것은 현재까지 은해사가 유일하다. 이는 왕의 어진 제작 기법과 발원의 품격을 상징한다.

　은해사에서 북쪽으로 약 9km 떨어진 거리에 은해사 산내 암자인 거조암居祖庵은 놓칠 수 없다. 고려 시대 지눌知訥 스님이 송광사에서의 정혜결사 전 여기서 도모한 곳으로 유명하다. 유명세는 또 있다. 영산전이 갖는 두 가지 의미다. 하나는 고려 말인 1375년에 지어진 것으로 밝

거조암 영산전

허진 건물이 다소 변화는 겪었지만 고려풍의 운치를 풍기고 있다. 일찍감치 국보 제14호로 귀한 대접을 받아뒀다. 또 하나는 영산전 안에 526분이나 되는 많은 나한이 서로 다른 표정으로 모셔져 있다는 점이다. 경이로운 모습이다.

* **은해사에서 꼭 봐야 할 것들**
솔 숲길, 사랑 나무, 하마비, 향나무, 극락보전, 극락보전 쥐 조각품, 단루각, 산령각에서 사찰 전경, 성보박물관(<불광> 등 김정희 추사체, <은해사> 김규진 친필, 이여송 친필, 송나라 도제 나한상, 괘불탱, <염불왕생첩경도> 등), 거조암 영산전

7장

사유힐링

"나는 누구인가?"

수덕사
대흥사
선운사
무위사
봉은사

관음보살입상

1편

예산 덕숭산 수덕사

덕을 닦고 깨우쳐라

경허·만공 스님이
떨친 선풍

까마득한 옛날, 수덕 도령이 덕숭 낭자에게 반해 청혼하자 덕숭 낭자는 절 하나 지어주면 받아주겠다고 했다. 수덕 도령은 열심히 절을 지었으나 낭자 생각에 빠져 욕망이 컸던지 두 번이나 불이 나면서 실의에 빠졌다. 마지막으로 부처님 생각만 하면서 짓자 절이 완성되었다. 약속대로 결혼했지만 덕숭 낭자는 자신의 몸에 손도 대지 못하게 했다. 참다못한 수덕 도령이 덥석 끌어안자 뇌성벽력이 일면서 낭자는 사라지고 버선 한 짝만 남았다. 그리고 그 자리는 검은 바위로 변하고 버선처럼 생긴 꽃이 피어났다.

수덕사 창건 설화다. 관음보살이 나타났으니 관음도량으로 출발했음을 암시한다. 충청도 내포평야 한쪽에 우뚝 솟은 가야산과 덕숭산은 백제 불교가 중국의 영향을 받으며 뿌리내린 불국토다. 바다로 튀어나간 태안반도와 내륙으로 깊이 파고든 아산만은 외부와의 문물 교류 창구 역할을 했다. 당나라와 교역한 포구가 있었으니 그곳을 오늘날에도 당진唐津이라 부른다.

그 중심에 있는 덕숭산에 수덕사가 오랜 역사를 이어오고 있다. 동쪽 산너머 들녘엔 충남도청 2012년 이전도 찾아 들어왔다.

수덕사는 백제 말기 숭제법사崇濟法師가 창건했다는 설과 고승 지명智明이 창건했다는 이야기가 있다. 경내에서 발굴된 백제 와당으로 봐서

관음보살과 관음바위, 버선꽃나무

백제 때 창건했음을 추정할 수 있다. 이후 백제 고승 혜현惠顯, 慧現이 수덕사에 머물며 『법화경』을 강론했다고도 한다.

천년 역사 속에서 많은 변천을 겪듯이, 수덕사도 근대에 접어들면서 큰 변화를 맞았다. 한말 경허鏡虛 스님이 머물면서 선풍을 크게 일으켰고, 고종 때 그의 제자 만공滿空 스님이 중창한 후 선종 근본 도량이 되었다. 이를 바탕으로 오늘날에는 선원·강원·율원을 두루 갖춘 총림叢林으로 부상했다. 지금의 수덕사는 경허·만공 스님을 빼놓고 말할 수가 없다. 경허 스님은 한국 근현대 선종 중흥조이고, 만공 스님은 그의 제자로서 법맥을 이어 수덕사를 중심으로 선풍을 떨쳤다.

수덕사修德寺는 말 그대로 '꾸준히 수행하고 덕을 닦는 도량'이란 의미를 갖고 있다. 오늘날 선종찰로 이름이 높은 이유일 테다. 선禪은 부처님의 마음을 뜻하니 그 마음을 깨우치기 위해선 부단히 수행해야 한다. 종교를 떠나서도 오늘날 우리에게 절차탁마의 메시지로 들린다.

수덕사를 품은 산은 덕숭산德崇山이다. 현인들이 모여 죽음에 이를 때까지 수양했다 하여 수덕산修德山이라 불렀고 별칭으로 덕숭산이라 부르게 됐다.

백미는 고려 건축물 대웅전

수덕사는 3개 영역별로 구분해 볼 수 있다. 입구부터 근역성보관이 있는 황하정루까지와 대웅전 영역, 다음 사면불부터 정혜사까지 차분히 음미하면 멋진 여행이 될 수 있다.

넓은 주차장에서 내려 식당가를 걷다보면 일주문이 나온다. 일주문 왼쪽으로 새로 지은 선미술관부터 수덕사 여행은 시작된다. 2010년 개관한 선禪미술관은 고승들의 그림과 고암 이응로 화백의 작품을 소장하고 있다. 이응로 화백은 바로 위쪽 수덕여관에서 이곳과 인연을 맺었다. 수덕여관은 'ㄷ'자 초가집으로 이응로 화백이 1944년에 구입해 6·25 한국 전쟁 때 피난처로 사용한 집이다. 이 집에서 살며 수덕사 일대의 아름다움을 그렸다. 뜰의 바위에 조각이 있는데, 동베를린 사건으로 귀국했을 때 문자로 남긴 추상 암각화다.

다시 진입로를 따라 오르면 일정한 간격으로 금강문과 사천왕문이 이어진다. 사천왕문에 들어서면 정면의 큰 건물이 황하정루로, 성보문화재를 소장한 근역성보관이 이 건물에 있다. 수덕사 여행 동선상

1. <무량수각> 추사 친필 현판 2. <시경루> 추사 친필 현판 [사진=수덕사 근역성보관 제공]

근역성보관을 먼저 거쳐 가는 게 좋다. 근역성보관에는 다양한 예술품이 있다. 특히 추사 김정희의 유명한 화암사 <무량수각无量壽閣>과 <시경루詩境樓> 진품 현판을 마주 대하면 '스탕달 신드롬'에 빠질 수도 있다. 이 <무량수각>은 앞서 해남 대흥사에 써준 것보다 발전한 추사체의 완성판이라 할 수 있다.

추사가 제주도 유배 중에 화암사 중건을 요청한 후 자신이 직접 현편 글씨를 쓴 것이다. 화암사는 그가 어린 시절 고향 예산에서 공부했던 사찰이다.

대웅전에 그려졌던 <주악비천모사도>와 이웃 당진 영탑사 유물인 고려 시대 금동비로자나불삼존좌상보물 제409호 등도 아주 독특하여 놓칠 수 없다. 이 불상은 연꽃에서 출현한 삼존불이 나란히 연화대좌 위

금강보탑

에 좌정한 채 통견 법의를 착용하고 지권인智拳印 수인을 하고 있다. 또 의친왕이 만공 스님에게 선물한 거문고와 불보상·불화·서체 등을 감상하는 것으로도 정신적 힐링을 누릴 수 있다.

다음은 대웅전 영역이다. 근역성보관에서 나와 계단을 오르면 넓은 광장이 2단으로 펼쳐지는데, 마치 별이 반짝이듯 상륜부에 금빛 장식을 한 금강보탑이 있다. 백제의 전탑대좌가 발견돼 세운 탑이다. 탑 안에는 1988년 원담대선사가 스리랑카에서 받아온 부처님 진신사리 3과와 1000개의 불상, 동으로 만든 999개의 탑을 함께 소장해, 여래천불천탑이라 부르기도 한다.

위쪽 광장으로 오르면 고려 시대 삼층석탑이 부분 파손된 채 대웅전 앞에 서 있다.

수덕사 대웅전은 몇 안 되는 고려 시대 건축물이다. 1308년 초건된 대웅전은 전후좌우와 내부를 두루 보면, 전문가가 아니더라도 선조들

대웅전과 삼층석탑

이 건축물을 지으며 고민하고 실용화하고자 한 뜻을 이해할 만한 수작이다. 배흘림 기법이 심한 기둥, 정면은 3칸이지만 측면은 4칸으로 지은 것부터 측면 황색 벽면과 기둥의 높낮이는 마치 건물을 그림으로 그린 듯한 모습이다. 비와 햇빛을 막기 위해 길게 낸 처마도 고민한 흔적이 역력하다. 내부 천장을 보면 서까래가 그대로 드러나 맞배지붕의 효과를 실감나게 느껴볼 수 있다. 천장에는 금으로 그린 용金龍圖의 모습도 볼 수 있다.

대웅전과 백련당 사이 뒤쪽에는 전설 속 버선꽃나무가 있다. 관음보살, 관음바위와 힘께 버선꽃나무골담초는 수덕사 창건 설화의 주인공으로, 많은 사람들이 이곳에서 영험한 소원 성취를 얻고 싶어 한다. 사찰 창건 전설을 간직한 유적이니 더욱 정감이 간다.

여기서 바깥 길로 나가 산길로 오르면 벽초 스님의 1080 돌계단 길이다. 많은 사람들이 수덕사 대웅전 주변만 보고 돌아가지만 위쪽 정혜사능인선원까지 다녀와야 수덕사의 깊고 그윽한 멋을 느낄 수 있다. 올라갈 때 약 40분간 사유하고 힐링하며 걷는 길로, 잠시 자신을 돌아볼 수 있는 시간이 된다.

출발지에서 처음 만나는 것이 사면석불이다. 사면석불은 네 방향으로 모두 불국토가 있으며 각 방향별로 해당 부처가 새겨진 사방불이다.

한참 묵묵히 오르다 보면 오른쪽 숲속에 초당이 어렴풋이 보이는데 1925년 만공 스님이 주석했던 소림초당이다. 거기서 조금 오르면 절벽 바위에 새긴 높이 8m의 거대한 관음보살입상이 나온다. 역시 만공 스님이 1924년 조성한 것인데 여기에 이적이 있었다 한다. 바위에서 마치 산불이 난 것처럼 여러 차례 빛이 번쩍여 불상을 조성했다 한다. 머리에 쓴 보관 위로 이중의 크고 작은 보개를 얹었다. 손에 정병을 들고 있으며 늘어진 곡선의 옷주름이 수려하다. 창건 설화에서 보듯, 여러 불상 중 굳이 관음보살을 세운 이유를 알 것 같다. 옆 절벽 위 돌담 안엔 만공 스님이 1939년 지어 스님들이 수행처로 삼은 향운각이 있다.

다시 오솔길을 걷노라면 만공 스님의 업적을 기린 만공탑이 나온다. 가까운 곳에 금선대로 들어가는 석문石門인 금강문과 진여문이 있다.

정혜사와 능인선원

자연석이 자연스레 문이 되었다. 금선대는 1905년 건립한 만공 스님의 조실채다. 지금은 경허·만공 스님을 비롯한 여러 스님의 영정을 모신 진영각이다. 금선대 바로 위에 정혜사定慧寺가 있다. 만공 스님이 세운 참선도량이다. 다시 금강문을 나가서 왼쪽 길로 오르면 된다. 스님들이 공부하는 능인선원이 함께 있다. 능인선원 앞마당엔 남매탑이 있고 마당 한가운데는 보리수가 깨우침의 세상으로 안내한다. 높은 곳에 위치해 멀리 바라보이는 풍경이 막힌 가슴을 뻥 뚫어준다.

내려올 땐 마당 서쪽의 계단으로 내려가 승용차가 다니는 아스팔트 길로 내려오면 금방 수덕사 근처에 도착한다. 수덕사가 가까운 곳의 길 오른쪽에 견성암이 있다. 한국 비구니계 큰 별 하엽荷葉(호는 일엽) 스님의 유적지이자 수덕사가 세운 비구니 도량이다. 이 때문에 수덕사가 항간에 비구니 사찰로 잘못 알려지기도 했다. 하엽 스님은 20대까지 기독교 신자였지만 불교와 인연이 닿았다. 젊은 날부터 작가·저널리스트·여성운동가로 활동했고 만공 스님 문하의 제자가 되어 견성암에서 생활하다 아래쪽 환희대에서 입적했다.

견성암見性庵의 '견성'은 선종에서는 '마음이 곧 부처卽心卽佛'이므로 '본성을 깨우치면 부처가 된다見性成佛'는 말에서 왔다.

＊ 수덕사에서 꼭 봐야 할 것들
선미술관, 수덕여관(이응로 고택 및 암각화), 근역성보관(추사의 <무량수각>과 <시경루> 현판, 만공 스님 거문고, 영탑사 금동삼존불상 등), 금강보탑, 삼층석탑, 대웅전, 대웅전 목조삼세불좌상, 대웅전 내부 천장과 <금룡도>, 관음바위와 버선꽃 나무, 사면석불, 1080 돌계단, 소림초당, 관음보살입상, 향운각, 만공탑, 진여문, 금선대, 정혜사(능인선원) 남매탑, 견성암

대흥사 전경

2편

해남 두륜산 대흥사

존재하는 것에는 이유가 있다

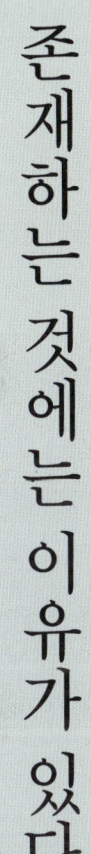

불교 속 유교 사당
표충사

　임진왜란 중 제자 사명대사와 함께 의승병을 조직해 왜적을 물리치는데 앞장섰던 청허당 서산대사가 1605년 1월 평안도 묘향산에서 입적을 앞두고 자신의 분신이었던 금란가사와 발우를 머나먼 남쪽 두륜산 전남 해남 소재에 보관하라고 말했다.

　제자들이 왜 그 먼 곳에 보관하려는지를 묻자 대사는 "두륜산은 만세 동안 삼재三災(전쟁·기아·전염병)가 들어오지 못하는 땅이다." 하고는 영정을 꺼내 보며 "80년 전에는 네가 나이더니, 80년 후에는 내가 너로구나."라고 말했다. 제자 사명대사는 스승이 입적하자 금란가사와 발우를 두륜산 대둔사大芚寺에 봉안했다. 서산대사의 그 발언과 함께 분신이 대둔사에 오면서 이 사찰은 세상의 주목을 받으며 크게 흥성, 본격적인 역사가 쓰이기 시작했다. 이어 근대 초기 사명이 대흥사大興寺로 바뀌었다.

　대흥사의 창건설은 다양하지만 그대로 선뜻 받아들이기에 어려운 점이 많다. 그 난립한 설들을 취합해 1823년 간행한 『대둔사지大芚寺志』에서는 서기 426년 백제 구이신왕 때 신라 정관존자淨觀尊者가 창건했다고 한다. 정관이 만일암을 창건했고, 이후 508년 이름을 알 수 없는 선행善行 비구가 중건했다는 것이다. 『죽미기竹迷記』는 544년 아도화상阿度和尚이 창건하고, 자장 스님과 도선 스님이 잇따라 중건했다고 기록하고 있다. 대흥사에서는 아도화상의 창건설을 따른다. 가장 오래된 유적이라 하면 응진전 앞의 삼층석탑이다. 통일 신라 말기 작품으로 추정한다. 그러니까 대흥사는 늦어도 통일 신라 말기 이전에는 존재했음을 알 수 있다.

두륜산은 옛날 '한듬'이라 불렸다. '한'은 '크다'는 뜻이고, '듬'은 '둥근 덩어리'를 의미하는데 시간이 흐르면서 한자와 혼용해 '대듬'이 되었다가 다시 '대둔 大芚'으로 바뀌면서 사명도 대듬절, 대둔사로 발음이 변해 왔다. 대둔산은 다시 중국인의 영산 곤륜산 崑崙山 줄기가 백두산 白頭山을 이루고 내려와 마지막 솟은 산이라 하여 백두산의 두 頭, 곤륜산의 륜 崙을 따서 두륜산 頭崙山이 되었다. 그러나 일제 강점기 때 한자를 '頭輪山 두륜산'으로 고쳐놓아 지금도 많은 기록물에 '頭輪山'으로 표기돼 있다.

임진왜란 이후 크게 일으난 대흥사는 13분의 대종사와 13분의 대강사를 배출하며 선교 禪敎 양종의 대도량 위상을 갖추었다.

대흥사의 특징은 임진왜란 때 호국사찰, 수많은 명필들의 현판, 정조대왕이 불교 사원에 지은 유교 사당 표충사 表忠祠, 다도 茶道 성지, 그리고 유네스코 세계문화유산이라 할 수 있다.

서체·다향과 함께하는
사유의 시간

주차장에서 대흥사 경내까지 들어가는 길은 울창한 숲속 아스팔트 길이다. 이 길이 투박한 흙길이라면 더할 나위 없을 테다. 여름에는 시원한 계곡 물소리에 땀이 절로 식는다. 군데군데 동백 고목도 만날 수

유선관

있다. 중간 지점에 이르면 우리나라에서 가장 오래된 한옥 여관 유선관遊仙館이 있다. 100년 전 지어져 대흥사에 온 승려 등의 객사로 사용하다 약 50년 전부터 일반인을 대상으로 숙박업을 해오고 있다. 지금도 한옥 숙박 체험과 식사를 할 수 있다.

유선관 앞 다리를 건너 조금 들어가면 산비탈에 옹달샘이 시원하게 목을 축여준다. 아직도 이렇게 마실 수 있다는 것이 감사한 일이다. 일주문을 들어서면 저만치 앞쪽 우측에 꽤 큰 규모의 부도밭이 있다. 서산대사와 초의선사의 부도도 함께 있다. 각각 자신의 한 시대를 풍미했던 인물이다. 다시 작은 다리를 하나 건너면 오른쪽 언덕 위에 뛰어난 선승과 교학을 담당했던 '13대종사 13대강사' 표석이 세워져 있어 수많은 고승 대덕 배출 사찰임을 말해준다. 13대종사의 마지막 스님이 초의 스님이다.

해탈문을 들어서면 마치 가렸던 창문 커튼을 활짝 열어 제치는 듯

1. 샘물 2. 부도군

한, 스펙터클 영화 속 한 장면과 같은 풍경이 펼쳐진다. 거대한 장벽처럼 산이 에워싼 가운데 넓은 평지를 가진 땅, 그래서 서산대사는 만년 동안 삼재가 들어올 수 없는 땅이라 했던가?

여기서부터 대흥사는 대웅전 중심의 북원北苑과 천불전 중심의 남원南苑, 표충사와 성보박물관 영역, 그리고 선방인 대광명전 영역으로 4분할 돼 있다.

먼저 왼쪽 다실과 범종각 사잇길로 가면 북원 영역으로, 개천 앞 누각 침계루에 이른다. 계곡물이 흐르듯 흘려 쓴 원교 이광사의 현판 글씨가 시선을 사로잡는다. 옛날 선조들은 글을 쓸 때 어느 곳에 어떤 의미를 부여할 것인지를 고려해 서체를 다양하게 구사했다. 이 〈침계루枕溪樓〉 현판이 바로 그러한 반영물이다. 글씨가 발아래 계곡물 흐르듯 유려하다.

이 문을 들어서면 대웅보전이다. 〈대웅보전〉 현판은 〈침계루〉

침계루와 향나무

현판을 쓴 이광사의 글씨지만 서체는 또 다르다. 이러한 차이를 감상하는 것도 대흥사의 묘미다. 사실 여부는 확인할 수 없지만 현판과 관련해 전해오는 이야기가 있다. 이광사는 우리 서체라고 하는 동국진체를 완성한 인물인데 추사는 이광사의 글씨가 마음에 들지 않았던 모양이었다. 추사는 제주도 유배를 가는 길에 절친인 초의선사를 만나러 대흥사에 와서 이광사의 현판을 떼어내고 자신이 쓴 현판을 달라고 했다 한다. 친구의 역정을 못 이긴 척하고 초의는 추사의 현판을 달았다. 8년 3개월 제주도에서 혹독한 시련을 겪고 돌아가던 길에 추사는 다시 들러 초의를 만났다. 오랜 유배의 고난 속에서 남을 인정하고 배려하는 마음이 생겨난 걸까? "이광사의 현판으로 다시 달아주시게." 하니 초의는 창고에 둔 〈대웅보전〉 현판을 달고 떼어낸 〈무량수각〉 현판은 옆 백설당 건물에 걸어놓아 지금은 둘 다 볼 수 있게 해놓은 것이라고 한다. 〈백설당〉 현판은 해사 김성근의 글씨다.

<무량수각> 현판과 <대웅보전> 현판

　대웅보전 계단의 양쪽 소맷돌에는 사자 머리 조각이 눈을 부릅뜬 채 앉아 있다. 사찰 수호를 상징하는 조각이다. 대웅보전 삼세불은 2013년 복장 유물 내용이 공개되면서 세상을 놀라게 했다. 조선 후기 작품으로 알았던 불상이 1612년에 조성됐다는 점과, 그 내용이 임진왜란으로 큰 고통을 받은 사람들의 안녕과 희생자들의 극락왕생을 기원해 만들었다는 것이다. 때문에 석가여래와 약사여래, 아미타부처를 모셨다. 후불화 역시 영산회·약사회·아미타회의 삼불회도가 걸려있다.

　대웅보전 우측 옆에는 윤장대, 그 옆엔 응진전이 있다. 응진전 앞 삼층석탑은 신라 말 작품으로 비교적 잘 보존돼 있다.

　다시 침계루를 나와 남원 영역으로 향하는 범종각 옆 계단에 오르다 보면 왼쪽에 뿌리가 붙은 사랑나무가 있다. 느티나무 고목 연리근連理根이다.

　계단을 오르면 굵은 붓으로 힘차게 쓴 〈가허루駕虛樓〉 현판이 보인

천불전

다. 호남 명필 창암 이삼만의 글씨로, 평생에 벼루 3개에 구멍 내겠다는 의지를 가진 인물로 전한다. '벼루 3개 구멍'은 동시대 인물인 추사가 평생 벼루 10개를 구멍 냈다고 했듯이 자신의 평생 노력을 표현한 말이기도 했다.

문으로 들어가면 명필 현판 〈천불전千佛殿〉이 나온다. 이광사의 글씨다. 천불전에는 또 전해오는 이야기가 있다. 1811년 소실 후 중건하면서 경주에서 옥돌로 천개의 불상을 제작해 울산에서 배로 옮겨오던 중 1817년 11월 27일 풍랑을 만나 일본 나가사키로 표류했다. 일본 사람들이 천불을 자기들 절에 모시려 하자 불상들이 "우리는 조선의 사찰에 봉안될 천불이다."라고 하니 돌려보내줬다고 한다. 막연한 전설 같은 이야기지만 당시 현정 스님이 경험한 내용을 『일본표해록日本漂海錄(楓溪 賢正, 1821년)』에 기록한 내용이니 신비롭기만 하다.

가허루 앞으로 나오면 연못이 있는데 이는 초의선사가 사찰을 크게 중창할 때 화기를 누르기 위해 조성했다고 한다. 연못 가운데 바위에

'무염지無染池'라고 글을 새겨 때묻지 않는 수도자가 될 것임을 말하고 있다.

성보박물관에는 서산대사의 금란가사와 발우 등 여러 유물을 만날 수 있고 옆의 표충사는 서산대사를 기리는 유교 사당으로 불교 사원 안의 유교 시설물이라는 특징을 갖고 있다. 임진왜란 때 서산대사는 73세의 나이로 승병을 모아 국난 극복에 앞장섰다. 이 충의를 기리기 위해 정조는 그의 유물이 있는 대흥사에 표충사를 건립한 것이다. '표충사表忠祠' 친필 현판도 하사했다. 앞쪽 담장 안에는 2009년 중국에서 모셔온 진신사리 일부를 봉안한 진신사리탑이 있다.

무염지

표충사 옆쪽엔 선방인 대광명전 구역이 있고 그 앞길에서 산으로 800m 오르면 초의선사가 거처하며 차茶 문화를 크게 일으킨 일지암―枝庵이다. 한국 차 중흥조 초의선사는 일지암에서 『동다송東茶頌』을 지으며 다선일미茶禪―味의 다풍을 활짝 열었다. 초의선사의 차향 오솔길을 따라 오르며, '나는 어떤 향기를 피워볼까' 하며 사색의 시간을 가져볼 수 있겠다.

* **대흥사에서 꼭 봐야 할 것들**
  유선관, 샘물, 부도군, 13대종사 탑, 해탈문에서 보는 사찰 전경과 산세, <침계루> 현판, 대웅보전, 대웅보전 소맷돌, <대웅보전> 현판과 <무량수각> 현판, <백설당> 현판, 대웅보전 삼세불, 삼층석탑, 연리근, <가허루> 현판, <천불전> 현판, 무염지, 성보박물관, 표충사, <표충사> 현판, 진신사리탑, 일지암

만세루(왼쪽)와 대웅보전(오른쪽)

3편

고창 도솔산 선운사

예약된 미래의 이상향

미륵이 머무는
내원궁

　세상이 어지러울수록 사람들은 이상향을 그리워한다. 과거에 그랬고 현재도 이런저런 고통을 겪으며 살기 때문에 고통이 없는 내일을 갈망한다.
　그러한 사람들의 심리를 꿰고 그러한 세상을 열어 주겠다며 포퓰리즘을 내세운 사람이 궁예와 견훤이었다. 성불의 도를 얻지 못한 사람들이 다분히 자신의 정치적 목적을 이루기 위해 쓴 술수이기도 했다. 그들이 그랬듯이 술수의 끝은 언제나 좋지 않다.
　불교에 세 개의 세상이 있다. 과거와 현재, 미래의 세상이다. 현세 다음에 올 미래에 중생을 구제해 줄 부처가 미륵불이다. 현재는 미륵보살이지만 다음에 오기로 이미 예정돼 있기 때문에 부처의 반열에 올라 미륵불이라고도 한다. 석가모니불 입멸 후 56억 7000만 년이 지나 사바세계로 내려온다고 하니 많이 기다려야 한다. 그 기다림의 가치는 크다. 모두가 제도되어 덕과 지혜를 지님으로써 평화롭고 우리가 사는 세상은 꽃과 향기가 덮여있으며 8만 4000세의 수명을 누리는 이상적인 낙원이다. 그 세상을 구현하기 위해 미륵불은 지금 도솔천兜率天에서 제도하며 하생할 때를 기다리고 있다. 도솔천에는 미륵보살이 머무는 내원궁內院宮과 수많은 천인들이 즐거움을 누리는 외원外院이 있다.
　고창 선운사는 그 도솔천에 있는 사찰임을 지향한다. 선운사가 있

진흥왕 토굴

는 산은 선운산이지만, '도솔산 선운사'라 자칭한다. 근처에 도솔암도 거느리고 있다. 선운사禪雲寺는 '오묘한 구름 속에 머물며 참선 수도하여 선정의 경지를 얻는다'는 의미다. 그 구름은 도솔천을 휘감고 있을 테다.

선운사 창건설은 크게 두 가지다. 먼저 신라 진흥왕이 창건했다고 하는 다소 이해하기 어려운 이야기다. 진흥왕재위 540~576이 만년에 왕위를 내려놓고 꿈에 도솔산의 굴에서 미륵 삼존불을 만나 중애사重愛寺를 창건하면서 절이 시작됐다는 것이다. 진흥왕은 신라에서 영토를 가장 넓힌 정복왕이지만 서해까지 와서 절을 지었다는 것은 쉽게 납득하기 어렵다. 만년에 불교에 귀의해 삭발하고 승의僧衣를 입었으며 법호를 법운法雲이라 했지만 고창에서 이런 전설이 전하는 것은 미스터리다. 그런데 굳이 여기에 진흥왕 이야기가 전해오는 것은 예사롭지 않다. 진흥굴이라고 불리는 동굴이 근처에 있다. 어느 사찰이든 창건 이야기는 늘 흥미롭다.

다음은 비슷한 시기인 백제 위덕왕 24년서기 577년 고승 검단선사黔丹(檢 旦)禪師가 창건했다는 이야기로, 좀 더 현실성이 높다. 여러 이야기 중, 당시 전쟁 유민이 많아 도적이 들끓었는데 검단 스님이 교화해 먹고 살 길을 찾아줬다. 바닷가에 염전을 만들어 소금 만드는 기술도 가르쳤다. 마을 사람들은 감사한 마음으로 매년 소금을 절에 보냈다. 창건 설화를 간직한 이 소금을 '보은염報恩鹽'이라 하는데 오늘날까지 오랜 전통을 이어왔으니 전설이라고 해서 함부로 무시해서는 안 될 일이다. 이 소금 마을을 스님의 이름을 따서 '검단리'라 했는데 발음이 변해 '검당', '금단'으로도 불린다. 지금의 심원면 월산리 일대다. 염전과 소금 전시관이 있다.

'극락왕생 서원'
3대 지장기도처

주차장에서 선운사 길로 들어서자마자 왼쪽 하천 건너편 바위에 붙은 나무가 보이는데 천연기념물제367호로 지정된 송악이다. 마치 압화押花 같은 모습을 하고 있다. 따뜻한 지방에서 자라는 나무로 내륙의 송악 중 높이가 18m로 가장 크다. 이 나무 밑에 앉아 있으면 머리가 좋아진다는 속설이 있다.

이제부터 길 오른쪽으로 넓은 공원이 펼쳐지는데 '선운산가비禪雲山歌碑'가 있다.『고려사악지』에서 전하는 고창의 희귀한 백제 가요로, 서울로 불려간 남편이 때가 돼도 돌아오지 않자 아내가 선운산을 바라보며 불렀다는 망부가로 추정한다. 이 공원 안에는 9월에 빨갛게 꽃을 피우

1. 송악 2. <백파대율사비>

는 꽃무릇이 군락을 이룬다. 잎과 꽃이 서로 계절을 달리해 나타나므로 상사화라 불린다. 잎은 봄에 보리싹처럼 나온다. 이 식물은 단청 재료로 쓰인다.

공원이 끝나면 전나무 숲 안쪽에 부도전이 있다. 꼭 봐야 할 비석이 있다. 중간쯤에 자리한 <화엄종주백파대율사華嚴宗主白坡大律師 대기대용지비大機大用之碑>라는 비석이다. 백파 스님에 관한 글을 추사 김정희가 직접 쓴 명필의 비석이다. 백파 스님이 『선문수경禪文手鏡』을 지으면서 해남 대흥사의 초의 스님과 뜨거운 '선禪' 논쟁이 붙었다. 이 와중에 추사도 초의의 편에서 백파 스님을 공격했다. 하지만 추사는 유배 후 백파 스님을 높이 평가했다. 힘찬 붓글씨의 기교를 감상할 수 있는데 추사 사망 1년 전에 쓴 것이라 하니 농익은 추사의 명작이다.

옆에 선운사가 있지만 선운사를 온전히 느끼기 위해선 도솔암을 거쳐오는 게 좋다. 편도 도보로 약 40분 거리지만 선운사에 와서 도솔암에 가지 않으면 마치 반찬 없이 밥만 먹는 격이다. 선운사가 도솔천을 지향하기 때문이다. 그곳은 미래의 희망을 안겨줄 도솔천이자 미륵이 있는 곳이다.

먼저 도솔암으로 직행하면 산비탈에 동그랗게 뚫려있는 진흥왕의 토굴을 만난다. 창건설 중의 하나인 신비로운 동굴이다. 근처엔 또 하나의 천연기념물인 장사송長沙松(수령 600년)이라는 반송이 있다. 부채 모양으로 퍼진 가지가 이채롭다. '장사'는 이곳의 옛 지명이다.

이윽고 도솔암 찻집 앞에 이르면 두 갈래길이다. 우측이 도솔암과 마애불이 있는 길이고, 왼쪽은 천마봉에 오르는 길이다. 여유가 있다면 도솔암에서 천마봉으로 올라 30분간 능선을 돌아오면 멀리 변산반도를 조망할 수 있다.

높이 15m가 넘는 마애불 앞에 서면 스스로 압도 당한다. 고려 시대 작품으로 추정하는 이 마애불 배꼽에는 감실이 있는데 신비로운 비결서가 있다고 한다. 1820년 전라도 관찰사 이서구李書九가 비결서를 꺼내던 순간 뇌성벽력이 쳐서 다시 넣어뒀다 한다. 그 첫 문구에 "전라감사 이서구가 보다."라고 쓰여있었다 하니 섬뜩하지 않을 수 없었을 테다. 1892년 동학 접주 손하중이 동료들과 꺼낸 후 달아나면서 동학도를 모았다는 이야기도 있다. 마애불 위쪽 절벽에는 도솔천에 있다는 내원궁이다. 말하기를, 우리나라 3대 지장기도처로 유명하다는 것이다. 내부에는 14세기에 조성된 금동지장보살좌상이 봉안돼 있는데 독특하게 왼손에 법륜法輪을 들고 있다. 지장보살은 일반적으로 보주나 석장을 든다.

선운사로 내려와 만나는 천왕문의 현판 〈천왕문〉은 원교 이광사,

도솔암 마애불

대웅보전과 육층석탑

〈도솔산선운사〉는 일중 김충현이 썼다. 문을 들어서면 건물이 장벽처럼 앞을 가로막아 섰는데 만세루다. 만세루를 지나면 명품 대웅보전이다. 조선 시대 양식을 잘 보여줘 일찌감치 보물 제290호로서의 가치를 인정받았다. 1613년 지어 1840년 중수를 거쳤고 1937년 해체 복원했다. 모서리 지붕을 받치기 위해 가늘고 높은 주춧돌 위에 활주를 세운 것이 눈길을 끈다.

대웅보전 내부 천장에는 마치 유럽 성당에서 성화聖畫를 보는 듯한 그림으로 휘황찬란하다. 용과 꽃의 생생한 표현이 살아있어 오랫동안 시선을 사로잡는다. 우리에게도 이런 유산이 있음이 자랑스럽다.

대웅보전 앞 석탑은 낯설게 6층이다. 탑의 층수는 홀수인데 6층인 것은 유실됐기 때문이다. 원래 9층탑이었다는 기록이 있었으니 3개

층이 사라지고 6층으로 남은 것이다.

대웅전을 바라보는 위치에서 왼쪽으로는 석축 위에 커다란 맞배지붕의 영산전이 있다. 일반 사찰의 영산전에 비하면 규모가 크다. 조선 후기 건축 양식을 보여준다.

영산전과 동백 군락지

영산전 뒤로는 마치 울타리를 치듯 오래된 동백나무가 군락을 이룬다. 동백 숲은 사찰 창건 이래로 쓰임새가 많았을 것이다. 씨앗으로 기름을 짜고 산불을 차단하는 방화림 역할도 했을 것임은 분명하다. 지금은 과거보다 줄어 대략 2000여 그루로 추정한다.

선운사는 아름다운 경치 속으로 사색하며 걷는 길, 강학과 수선의 도량, 지장기도처, 미륵불이 안내할 이상향, 한국 근현대 문학의 씨앗을 뿌린 사찰로 존재 가치를 지니고 있다.

* **선운사에서 꼭 봐야 할 것들**
  송악, 꽃무릇 군락지, 선운산가비, 부도군 <백파대율사비>, 진흥왕 토굴, 장사송, 마애불, 도솔암 내원궁, 선운사 <천왕문> 현판, 만세루, 육층석탑, 대웅보전, 대웅보전 천장화, 영산전, 동백군락지, 관음전 금동지장보살좌상

무위사와 월출산

4편

강진 월출산 무위사

아무것도 하지 않을 자유

고통받는
영혼들의 안식처

매일 반복되는 일상에서 잠시 벗어나 아무 구속 없이 자유로운 시간을 보낼 수 있다면? 해야 할 일을 하지 않아도 되고, 하고 싶은 일을 마음대로 해도 된다면 그야말로 유토피아일 것이다.

먹고 살아야 하니 억지로라도 해야 하는 일을 짊어지고 사는 현대인, 그러나 잠시 벗어나 '아무것도 하지 않을 자유'를 누릴 수 있다. '무위無爲'다. 인위적으로, 의무감으로 해야 하는 일에서 벗어나 잠시 자신을 초자연 속에 놓아두자.

불교에서 '무위'는 생멸 변화를 초월하는 것으로 설명한다. 도교에서도 '무위'가 도가사상의 핵심 화두다. 노자老子는 인위人爲를 가하지 않고 자연 그대로 행하는 것으로서, 인간의 지식이나 욕심이 세상을 혼란하게 하므로 자연 그대로 놓아두는 것을 최고의 경지라고 했다. 장자莊子는 어떠한 강요도 받지 않고 자연의 질서 속에 순응하는 것이라고 했다.

현실 속에서 사람들은 할 일이 쌓였는데 잠시 자리를 비우면 큰일 나는 줄로 안다. 또는 그 순간 다른 사람에게 기회를 빼앗길까 불안해한다. 그러니 마음이 바빠서 항상 쫓기며 산다. 한순간도 궤도 이탈을 용납하지 못한다. 그들은 잠시 '무위'의 시간을 갖고 나면 쌓였던 일도 더 빨리 해결할 수 있음을 알지 못한다.

'무위'를 경험하게 할 사찰, 월출산 남녘에 무위사無爲寺가 있다. 사명

寺名을 듣는 순간부터 일상의 모든 구속에서 해방된다. 시간도 멈춰 서 버릴 것만 같다. 무위사는 쫓고 쫓기며 사는 사람들에게 '와서 내려놓고 잠시 아무것도 하지 말 것'을 제안한다. 그러고 나면 자신이 무엇을 어떻게 해야 할 지를 알게 된다. 이것이 '무위'의 보이지 않는 힘이다.

무위사는 서기 617년 원효대사가 관음사로 창건한 후 도선국사가 중건해 갈옥사葛屋寺라 개칭했다고 하지만 명확한 근거는 없는 실정이다.

그러나 신라 시대부터 무위갑사無爲甲寺라는 사찰은 존재했다. 이는 무위사 경내에 있는 선각대사 편광탑비명에 기록돼 있다. 선각대사 형미先覺大師逈微는 통일 신라 말기의 명승으로 체징선사體澄禪師를 사사하고 당나라에 가서 14년 공부한 후 무위사에서 8년간 머물며 중창했던 스님으로 918년 54세로 입적했다 승랍 35세.

희미한 창건 역사는 그다지 중요하지 않다. 이후 크게 중창하면서 사찰의 의미 있는 역사를 주목하면 된다. 그런 면에서 무위사는 나말여초 선각대사의 중창과 이로 인한 가지산문 계통의 선종사찰이라는 점, 조선 시대에 와서 국가로부터 매우 중요한 역할을 부여받은 것에서 그 가치를 찾을 수 있다.

태종 때인 1407년 무위사가 천태종天台宗 17개 자복사資福寺(나라의 복을 기원하는 사찰) 중의 하나가 되었다. 이어 1430년 세종 12년 극락전을 지었는데, 이는 우리나라 건축사적으로 매우 중요할 뿐 아니라, 현재도 무위사의 핵심 자산이다.

성종 때 또 한번 특별한 역사를 썼다. 수륙재水陸齋를 지내는 수륙사水陸寺로 삼은 것이다. 수륙재는 물과 육지에 떠도는 영혼을 달래 극락으로 안내하는 불교의식이다. 여말선초 전라도 해안에서 왜구들에게 희생된 사람들을 국가에서 수륙재를 지내야 했고 사세가 크고 해안이 가까운 무위사가 그 임무를 맡았음을 알 수 있다.

조선 중엽 명종 때 1555년 태감太甘 스님이 4창에 나서면서 사찰 이름을 지금의 무위사로 고쳤다. 이때 본절에 건물이 23개 동이 있었으며, 암자가 35개에 달한 가운데 전체 58개 동을 가진 대찰이었다. 임진왜란과 병자호란 때도 크게 피해가 없었으나 그 이후로 사세가 많이 쇠락해 몇 개의 전각만 남았다가 오늘에 이르러 부활하고 있다.

〈비너스의 탄생〉 떠올리는 〈백의관음도〉

주차장 앞에 있는 일주문을 비롯 3개의 문을 들어가면 법당인 극락보전까지 일직선 가람 배치를 하고 있다. 종무소 앞 나무 그늘에서 샘물로 목을 축이고 올라서면 극락보전 영역이다. 무위사의 이야기는 여기서 시작하고 끝난다.

극락전 앞 넓은 마당으로 오르면 바닥에 직사각형의 배례석이 놓여 있다. 배례석拜禮石은 한자에서 보듯 흔히 절하는 기능의 장치로 보이지만, 실제론 법당에 다 들어가지 못한 사람들이 향로를 올려놓고 향을 피워 예불을 올리던 봉로대奉爐臺다. 사람이 올라서서 절하기엔 좁고 딱딱한 돌이라 불편한데 그마저 많은 사람이 모이는 자리에 굳이 한 사람을 위한 크기의 배례석을 만들 이유도 없다. 영주 부석사 무량수전 앞에서 보듯이 석등과 함께 짝을 이뤄 예불을 올리던 한국 불교만의 방식이다. 중국이나 일본의 경우 사당이나 법당 앞에 대형 향로를 놓고 향불로 소원을 비는 데 우리와는 다른 모습이다. 배례석에 활짝 핀

극락보전

연꽃이 새겨진 것은 예불을 통해 깨달음으로 인도하려는 의미가 담겨 있다고 한다.

　극락보전은 조선 초인 1430년 건축된 건물로 단순하면서도 맞배지붕의 건축미를 한껏 뽐낸다. 측면 기둥과 보가 만나는 위쪽은 건축 용어로 표현되는 '공간 분할'의 절제미를 가감 없이 발휘한다. 건물 내부에는 기둥을 없애고 공간을 넓게 확보했다.

　대웅전이 아닌 극락보전을 큰 법당으로 한 것은 수륙사로서 수많은 영혼을 달래며 극락왕생하기를 빌었기 때문이다. 세종대왕의 형 효령대군이 강진 백련사에 8년 머물 때 무위사에서 나라와 왕실의 안녕을 빌기도 했다.

내부에 봉안한 불상은 높은 대좌 위 중앙에 극락세계를 관장하는 아미타불이다. 연화대에 결가부좌한 채 오른손을 높이 들어 올려 첫째와 셋째 손가락을 마주 잡고 왼손은 무릎 위에 올려 첫째와 셋째 손가락을 마주 잡은 하품중생인 수인을 취했다. 협시불은 바라보는 사람 기준 왼쪽에 긴 육환장六環杖을 든 지장보살을, 오른쪽에 보관을 쓰고 정병을 든 관음보살을 모셨다.

불상 뒤에 보이는 후불벽화도 금빛 색을 많이 채택해 온화한 분위기가 돋보이는데 국내 현존 아미타 불화 중 가장 오래된 작품으로 꼽힌다. 1476년 성종 때 조성했다. 상단 좌우에 여섯 분의 나한이 작게 표현돼 원근감을 확실하게 보여준다. 좌우 협시보살의 키가 중앙의 아미타여래의 어깨까지 올라온 것은 고려 시대와 다른 조선 초기 불화의 특성이라는 평가다. 이 불화는 시주자와 금어金魚(그림 그린 스님)가 기록된 화기畵記가 있어 더욱 가치를 발한다. 유명한 만큼 전설이 없을 리 없다. 어느 날, 노승이 찾아와 법당에 그림을 그리겠다며 49일 동안 들여다보지 말라고 했다. 노승은 법당에 들어간 이후 한 번도 나오지 않았다. 궁금해 참지 못한 주지 스님이 문틈으로 들여다봤다. 파랑새 한 마리가 붓을 입에 물고 그림을 다 그린 후 막 관음보살의 눈동자를 그리려던 참이었는데 인기척에 파랑새는 붓을 떨어뜨리고 어디론가 날아가 버렸다. 그래서 지금도 후불벽화 관음보살 눈에는 눈동자가 없다는 것이다. 관음보살과 관련해 파랑새 전설은 낙산사에서 보듯 종종 나타난다. 희망을 상징한다.

후불벽 뒤로 가면 무위사를 대표하는 또 하나의 걸작이 기다린다. 15세기 후반에 제작된 〈백의관음도〉다. 흐르는 물결 위에 연잎을 타고 서서 바람결에 옷자락을 휘날리는 생동감이 압권이다. 마치 긴 머

<아미타 후불벽화> [사진=무위사 제공]

리를 휘날리며 조개껍데기를 타고 해안가에 나타난 르네상스 시대 화가 보티첼리의 대표작 <비너스의 탄생>을 연상케 한다. 동시대 작품 <백의관음도>는 1476년 경, <비너스의 탄생>은 1485년 경이라는 점도 묘한 인연을 갖는다. 관음의 오른손은 버들가지, 왼손은 정병을 살짝 들고 있다. 해를 상징하는 둥근 원이 그려져 있고 화면 하단 왼쪽엔 비구와 새 한 마리가 관음보살을 바라보고 있다.

<백의관음도> [사진=무위사 제공]

　극락보전 옆 뜰에는 946년에 건립한 무위사 선각대사 편광탑비가 있다. 선각대사는 고려 개국과 함께 무위사에서 중창을 이끈 스님이다. 귀부와 비신, 이수를 완전하게 갖추고 있으며 이수 주위에는 운룡문雲龍文과 쌍룡문雙龍文이 조각된 특징을 보인다. 비문은 나말여초 문신 최언위崔彦撝가 짓고 고려 초 서예가 유훈율柳勳律이 해서체로 썼다.
　삼층석탑은 약간 외곽으로 치우쳐 있다. 가람 배치의 변화가 있었

1. 선각대사 탑비 2. 삼층석탑

던 것으로 보인다. 약간 훼손됐으나 전체적으로 온전하며 통일 신라의 양식을 이은 고려 초기 작품으로 인정받고 있다. 정교한 안상도 눈길 끈다.

성보박물관에는 극락보전 내 총 31점의 벽화 중 〈아미타여래삼존벽화〉와 〈백의관음도〉를 제외한 29점이 소장돼 있다.

* 무위사에서 꼭 봐야 할 것들
  삼층석탑, 배례석, 극락보전, 아미타여래삼존좌상, 〈아미타여래삼존벽화〉, 〈백의관음도〉, 선각대사 편광탑비, 삼층석탑, 성보박물관, 월출산

첨단 건축물 속 봉은사 기와 지붕

5편

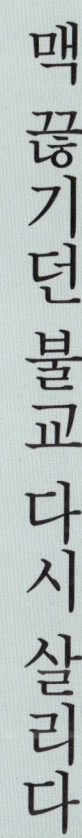

서울 수도산 봉은사

맥 끊기던 불교 다시 살리다

조선 불교 순교자
보우대사

불교의 맥이 끊겨 가던 조선 중엽 제13대 명종明宗(재위 1545~1567년)이 12살의 어린 나이로 즉위하면서 어머니 문정왕후文定王后가 수렴청정했다. 문정왕후는 남동생 윤원형尹元衡을 내세워 앞서 권력을 잡았던 대윤大尹 윤임尹任 일파를 몰아내는 을사사화를 일으켰다.

조선 시대에 들어와 불교계는 11개 종파가 7개로 줄었고 세종 때 선교禪敎 양종으로 통폐합된 후 중종 때는 그마저 완전히 폐지되면서 불교 존립 자체가 위태로웠다. 승려를 배출하던 공식 통로 승과고시마저 폐지되었고 유생들은 승려가 보이는 대로 구타했으며 불교사원에 방화했다. 특히 1538년 중종 때 일어난 '법난法難'은 승려들에게 피눈물 나는 사건이었다. 이 땅에서 불교가 사라질 뻔했던 순간이었다.

독실한 불교 신자였던 문정왕후는 본격적으로 불교 진흥책을 펼쳐 선교 양종과 승과고시를 부활하고 도첩제度牒制(승려 신분증) 발급을 시행했다. 문정왕후는 이 일련의 일을 궁궐에서 가까운데다 남편인 중종의 능침사찰 봉은사에서 하도록 했다. 그리고 이를 추진할 만한 스님을 찾아 허응당 보우虛應堂普雨 스님을 봉은사 주지로 임명했다. 저항도 만만찮았다. 유학자들은 보우 스님을 '요승妖僧'으로 치부하기도 했다. 봉은사 주지 보우 스님은 '승왕僧王'이라 불리며 문정왕후의 전폭적인 지원을 업고 승과고시를 부활시켰고 이를 통해 서산대사西山大師와 사명대사 四溟大師를 배출했다. 이들 스님은 임진왜란 때 혁혁한 공을 세웠다. 보우 스님의 봉은사는 선종수사찰 禪宗首寺刹로 지정됐다.

억불숭유 정책의 조선 사회에서 명맥이 끊어져 가던 불교가 봉은사에서 보우 스님에 의해 부활했다. 하지만 1565년 문정왕후가 죽자 보우 스님은 그 해 제주도로 유배를 갔고 곧이어 제주 목사에 의해 죽음을 맞았다. 조선 불교 중흥조 보우 스님은 불교의 맥을 이은 순교자였고 봉은사는 조선 불교 중흥 도량이었다.

봉은사의 창건은 정확한 연대를 알 수 없으나 신라 시대 견성사 見性寺가 전신인 것으로 본다. 『삼국사기』에 신라 원성왕은 794년 연회국사 緣會國師를 봉은사 주지로 맞았다는 기록이 있다. 일곱 개의 성전사원 成典寺院(왕실 사찰) 중 하나로 '봉은사' 명칭이 있지만 지금의 봉은사라 특정할 수 없다. 성전사원이 모두 경주에 있었기 때문이다.

고려 시대에는 사찰의 역사가 전해지지 않고, 다만 지금의 선정릉 자리에 견성사가 있었던 것은 확실하다.

봉은사가 본격적으로 역사의 무대에 오른 것은 조선 성종 成宗의 비 정현왕후 貞顯王后가 성종의 능 선릉(宣陵)을 견성사 자리로 모시고 견성사를 지금의 정릉 靖陵(중종의 능) 자리로 옮겨 새롭게 중창하면서다. 정현왕후는 견성사를 선릉의 능찰로 삼고 '성종의 은혜를 받들어 모신다'는 뜻으로 봉은사 奉恩寺라 이름을 고쳤다. 봉은사로서 본격적인 출발점이 된 것이다. 봉은사처럼 봉선사, 봉덕사와 같은 사명은 주로 왕실 사찰로서의 인연이 깊다.

새 출발한 봉은사를 더욱 빛나게 한 사람이 문정왕후다. 문정왕후는 지금의 고양시 원당에 있던 중종의 능을 풍수지리상 좋지 않다고 하여 부왕 성종의 능 옆 봉은사로 천장하면서 봉은사는 1562년 지금의 자리인 수도산修道山 기슭으로 또 옮겨 오늘에 이르렀다. 수도산은 '수양하여 도를 얻는다'는 뜻이다. 이 두 능을 합쳐 오늘날 선정릉宣靖陵이라 부른다. 봉은사는 성종과 중종의 능찰이었다.

추사체 최후의 작품
〈판전〉

경기도 광주廣州 땅에서 1963년 서울시로 편입된 후 1970년대부터 본격 개발된 강남은 고층 빌딩 숲으로 세계적인 첨단 도시가 되었다. 그 한가운데 작은 '숲 오아시스'가 있으니 선정릉과 봉은사다. 강남의 산소통과 같은 곳이다. 성종과 아들 중종이 500년 동안 잠들어 있는 곳, 그 능을 보살핀 봉은사가 고층 빌딩과 의외로 조화를 이룬다. 봉은사는 산중 사찰이 도시의 팽창으로 자연스레 도심 사찰로 변모했다.

현재 봉은사 건물은 1941년 이후 새로 지은 것이다. 1665년 화재 이후 300년 동안 큰 화재가 없었으나 1939년 큰불로 대부분 소실됐기 때문이다. 대로봉은사로에서 진여문을 들어서면 오른쪽 언덕 위에 보우대사를 비롯한 여러 부도, 공덕비가 있다. 둥글고 흰 청호 스님晴湖 (1875~1934년)의 부도와 수해구제공덕비도 눈길 끈다. 스님은 1925년 사흘 연속 큰비가 내려 수많은 사람과 집, 가축이 떠내려갈 때 사부대중을 이끌고 달려가 무려 708명의 목숨을 구해냈다. 사람들은 스님을 '살아있는 부처'라 불렀고 공덕비를 세웠다.

법왕루를 들어서면 대웅전을 바라보게 된다. 대웅전 동쪽의 선불당과 서쪽 심검당이 에워싼 'ㅁ'자 중정中庭은 실내 같은 분위기다. 삼천배

<철야 삼천배 기도>

철야 기도 등 행사 때 여기에 괘불을 설치해 기도한다. 이곳의 삼층석탑에는 부처님 사리 1과가 모셔져 있다고 한다.

〈대웅전〉 편액은 추사 김정희의 글씨다. 근래 색을 칠하면서 추사의 섬세한 붓끝 선이 훼손됐다고 한다. 대웅전 삼존불은 석가불을 중심으로 바라보는 사람 입장에서 왼쪽이 아미타여래, 오른쪽이 약사여래다. 후불탱화 역시 삼불회상도를 봉안했다. 지옥의 중생을 극락으로 인도하는 내용의 그림 감로탱甘露幀에는, 상중하 3단 구성 속 상단에 아미타불이 중생을 구제하러 나오는 장면이, 중단에 음식을 차린 재齋 의식 장면이, 하단에 재판받거나 처형받는 모습 등의 장면이 묘사돼 있다. 죄를 짓지 말고 착하게 살라는 메시지다.

대웅전 뒤쪽이자 가장 북쪽에는 이름도 생소한 북극보전北極寶殿이 있

북극보전

다. 전각도 아담하고 아름답다. 북극성을 모신 전각으로 흔히 칠성각으로 불리는 곳이다. 일반인에겐 궁금증과 호기심을 갖게 하는 전각으로 특히 여성들이 많이 찾아 기도한다.

북극보전 앞쪽에서 대웅전 기와 지붕선 너머로 보이는 고층 빌딩 숲은 고전과 현대가 서로 절충하면서 공존하는 모습으로 아름답게 다가온다.

서쪽 오솔길로 향하면 작은 영각影閣 안에 허응당 보우·청허당 휴정서산대사·사명당 유정사명대사·남호당 영기·영암당 임성 등 봉은사와 연이 깊었던 스님들의 영정이 있다.

옆 넓은 광장엔 강남 고층 빌딩만큼이나 높은 미륵대불을 만난다. 1986년 영암 큰스님이 발원해 봉은사 사부대중 1만 명 이상이 불사에

미륵불

동참, 10년에 걸쳐 이루어진 결과물이다. 1996년에 완공한 미륵대불의 높이는 23m이다. 기도 장소이지만 공연 등 문화 행사장으로도 사용돼 불교 사원과 문화·예술의 만남이 이루어지고 있다. 아래쪽 건물은 미륵대불과 연계된 미륵전이다. 1942년 옛 법왕루로 지은 건물을 1997년 현재의 법왕루가 들어서면서 옮겨 미륵전이 됐다.

미륵대불 서쪽엔 봉은사 경판을 소장한 판전 건물로 편액은 추사 김정희가 썼다. 추사는 두 차례 유배 이후 말년에 선영이 있는 과천에 거처를 정하고 가까운 봉은사를 자주 찾았다. 그 무렵 남호 영기대사南湖永奇大師가 화엄경판을 판각하기 위해 간경소를 차렸는데 추사가 〈판전板殿〉 현판을 썼다. 영산전과 북극보전의 주련도 추사가 썼다. 그때 지금의 선불당 자리에 작은 초가를 마련해 지냈다고 한다. 이 〈판전〉

1. <판전> 2. 추사 기적비

현판은 고령의 추사가 불편한 몸으로 썼는데 사흘 후 사망했다. 추사체 마지막 작품으로서 귀한 가치를 지녔다. 옆쪽엔 추사 기적비와 흥선대원군 영세불망 비각이 있다. 흥선대원군은 추사의 서예 제자다.

아래쪽엔 작고 예쁜 종각이 있고 옆으로는 이 도심의 오아시스 샘물이 있다. 근처엔 가을이면 주황빛으로 익어가는 감이 인상적이다. 주차장 안에는 작은 연못 속 연지를 만들고 관세음보살상을 모셨다.

정문을 나가 대로를 건너면 코엑스 입구 왼쪽에 '승과평僧科坪'이라는 표지석이 있다. 보우 스님이 승과고시를 부활한 현장이며 서산대사와 사명대사와 같은 걸출한 고승을 배출한 유적지다. 그 자리에 코엑스가 들어섰다.

1569년 퇴계 선생이 조정에서 마지막 은퇴해 낙향할 때 후학 기대승과 박순 등이 봉은사까지 와서 1박 하며 아쉬운 작별을 했고, 숙종이

승과평

선정릉을 다녀가던 길에 봉은사에 들러 돈과 비단을 후사했으며, 다산 정약용은 21살에 형제들과 와서 15일 동안 경전을 공부했던 곳, 오늘날 봉은사는 시민들이 잠시 심신의 무거운 짐을 내려놓고 사색하는 도심 속 오아시스와 같은 공간이다.

* **봉은사에서 꼭 봐야 할 것들**
보우 스님 동상, 청허 스님 부도, 법왕루, 삼층석탑, 대웅전, <대웅전> 현판 글씨, 북극보전, 대웅전 지붕 너머 풍경, 영각, 미륵대불, <판전> 현판 글씨, 추사 기적비, 흥선대원군 영세불망비, 종각, 샘물, 연지 관세음보살상, 승과평

8장

도전개척

"누군가는 길을 연다"

불갑사
도리사
동화사
보림사
건봉사

불갑사 앞 상사화 군락지

1편

영광 불갑산 불갑사
백제불교 1번지 상징

마라난타
고향 같은 사찰

　서기 384년 백제 침류왕枕流王(재위 384~385년)이 아버지 근구수왕近仇首王의 뒤를 이어 왕위에 올랐다.
　"가을 7월 진晉(동진)나라에 사신을 보내 조공하였다. 9월, 인도의 승려 마라난타摩羅難陀가 진나라에서 오자 임금이 맞이하여 궁내에 모시고 공경하였다. 이때부터 불법佛法이 시작되었다. 이듬해 2월, 한산漢山에 절을 창건하고 승려 10명을 두었다."
　백제 불교 공인에 대한 『삼국사기』의 기록이다.
　전라남도 서해안에 영광군 법성포法聖浦라는 포구가 있다. 예로부터 중국으로 오가던 국제항으로 전한다. 인도 승려 마라난타가 불교를 포교하러 중국으로 갔다가 다시 백제 땅 법성포로 들어와 모악산에 사찰을 지었다는 것이다. 양자강 이남에 위치한 중국 동진東晉에서 출발해 법성포로 들어온 것인데, 원래 지명은 아무포阿無浦였고 고려 말 이후 법성포로 바뀌었다고 한다. '법성法聖'이란 '불교의 진리를 들여온 성인'을 뜻하며, 이는 곧 마라난타를 상징한다.
　마라난타가 지었다는 이 사찰은 '백제 불교佛의 처음甲'이라 하여 '불갑사佛甲寺'라 부르고 모악산을 '불갑산'이라 부르게 됐다. 이 마을 이름 '모악리'는 아직도 남아 있다.
　그런데 여기서 의문점이 생긴다. 당시 백제의 도읍지는 한강 유역

인도풍 탑원

에 있었고 『삼국사기』와 『삼국유사』에서도 마라난타가 궁궐에서 임금을 만나고 그때 불법이 시작됐으며, 이듬해 한산에 절을 지었다 했고, 일연 스님은 '그것이 백제 불법의 시작此百濟佛法之始'이라고 했다. '한산漢山'은 통일 신라 시대에, 오늘날의 서울과 수도권 지역을 칭하던 행정구역이다. 북한산·남한산 일대다. 좀 더 넓게는 북으로는 황해도, 남으로는 충청지역을 포함했다.

따라서 그곳에 처음 절을 지었다 했으니, 불갑사의 위치와 지리적으로 혼선을 부른다.

다만, 훗날 기록한 『불갑사 고적기古蹟記』에서 불갑사의 최초 창건을 '신라와 백제에서 처음羅濟之始'이라는 내용과 이 지역의 구전과 지명, 사찰명 등으로 백제 불교 공인과 함께 최초로 세운 사찰로 상징하고 있다.

이로써 오늘날 불갑사는 마라난타 고향의 풍경을 사찰에 적극 도입하고 있다. 일주문 문루도 마라난타의 고향 간다라 지방 양식을 가미했고 안쪽 공원에 간다라 지역 탁트히바히 사원 주탑원을 본뜬 탑원을 세웠다. 이로써 '백제 불교 1번지'라는 상징성을 굳혀가고 있다. 창건 이후 불갑사는 고려 말 3중창주 각진국사覺眞國師(1270~1355년)로 유명세를 탔다. 각진국사는 조계산 수선사지금의 송광사에서 선풍을 크게 일으켰고 백양사를 중수한 후 만년에 불갑사에 머물며 크게 중창했다. 이때 왕사王師가 되었는데 제자 1000여 명이 몰려왔으며 법당엔 수백명이 앉을 수 있을 만큼 사찰이 흥성했으며, 주변 10리4km에 걸쳐 사전寺田을 소유했다고 한다. 사후 '각진국사'라는 시호를 받았다.

불갑사는 정유재란 때 전소되면서 옛 영화는 사라지고 그 이후부터 간간이 재건의 노력을 해왔다.

9월에 펼쳐지는 붉은 융단 꽃무릇

서해에 접한 법성포에는 산 위에 높다란 상징물을 세워 백제 불교 첫 도래지임을 알린다. 그곳엔 마라난타사·기념광장·전시관 등을 갖추고 있다. 여행자 입장에서는 이러한 장치 하나하나가 신비롭게 다가온다. 흔히 서해안 고속도로를 이용하기 때문에 법성포에 들리기 쉽지 않지만 불갑사를 여행한다면 꼭 함께해야 그 분위기를 온전히 느낄 수 있는 성지다. 법성포는 '영광 굴비'의 고장이니 여행할 가치가 충분하다.

불갑사 여행은 단연 9월이 제격이다. 1년에 한 번 붉은 융단을 온천지에 깔아놓는 풍경이 펼쳐지기 때문이다.

일주문에서부터 봐야 할 것이 의외로 많다. 일주문을 들어서면 왼쪽에 호랑이 조형물이 있다. 아이들이 좋아할 조형물이지만 의미 있는 시설이다. 우리나라 최후의 호랑이가 1908년 불갑산에서 포획됐다. 호랑이 출몰 이야기는 그 이후로도 있었지만 연대가 기록된 최후의 포획 호랑이라는 의미를 갖는다. 잡힌 호랑이는 논 60마지기 값에 일본으로 팔려갔고 박제한 후 다시 건너와 목포 유달초등학교에서 보관하고 있다.

백제 불교 첫 도래지 상징탑

진입로를 잠시 걷다 왼쪽 길로 들어가면 꽃무릇 군락지다. 이루지 못한 사랑을 간직한 전설의 꽃이다. 옛날 탑돌이하던 소녀에 그만 넋이 빠진 스님이 승려 신분에 표현도 할 수 없어 시름시름 앓다가 죽었는데 이듬해 무덤에서 잎이 지고 난 다음 빨간 꽃이 피어 사람들은 잎과 꽃이 서로 만나지 못한 것이 스님의 사연과 같다 하여 상사화라 불렀다는 전설이다. 꽃무릇으로 불리는 이 상사화는 봄에 파란 잎이 나고 잎이 진 후 가을에 꽃대가 올라오면서 꽃이 핀다. 불갑사를 지나 산속으로 들어갈수록 군락지 규모는 더 커진다.

군락지 중간쯤에서 개울을 건너 아스팔트길 위로 오르면 보이는 인도풍 건축물이 바로 마라난타 고향의 모습을 재현한 탑원이다. 간다라 탁트히바히 사원 유적을 이곳에 재현한 것이다. 하나하나의 공간은 승

1. 간다라 황금소탑 **2.** 용마루 보탑 **3.** 철불좌상 [사진=불갑사 수다라성보박물관 소장]

려가 수행하던 굴이다. 불갑사의 창건과 관련된 상징물이 되었다.

불갑사의 사천왕은 각별한 사연이 있다. 1870년 설두대사雪竇大師가 중창 중 꿈에 사천왕이 비를 맞으며 나타나 "우리는 연기사 사천왕인데 이곳으로 옮겨 지붕을 씌어주면 불법승을 잘 보호하겠다." 하고 사라졌다. 설두는 연기사가 있었던 무장지금의 고창의 산속을 헤매다 폐허에서 사천왕을 발견해 불갑사에 봉안했다. 그 후 불갑사는 여러 번의 화재 위험을 무사히 잘 넘겼다고 한다. 네 분의 사천왕 보관 뒤에 불꽃 모양의 장식이 눈에 띈다. 설두대사는 초의선사와 추사 김정희가 선운사 백파 스님과 맞서 논쟁을 벌일 때 백파 스님을 옹호했던 스님이다.

대웅전 지붕 중앙의 용마루 보탑이 제일 먼저 눈에 들어온다. 이것은 모조품이고 진품은 사찰 박물관에 전시돼 있다. 납작 엎드린 자세의 두꺼비 얼굴 위에 작은 집을 지은 이 용마루는 동남아나 남중국 불

대웅전과 용마루

교 양식과 매우 관련이 있어 보이는데 명문에는 1764년으로 새겨져 있다. 이 역시 불갑사의 불교문화 전파 경로를 상상케 하는 유물이다. 용마루는 대웅전의 권위와 벽사의 의미를 담은 장치다.

　대웅전은 또한 정면의 화려한 꽃창살이 시선을 사로잡는다. 연꽃·국화·보리수나무 문양이 아름답다. 전면 3칸 측면 3칸인데, 측면 3칸에 모두 문이 달린 것도 특징이다. 내부 불단 위 '亞'자형 닫집과 용들이 천상의 세계를 날고 있는 모습이 눈길을 끈다. 특히 불단 왼쪽 벽에는 '까치 전설'의 흔적인 까치 한 마리가 그림으로 남아 있다. 대웅전 중창 때 유명한 조각장이가 찾아와 일을 자청했다. 대신 일이 끝날 때까지 대웅전에 여자는 절대로 오면 안 된다고 당부했다. 그러던 어느 날 식사를 제공하던 보살이 다른 사람으로 바뀌면서 이 보살은 궁금증을 참지 못하고 그만 문틈으로 들여다봤다. 그 순간 조각장이는 피를 토하

1. 대웅전 까치 그림 **2.** 일광당 휘어진 기둥

고 죽고 피는 까치로 변해 날아갔다고 한다. 대웅전을 완성한 스님은 그 조각장이를 기념하기 위해 벽에 까치 그림을 그렸다는 이야기다. 사찰마다 한두 가지 전설을 간직하고 있다. 왜 전설을 담고자 했을까 하는 생각을 해보게 된다. 대웅전 뒤엔 각진국사 부도비가 있다.

일광당—光堂은 1620년 중건된 건물로, 휘어진 나무를 기둥으로 과감히 사용한 복수의 창의적이고 도전적인 정신을 잘 보여준다. 백제 불교 도래지라는 정체성과도 잘 어울린다. 흰 나무를 기둥으로 사용한 예는 지극히 드물다. 자연미와 함께 꾸밈없는 모습이 더 정겹다.

수다라성보박물관에는 희귀한 유물이 있어 꼭 봐야 할 곳이다. 특히 간다라 황금소탑이 눈길을 끄는데 불갑사에서 접하는 인도풍은 더더욱 호기심을 자극한다. 높이 7cm의 작은 소탑은 순금으로 제작됐으며 AD 2세기 간다라 스투파형 사리기를 갖춘 작품이다. 대웅전 용마루 진품도 꼭 봐야 할 유물이다. 또한 고려 초 양식의 작은 철불좌상도 놓칠 수 없다. 잔잔한 미소를 바라보기만 해도 절로 미소를 머금게 한다. 항마촉지인 수인을 취하고 있다.

경내엔 각진국사가 심었다고 전해지는 수령이 700년 정도 된 천연기념물 참식나무도 있다.

* **불갑사에서 꼭 봐야 할 것들**
  호랑이 상, 꽃무릇 군락지, 탑원, 사천왕상, 대웅전, 용마루, 대웅전 꽃문양, 대웅전 내부 까치 그림, 각진국사 부도비, 일광당, 수다라성보박물관(간다라 황금소탑, 용마루 진품, 철불좌상 등)

도리사와 풍경

2편

구미 태조산 도리사

신라 불교 발상지

아도화상,
신라에 부처의 길 내다

　신라 제19대 눌지왕訥祗王(재위 417~458년) 때 고구려 승려 묵호자墨胡子가 신라 땅 일선군一善郡(지금의 경북 선산·구미)으로 들어왔다. 아직 신라엔 불교가 공인되지 않은 때다. 묵호자는 마을 주민 모례毛禮라는 사람의 도움으로 그 집에 굴을 파서 지낼 수 있었다. 그 무렵 공주가 위독하자 왕이 수소문하여 묵호자를 불렀다. 묵호자가 향을 피우고 기도해 공주의 병이 나았다. 왕이 기뻐하며 절을 짓게 하는 사례를 했는데 이후 그가 간 곳을 알 수 없었다.

　세월이 흘러 제21대 비처왕毗處王(재위 479~500년. 소지왕이라고 함) 때 아도화상我道和尙이 시종 세 사람과 역시 모례의 집으로 왔는데 그 모습이 묵호자와 비슷했다. 몇 년 머물다 병이 없었는데도 죽었다. 시종 세 사람이 머물러 살며 불경을 읽자 간혹 불교를 믿는 사람이 있었다.

　신라 조정과 백성들이 아직 불교가 무엇인지 모를 때 고구려에서 온 사람이 민가에 들어가 불교를 먼저 포교한『삼국사기』와『삼국유사』이야기다.

　여기에 두 차례에 걸쳐 승려 '묵호자'와 '아도화상'이 등장한다. '묵호자'는 사람 이름이 아닌 외모를 빗대 부른 말이다. '검은 얼굴의 이방인'이란 뜻이다. 일연 스님도『삼국유사』에서 둘을 동일인이라 했다. 검은 피부라면 어쩌면 인도에서 들어온 승려일 수도 있다.

고구려는 372년에 불교를 정식 받아들였고, 백제는 384년에 공인했다. 신라는 그로부터 140여 년이 지난 527년 법흥왕이 공인했다. 공인은 늦었지만 그 사이 민간에서 몰래 불교가 간간이 퍼지고 있었음을 알 수 있다. 이에 대해 일연 스님은 이렇게 말한다.

"금교金橋(경주에 있는 다리. 아도가 처음 절터로 잡은 흥륜사 자리)에 눈이 쌓이고 얼음은 풀리지 않으니 계림鷄林(신라)의 봄빛이 완전히 돌아오진 않았다네. 어여뻐라 봄의 신은 재주도 많아 모랑毛郞(모례)의 집 매화 먼저 피게 하였네."

신라에 아직 불교가 규제 대상이던 시절 구미 땅에 먼저 절이 생겼다는 표현이다. 공주의 병을 고쳐 왕이 묵호자의 사찰 건립 요청을 허락했지만 신하들이 생소한 불교에 반대하고 심지어 위협했으니 신변 안전을 위해서 모례의 집에 숨어 포교한 것이다. 이때 눈 속에서 복숭아꽃과 자두꽃이 활짝 피어났다. 이에 아도화상은 절 이름을 도리사桃李寺라 지었다 한다.

도리사는 이후 마을 앞산인 지금의 도리사 자리로 옮겼다. 그 산은 냉산冷山으로도 불리는 태조산太祖山이다. 태조산은 왕건과 견훤이 치열한 전투를 벌일 때 왕건이 숭신산성을 쌓았던 산으로 이후 태조산이라 부르게 됐다.

도리사는 1729년 대인大仁 스님이 아미타불상을 개금해 인근의 금당암金堂庵으로 옮겨 봉안하고 금당암을 도리사라 개칭했다고도 한다.

신라 불교
초전지 도개리

도리사는 구미 시청에서 북쪽으로 약 20km 지점 낙동강 변 근처에 위치한다. 도리사의 본격적인 시작은 해평면 송곡리 삼거리에서 송암천을 따라 올라가는데 특이하게 일주문은 차도를 가로질러 '동국최초가람성지태조산도리사東國最初伽藍聖地太祖山桃李寺'란 현판으로 크게 세워져 있다. 여기서 사찰까지는 무려 5.4km 더 가야 한다. 신라 불교 성지라는 상징성을 갖추려 한 뜻으로 보인다.

양쪽에 들판을 끼고 가다 삼거리를 우회전해 왼쪽에 저수지용수골못를 지나면서 산속으로 들어가는데, 도중에 식당가를 지나면 굽이굽이 오르는 길이다. 절에 가까워지면 소규모 주차장이 나온다. 절 앞까지 세 곳에 있지만 아래쪽에 세우고 걸어가다 보면 여인이 물구나무를 선 것처럼 야릇한 나녀송裸女松을 만난다.

먼저 경내 제일 안쪽으로 들어가면 특이한 형태의 석탑이 묘한 분위기를 자아낸다. 화엄석탑으로도 불리는 이 탑은 기존의 탑 형식을 초월한 구조다. 기단부에 해당하는 돌은 장방형으로 다듬어 일렬로 세웠고, 그 위에 벽돌처럼 다듬은 돌을 벽돌쌓기 방법으로 2개 층을 만들었다. 다시 그 위의 2개 층은 기존의 탑 양식을 채택했는데 국내에서 유례를 찾아볼 수 없는 탑이다. 고려 시대 세운 것으로 추정한다.

그곳의 극락전 건물은 매우 고즈넉한 풍을 자아낸다. 화강암을 다듬어 사각형으로 기단을 쌓은 후 정면 3칸, 측면 3칸으로 거의 정사각형의 건물을 올렸다. 네 모퉁이를 떠받친 활주도 눈길 끈다. 내부에는 1645년에 조성한 목조아미타여래좌상과 1876년에 조성한 아미타후불

화엄석탑

극락전

탱을 봉안하고 있다.

숲 쪽 문을 나가면 아도화상의 사적비와 좌선대가 있다. 사적비는 1655년 세운 것으로, 아도화상의 일대기와 신라에 들어와 불교를 전한 내용을 담고 있다. 아래쪽 넓적 바위가 좌선대다. 아도화상의 예언대로 모례가 자기 집에 갑자기 자란 칡덩굴을 따라오니 이곳에 아도화상이 앉아 있어 모례의 시주로 여기에 절을 지었다는 이야기도 갖고 있다.

극락전 뒤로 가면 석종형 세존사리탑이 있다. 칠성각 밖에 있을 때 도굴로 방치되었던 것을 이곳에 다시 조성했는데 다행히 도굴을 당하지 않았다. 사리탑은 조선 중엽에 조성한 것으로 추정하는데, 1977년 복원하다가 내부에서 8세기 무렵 제작된 것으로 보이는 금동육각사리함과 사리가 나와 세상을 깜짝 놀라게 했다. 보통은 사각이나 팔각인

1. 아도화상 좌선대와 사적비 2. 아도화상 동상

데 육각인데다 사천왕 등 정교한 새김 그림도 뛰어난 작품이다. 특히 사리는 매우 투명하며 국내서 가장 가치가 높은 것이라는 평가를 받았다. 아도화상이 가져온 것으로 보고 있다. 육각사리함은 이웃 김천 직지사 성보박물관에서 소장하고 있다.

'태조선원太祖禪院'·'도리사桃李寺' 현판을 단 건물은 스님들이 수행하는 선방으로, 한때 성철 스님도 수행 정진했다 한다. 규모가 크지만 편안한 한옥 느낌을 준다. 앞에서 보면 'ㅡ'자형이지만 실제론 'ㄷ'자형 건물이다.

아담한 경내 중심부엔 아도화상의 동상이 있다. 신라 땅에 불교를 전파한 개척자의 동상이다.

동상에서 왼쪽 길로 가다 오른쪽의 계단 위에 오르면 적멸보궁이다. 우리나라엔 5대 적멸보궁 외에도 실제로 적멸보궁을 갖춘 사찰은 매

적멸보궁과 금동사리탑

우 많다. 1987년 보궁 뒤편에 세존사리탑을 다시 조성해 발견된 사리 1과를 봉안했다. 극락전 중심 사찰에서 적멸보궁이 세워지자 더 많은 순례객이 찾는다.

　적멸보궁 앞에서 남쪽을 내다보면 세상이 활짝 열린 것처럼 광활한 땅과 하늘이 어우러져 펼쳐진다. 멀리 유유히 흐르는 낙동강도 바라다 보인다. 도리사를 짓고 이곳에 올라 제자들이 다음 사찰은 어디에 지어야 하는지를 묻자 아도화상은 낙동강 건너편 서쪽 황악산을 가리켰는데 그곳에 사찰을 짓고 직지사直指寺라 했다. 아도가 손가락으로 가리켰다는 데서 이름을 직지사라 지었다는 설을 갖고 있다.

　샘물로 목을 축이고 휴게실에서 잠시 쉴 수도 있는 정겨운 산사다.

　도리사, 즉 신라 불교 발상지는 태조산 너머에 있는 도개면 도개리다. 불도가 열린 마을이라 하여 '도개리道開里'라 지었다 한다. 모례의 집이 있었던 마을이다. 이 역시 도리사에 오면 반드시 함께 봐야 할 신라 불교 발상지이자 성지이다.

전 모례가 정

도개리는 지금 신라 불교 초전지라는 상징성을 부여해 대대적인 성역화 작업이 이루어지고 있다. 마을 안에는 모례네 우물로 전해오는 유적이 있다. 3m 깊이의 우물은 직사각형 석재로 마감돼 있고 '전 모례가 정傳毛禮家井'이라는 명칭으로 문화재로 등재돼 있다. 또 골목에는 당시를 상기시키는 벽화도 그려져 있다.

예로부터 전해오는 이야기로는, 모례라는 사람은 이 고장에서 매우 부유했다. 아도화상은 모례의 머슴이 되어 소 1000마리, 양 1000마리의 가축을 잘 길렀다고 한다. 그래서 이곳에 '소천골', '양천골'이라는 지명도 생겨났다.

이 마을에서 전해오는 말이, '모례毛禮'는 우리말 뜻 발음으로 '털례'라고 했는데 사람들이 저녁만 되면 신기한 부처님 이야기를 들으러 "털례 가자."라고 했고 이 말이 변해 "절에 가자."가 되었다고 한다. 오랜 구전이다.

* **도리사에서 꼭 봐야 할 것들**
 극락전, 화엄석탑, 아도화상 사적비, 좌선대, 석종형 세존사리탑, 태조선원, 아도화상 동상, 적멸보궁, 세존사리탑, 남쪽 풍경, 샘물, 도개리 신라 불교 초전지, 전 모례가 정, 골목벽화

통일약사대불

3편

대구 팔공산 동화사

진화하는 약사신앙

진표율사 계승한
법상종

팔공산은 신라 시대부터 5악 중 중악中岳으로, 제를 올리던 신라인의 영산이었다. 나라에서 제를 올리기 위해 지정한 산은 그 산세 기운이 각별했다는 믿음이 있었다.

신라 이후 고려, 조선을 거치면서도 도읍지의 원근을 떠나 조정과 왕실에서는 각별한 애착을 가져왔다. 신라는 선덕여왕의 숭모제부인사를 모셨고, 민애왕의 명복을 삼층석탑동화사 비로암에 담아 빌었으며, 고려는 초조 대장경을 봉안부인사했고, 조선의 영조는 팔공산의 사찰파계사을 원찰로 삼았다.

팔공산을 지배한 자는 항상 역사 무대의 주인공이 되었다. 김유신은 팔공산에서 삼국통일의 꿈을 다져 뜻을 이뤘고, 견훤은 왕건과 팔공산에서 치열한 쟁탈전을 벌여 이김으로써 신라 경애왕을 자결시켰다.

원래 공산公山이라 불렸던 팔공산八公山 이름의 유래는 여러 가지 전한다. 그중 하나가 왕건이 견훤과의 전투에서 사로잡힐 위기에 처했을 때 8명의 부하가 목숨을 바쳐 구했다 해서 고려 초부터 팔공산이라 불리게 됐다고 한다. 이외 여덟 고을에 걸쳐 있다는 설, 8간자를 봉안했기 때문이라는 설, 여덟 성인이 득도했기 때문이라는 설 등이 있다.

이 팔공산의 중심 사찰이 동화사다. 493년 극달화상極達和尙이 유가사瑜伽寺로 창건하고 832년 심지왕사心地王師가 중창했다고 한다. 그때 겨울에 절 주위에 오동나무꽃이 만발해 동화사桐華寺로 이름을 고쳤다 한다. 그러나 법상종 성격의 유가사 사명이 쓰인 것은 너무 일러 시기상 맞지 않아 심지왕사가 중창한 시점을 실질적인 창건으로 본다.

다른 하나는 진표율사가 제자 영심에게 전한 불골간자佛骨簡子를 심지왕사가 법주사에 가서 받아와 팔공산에서 불간자를 날려 떨어진 자리에 동화사를 세웠다는 『삼국유사』의 이야기도 있다.

이렇게 볼 때 심지왕사가 832년 창건하면서 동화사로 불렀다는 것을

사명대사 유정 [사진=동화사 성보박물관 소장]

알 수 있다. 심지왕사는 실제 법주사에 가서 영심 스님에게 불간자를 받아왔는데, 일연 스님은 이를 『삼국유사』에서 '심지가 진표율사의 법을 이었다心地繼祖'고 했다.

따라서 동화사는 진표율사가 법상종의 근본 도량으로 삼은 금산사, 그리고 제자 영심의 법주사와 함께 미륵신앙을 중심으로 하는 법상종 3대 사찰이 되었다.

고려 시대에 동화사는 법상종 사찰의 위상을 더욱 높였고 영조·지눌·홍진 등 고승 대덕이 중창한 기록을 남겼다. 1319년에는 현승이 통도사에서 부처님 진신사리 5과를 가져와 봉안하고 법회를 열었다고 한다.

조선 시대에는 사명대사가 임진왜란 때 큰 족적을 남겼으며 관련 유물이 지금도 동화사 성보박물관에 있다.

약사여래에 담은 통일 염원

동화사는 경내 영역이 넓다. 따라서 비로전비로암 영역, 대웅전 영역, 극락전금당선원 영역, 통일약사여래대불 영역으로 구분해서 둘러보면 알차게 여행할 수 있다. 출입문이 두 곳에 있다. 절 입구 삼거리에서 우회전하면 봉황문에 주차하고 10여 분 걷는 코스이고, 좌회전하면 절 옆 동화문 주차장까지 갈 수 있다. 편의상 동화문 주차장으로 시작해 본다.

주차장에서 사찰로 향하는 초입 우측 길로 들어가면 바로 비로암이다. 여긴 장보고張保皐까지 얽힌 신라 후기 왕족 간 골육상쟁 역사가 담겨 있다. 제42대 흥덕왕이 후사 없이 죽자 그의 4촌 동생 김균정과 5촌 조카 김제륭이 왕권 투쟁을 벌였다. 이때 궁궐 안 전투에서 김명金明이 김제륭을 지원해 제43대 희강왕으로 등극시켰고 패퇴한 김균정의 아들 김우징은 청해진 장보고에게 의탁했다. 2년 뒤 김명이 쿠데타를 일으켜 자신이 옹립한 희강왕을 자결시키고 제44대 민애왕閔哀王이 되었다. 이때 김우징이 장보고의 지원을 받아 나주와 대구 전투에서 승리하자 민애왕은 민가로 도주했다가 23살 나이로 피살됐다. 김우징이 제45대 신무왕이 되었다. 이때가 839년이다. 민애왕은 말 그대로 칼로 흥한 자, 칼로 망했다. 세월이 흘러 863년 희강왕의 손자인 제48대

1000여 년의 핏빛 역사 비로암 삼층석탑

경문왕景文王(재위 861~875)이 두 집안의 갈등을 해소하고 민애왕의 명복을 빌어주기 위해 동화사에 탑을 세워 사리 항아리를 봉안하고 추모의 글을 새겼다. 여기에 심지왕사의 이름도 남겼다. 1967년 비로암 삼층석탑에서 그 유물이 발견돼 1200년 전 핏빛 역사를 실감케 했다.

이제 중심 법당인 대웅전 영역으로 향한다. 용호문 사천왕문을 들어서고 '봉황이 깃든 누각' 봉서루鳳棲樓로 다가가면 계단 앞에 평평한 자연석이 있는데 공룡의 꼬리로 상징된다. 그 아래 공룡알 바위 3개가 있다. 진입해서 돌아다보면 '영남치영아문嶺南緇營牙門' 현판이 걸려 있다. 임진왜란 때 사명대사가 영남도총섭으로 동화사에서 승병을 지휘했던 흔적이다.

대웅전은 높은 기단 위에 장엄하게 지어진 18세기 초반 양식이다.

전면 3칸 문에 장식된 문양이 아름답다. 내부에는 석가모니를 중심으로 아미타여래, 약사여래를 봉안하고 있다. 앞마당엔 오래된 괘불석주와 노주 2개가 남아 있다. 한국 전쟁 당시 월남한 사람이 뒤뜰에 금괴 40kg을 묻어 두었다는 이야기로 한때 떠들썩하기도 했다. 대웅전 마당을 중심으로 법화당과 화엄당이 묘한 대비를 이루고 대웅전 좌우와 뒤편으로 심검당·산신각·영산전 등이 배치돼 있다.

극락전 영역은 동쪽 기슭에 있다. 스님들이 수행하는 금당선원과 함께 있다. 창건 당시 심지왕사가 날린 불골간자가 떨어져 절을 지은 터로 추정하는 곳이다. 한국 불교 선맥의 훌륭한 선사를 배출한 곳이다. 한때 성철 스님도 머물렀다. 극락전과 9세기 양식을 한 2기의 삼층석탑 동서 삼층석탑, 그리고 수마제전須摩提殿을 둘러보며 잠시 스스로에게 참선 화두를 던져보는 것도 좋겠다. '수마제'는 '극락'이란 뜻으로 '수마제전'은 결국 또 하나의 극락전인 셈이다. 1702년에 지었다. 내부에는 금동아미타불상이 있다.

대웅전

1. 봉황꼬리 바위와 알 **2.** 당간지주

아래쪽 통일약사대불로 가는 길 탑비군에는 '인악당仁嶽堂'이라는 편액의 인악대사仁嶽大師(1746~1796년) 비가 있다. 정조 임금으로부터 문장이 뛰어나다는 칭찬을 받은 대사는 대구에서 출생해 대구 용연사로 출가했고 팔공산을 비롯 전국을 다니며 불법을 강연했다. 비와 진영은 동화사에 있고 부도는 용연사에 있다.

동화사 당간지주는 창건 당시 세워진 것으로 추정돼 가치가 높다. 특별한 장식은 없지만 튼실한 느낌을 준다.

내리막길을 잠시 내려가 계단을 오르면 갑자기 새로운 세상이 활짝 열린다. 33m 높이의 통일약사대불이 시선을 압도한다. 앞쪽의 동탑과 서탑부터 저 멀리 대불까지 모두 1992년에 조성했다. 동화사는 신라시대 이래 약사여래와 인연이 깊다. 봉황문 앞 마애약사여래좌상이 있고 염불암 뒤편에도 약사여래입상이 있다. 이제 다시 약사신앙의 중심

극락전과 동탑, 금당선원

도량으로 도약하고 있다. 이 약사대불에 쓰인 돌은 익산의 황동석으로, 무려 1만 2000톤이 사용됐다 한다. 동화사는 이 약사대불에 '통일'을 기원하는 불상으로 조성했다. 그래서 이름이 '통일약사대불'이다. 민족의 염원을 팔공산의 역사성을 바탕으로 동화사가 분단의 아픔을 치유하고 민족 대화합을 표현한 불상이다. 지하에는 불교문화관 국제관 광선체험관이 조성되어 있다.

입구 건물은 통일약사대불과 함께 지은 전각으로, 지하와 1층, 2층은 성보박물관이며, 3층은 약사대불을 바라보며 예불을 올리는 곳이다.

성보박물관 역시 봐야 할 것들이 넘쳐난다. 특히 임진왜란 때 의승병 기지로 삼았던 사명대사의 유품이 눈길 끈다. 이외 다양한 불화와 고승들의 진영 등이 함께한다.

주차장에서 내려가다 삼거리에서 좌회전해 봉황문 앞의 마애불좌상도 보는 게 좋다. 실질적인 창건주 심지왕사가 조성한 것으로 전해온다. 높은 곳에 있지만 섬세한 조각 솜씨를 느낄 수 있다.

* **동화사에서 꼭 봐야 할 것들**
  비로암 삼층석탑(민애왕 유적), 봉서루 공룡알 바위, 영남치영아문 현판, 대웅전 문 꽃문양, 괘불석주와 노주, 금당선원, 극락전, 동서 삼층석탑, 수마제전, 인악대사 비, 당간지주, 통일약사대불, 성보박물관, 마애불좌상

보림사 가을 풍경

4편

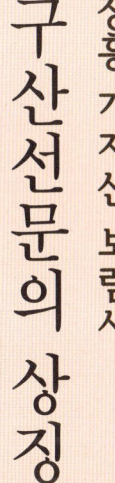

장흥 가지산 보림사

구산선문의 상징

'조계종 종조'
도의선사 가지산문

어머니가 잉태한 지 39개월 만에 태어났다는 명적明寂 스님이 784년 당나라로 유학을 떠났다. 중국 오대산에서 문수보살의 감응을 얻은 후 조계曹溪로 가서 육조 혜능慧能을 모신 조사당祖師堂을 참배했는데, 이때 조사당의 문이 저절로 열리고 닫혔다. 혜능의 선禪과 통했음을 의미한다.

명적은 마조 도일馬祖道一(709~788년)의 법맥을 이은 서당 지장西堂智藏(735~814년)을 찾아 선의 구법을 청했다. 훌륭한 제자를 얻은 스승은 명적에게 도의道義라는 이름을 내렸다.

도의는 37년 동안 당나라에 머물다 821년 귀국했다. 교종 승려로 떠났다가 선종 승려가 되어 돌아온 도의에게 교학의 신라 불교는 설 자리를 주지 않았다.

8~9세기 신라의 많은 승려가 중국에 선진 불교를 배우러 떠나 경전의 교리에 얽매이지 않고 '마음'으로 체득하는 '새로운 불교'에 눈을 뜨기 시작했다. 고국에서 화엄종·법상종 중심의 교학불교만 알았던 승려들은 중국에서 새 바람이 불던 선불교를 배우고 돌아온 것이다. 그러나 신라의 기존 교학불교는 선불교를 철저히 이단시했다. 걸출한 인물들이 선진 불교를 배우고 왔지만 이들은 신라 불교에서 아웃 사이더였고, 할 수 없이 경주에서 먼 변방에 은거했다.

도의는 선불교가 정착하기까지 시간이 필요함을 직감하고 설악산 진전사陳田寺로 들어가 제자 염거廉居에게 남종선을 전하고 입적했다. 염거는 다시 제자 체징體澄에게 스승의 법맥을 전했고 체징은 전라남도 장흥 가지산에 선문 가지산파迦智山派를 세워 크게 선풍을 떨쳤다. 이때 헌안왕憲安王(재위 857~861년)은 체징을 경주로 불렀으나 오지 않자 그가 머무는 절에 '보림사寶林寺'란 이름을 내렸다. 헌안왕은 후궁과의 사이에서 궁예를 낳은 인물이라고 『삼국사기』는 전한다.

매화보살

보조선사 체징이 가지산문을 연 후 도의를 개조開祖(제1세), 염거를 제2세, 자신을 제3세라고 대외에 선포하자 사람들이 구름떼처럼 몰렸다. 『삼국유사』를 쓴 일연 스님도 가지산문에 속했다. 이를 전후해 각지에 9개의 산문이 열리니, 이것이 구산선문九山禪門이다.

도의선사는 한국 불교에서 선의 종조宗祖가 되었으며, 이는 다시 오늘날 대한불교 조계종의 종조가 되었으니 조계종의 뿌리인 것이다. 조계종은 도의선사에서 기원하고 보조국사 지눌의 선교일치 정신을 이어받아 보우국사 태고가 구산을 통합하면서 공식 등장했다. 남이 미처 가지 않았던, 새 길을 낸 선구자였다.

보림사는 그 100년 전 원표 대덕元表大德이 가지산사迦智山寺를 세운 자리다. 여기엔 매화보살 전설이 있다. 매화보살은 지리산 천왕봉의 딸로, 이곳에 와서 살려고 하는데 용 9마리와 이무기 때문에 뜻을 이룰 수 없자 원표 스님에게 부탁해 쫓아내고 절터를 잡았다는 것이다. 그 사찰에서만 전해오는 고유 전설은 그 나름대로의 듣는 재미와 행간의 의미가 있다 하겠다. 전설이 있어야 천년고찰의 신비로움도 더해지는 법이다. 이 신비로운 주인공을 만나볼 수 있다. 대적광전 안의 왼쪽 벽에 희귀한 매화보살 영정이 걸려 있으니 천년의 전설을 따라 보림사를 음미해볼 수 있다. 보림사만의 볼거리다.

조선 태종 때 장흥 지역 자복사資福寺로 지정됐고, 효종 때 국가 수호 사찰이 되었다.

가지산迦智山은 인도와 중국에서도 유명한 사찰들로 불교가 융성한 산에 공통으로 부르는 산 이름이다. '가지迦智'는 '석가의 지혜'란 뜻이다.

'보배의 숲'을 뜻하는 인도·중국·한국의 보림사寶林寺를 '3보림'이라 부른다.

'왕권 회복의 희망' 철조비로자나불

조선 시대 도읍지 한양의 광화문에서 정동쪽으로 가면 정동진이 있다. 마찬가지로 정남쪽으로 가면 정남진正南津이 있는데 그곳이 장흥이다. 장흥 보림사는 장흥과 나주, 화순, 보성의 중간 지점 가지산 서남쪽에 자리 잡았다.

탐진호의 상류에 위치해 가지산을 등지고 앞엔 탐진천을 둔 전형적인 배산임수의 터전이다. 산속임에도 절터는 매우 넓다. 또한 절 앞에 넓은 수변 공원이 있는데 원래 마을이 있었으나 2000년 초 모두 이주

대적광전과 동서 삼층석탑

해서 남은 터라 한다.

 6·25 한국 전쟁 때 일주문과 사천왕문을 제외하고 모두 소실됐다. 이 넓은 터에 아직은 전각이 많지 않지만 보림사는 이제 일선 주지 스님의 원력으로 하나씩 채워가고 있는 사찰이다. 운 좋은 날엔 일선 스님의 의료 체조 오금희도 감상할 수 있다. 보림사는 중요한 국보와 보물 유적도 수두룩하다.

 일주문 앞에 서면 지붕과 처마가 예사롭잖아 옛 영화를 짐작케 한다. 여러 겹으로 중첩된 포작이 웅장하게 비친다. 들어가는 쪽 현판은 '가지산 보림사'이지만 들어가서 보면 '선종대가람'이다. 가지산문의 정체성을 보여준다.

 이어 사천문四天門이다. 여기 사천왕상에서는 1300년대 책과 『월인석보』등 수많은 서책이 1995년 발견돼 화제를 모았다.『월인석보』등 몇 종은 보물로 지정된 귀중한 유물이다. 사천문을 들어서면 매우 넓은 광장이 펼쳐지고 저 멀리 정면에 삼층석탑과 대적광전이 위치한다.

삼층석탑은 같은 모양으로 두 기가 서 있다. 두 개의 기단 위에 삼층 탑신을 얹고 머리 장식을 한 전형적인 통일 신라 석탑이다. 두 탑 사이에는 같은 시기870년에 만들어진 것으로 보이는 석등이 있다. 바닥돌 위에 연꽃을 새긴 팔각의 받침돌, 팔각 화사석 위의 지붕돌 모서리에 새긴 꽃장식이 볼 만하다. 이 탑과 석등은 일찍부터 귀한 몸국보 제44호이 됐다.

대적광전은 새로 지은 단층 건물이다. 중요한 건 내부의 검은 불상이다. 철로 만들었기 때문에 검다. 그리 흔치 않은 철조불상은 나말여초에 잠시 유행했다. 철은 동銅에 비해 조각술이 어렵다. 그럼에도 보림사 철조비로자나불좌상은 가히 수작이란 평가다. 858년헌안왕 2년에 당시 관리이자 서예가였던 김언경金彦卿이 자신의 봉급을 시주해 만들었으니 보림사 창건 유물이다.

비로자나불을 모신 것은, 당시 신라는 왕실의 권위 약화와 지방 호족 세력의 난립으로 어수선했던 시절이었으므로 헌안왕은 왕실의 위상을 높임과 동시에 비로자나 장육상을 봉안해 민심 수습과 화합을 위한 의지를 표명한 것이라는 분석이다. 김헌창의 난 이후 민심을 수습하고, 청해진 장보고의 우호 지역인 보림사에 체징을 머물게 한 것이 바로 그러한 이유 때문이라는 것이다.

이 철조비로자나불은 한국 전쟁 때 앞으로 쓰러져 있던 것을 주민들이 일으켜 세우니 피를 흘리고 있었다고 한다. 실은 화재로 철이 녹아내린 것이었지만 주민들은 안타까운 마음에 그렇게 표현한 것이다.

대웅보전은 웅장한 2층으로 대적광전과 대비된다.

보림사 마당 한가운데 있는 약수는 1급수로 한국의 명수로 불린다. 매화보살을 괴롭힌 전설 속 용들이 살던 연못이었는데 다 메우고 남은 부분이라고 한다. 깊이가 매우 깊지만 돌로 메워 지금의 상태가 되었는데 물고기와 다슬기도 산다. 아무리 가물어도 이 물은 마른 적이 없다고 한다. 물맛에 약간의 철분 향이 난다.

대웅보전 옆 명부전 지붕에는 쌍룡이 양쪽 끝에 각각 하나씩 조각돼 있고 중앙에는 사자 상이 있다. 눈여겨보지 않으면 놓칠 수 있다.

철조비로자나불좌상

산쪽 잔디밭엔 '보조선사탑비'가 있다. 왕은 체징의 시호를 '보조선사'라 하고, 탑 이름을 '창성彰聖'이라 내렸다. 거북받침돌에 용머리를 했으며 등엔 육각형 무늬로 장식했다. 그 위에 비 몸을 세우고 머릿돌을 얹었다. 비의 몸돌에는 보조선사에 대한 기록이 있는데, 김영이 비문을 짓고 김원과 김언경이 글씨를 썼다. 당시 조형물을 대표하는 뛰어난 작품이란 평가다. 탑비 위쪽엔 '보조선사탑'이 있다. 바닥 돌부터 지붕돌까지 모두 팔각으로 조각한 것이 전형적인 통일 신라풍이다. 기

1. 보조선사탑 2. 보조선사 창성탑비

단 아래 받침돌에 구름무늬를 입체적으로 조각했다. 몸체 돌에는 문짝·열쇠 등의 조각과 신장상이 있다.

보조선사탑 옆에 목이 떨어져 나간 미륵부처상은 장흥 읍내 가건물 철거 때 중장비가 잘못 건드려 파손됐는데 깨뜨린 사람도 목숨을 잃었다 한다.

절 주변에 비자나무 약 300그루와 야생 차나무가 많이 자라고 있다.

사찰 앞쪽 산비탈 8기의 부도는 동부도라 불린다. 그 중 맨 위쪽 부도는 매우 뛰어난 작품으로 평가받는다. 서부도로 불리는 서승탑은 절 앞 도로에서 북서쪽으로 1.2km 지점 봉덕리에 있다. 지완智宛 스님이 아름답게 가꾼 보현암普賢庵(장흥군 유치면 봉덕리 산 50)에 2기의 고려 중기 부도 서승탑西僧塔이 있다. 팔각원당형 불탑으로 조각 수법과 장식성이 뛰어나 둘 다 보물로 지정된 것으로, 보림사와 함께 꼭 봐야 할 문화재

보현암과 서승탑 2기

다. 지완 스님은 방문자에게 언제나 다정하게 차를 권하니 발걸음이 자석처럼 끌려간다.

또 가까운 장동면의 용화사에 가면 희귀한 석상을 만날 수 있다. 땅속에 묻혀있던 백제 시대 약사여래로 추정되는 석상이다. 주지 서응瑞應 스님의 자랑만큼이나 볼 만한 걸작이다.

* 보림사에서 꼭 봐야 할 것들
  일주문, 삼층석탑, 석등, 대적광전 내 철조비로자나불좌상, 대적광전 내 매화보살, 대웅보전, 명부전 지붕 쌍룡과 사자상, 약수, 보조선사 부도, 보조선사 부도비, 목 없는 미륵보살상, 동부도, 비자림, 서승탑(보현암)

능파교

5편

고성 금강산 건봉사

극락왕생 이적 아미타 정토

만일염불회
처음 시작한 곳

　서기 758년 경덕왕 시절, 발징화상發徵和尙이 금강산 원각사를 중수하고 정신·양순 등 스님 31명과 '만일염불회萬日念佛會'에 들어갔다. 이때 신도 1820명도 참가하여 120명은 의복을, 1700명은 음식을 준비해 스님을 봉양했다. 1만일이 되던 787년 어느 날, 스님들이 모두 공중에 떠올라 반야용선을 타고 서방정토로 가는 이적이 일어났다. 그후 신도들도 차례로 모두 아미타불의 가피로 극락왕생해 이 절은 아미타 염불도량이 되었다. 극락왕생한 스님들의 육신과 법구를 다비한 후 모신 등공대騰空臺가 이곳에 남아 있다.

　우리나라 최초의 만일염불회다. 이후 19세기에 이르러 세 차례 더 만일염불회를 열었다. 1만 일이면 27년이 넘는 세월이다. 도반의 신앙 공동체가 결사해 매일 '아미타부처님'을 소리내어 암송하며 비는 일이다.

　원각사圓覺寺는 신라 법흥왕이 불교를 공인하기 7년 전, 520년 아도화상이 금강산 동남쪽 계곡에 창건했다고 전한다. 이후 신라 말 도선국사가 중건하면서 서봉사西鳳寺라 고쳐 불렀다. 서쪽에 봉황 같은 바위가 있다 해서다. 고려 말 공민왕 때인 1358년엔 나옹화상懶翁和尙이 중수한 후 건봉사乾鳳寺라 개명해 오늘에 이른다. '건乾'은 『주역』 '건방乾方'에서 따온 말로 '정북正北'과 '정서正西'의 중간 방향을 뜻한다. 따라서 서봉사보다 좀 더 구체적인 방향을 제시한 이름이라 하겠다. 나옹화상이 머

건봉사 전경

문 후 염불과 선·교를 두루 수행한 사찰로 변모했다.

'금강산金剛山'은 『화엄경』에서 '담무갈보살曇無竭菩薩(법기보살이라고도 함)이 금강산에서 1만 2000 권속을 거느리고 설법한다'는 내용에서 지은 산 이름이다. 그래서 '금강산 일만 이천봉'이라는 말이 여기서 나왔다. 원래 풍악산이라 부르던 산을 고려 승려들이 담무갈보살의 상주처로 삼으면서 금강산으로 불리게 됐다. 금강diamond처럼 깨지지 않는 불법을 이어가겠다는 뜻이다. 결혼식 때 신랑 신부가 다이아몬드 반지를 교환하는 것도 둘의 사랑이 깨지지 않게 하겠다는 의미다. 금상산의 최고봉인 비로봉은 『화엄경』의 주불인 비로자나불에서 온 말이다.

조선 세조는 건봉사에 행차해 자신의 원당으로 삼아 어실각을 짓게 하고 전답을 하사했다. 그 후 효령대군·한명회·신숙주 등을 파견해 노비와 미역밭, 염전을 추가로 하사하고 사방 십 리 안을 모두 사찰의 재산으로 삼게 했다. 전성기 때 건봉사는 3200칸에 가까운 대찰이었다고 한다.

순조純祖의 왕비 순원왕후 김씨도 금·오동향로·오동화준·양산 등을 건봉사에 보내왔으나 해방 이후 사라졌다. 왕실과 대대로 인연을 맺어온 사찰이다.

건봉사는 역사상 유난히 일본과 항쟁한 사찰로 각인됐다. 임진왜란을 맞아 사명대사가 승병을 일으킨 곳으로 유명하다. 사명대사는 스승 서산대사의 지시로 승병을 모집한 후 평양성 탈환에 크게 기여했고 이후 전국을 다니며 왜적을 무찔러 그의 흔적은 전국에 산재한다.

일제 강점기에는 건봉사에 출가했던 정남용鄭南用 스님이 3·1운동 후 대동단에 가입해 활동하다 옥사했다. 건봉사는 1906년 신학문의 산실 봉림학교를 설립해 인재를 양성하는 진보적인 활동도 펼쳤다. 사찰이 교육 기관을 설립해 쓰러져가던 나라를 바로 세우려 했지만 일제의 힘에 더 버티진 못하고 폐교됐다.

치아사리
또 하나의 이적

도로에서 건봉사 길로 진입하면 넓은 터에 사명대사 동상이 눈에 들어온다. 사명대사는 '나라가 있어야 부처가 있다'는 일념으로 승병을 모집해 맹활약했다. 바로 건봉사가 처음 승병을 모집해 훈련했던 곳이다. 근처엔 건봉사 역대 고승들의 부도밭이 펼쳐져 있어 사찰의 내력을 감지할 수 있다.

1. 불이문과 팽나무 2. 돌솟대

　동상 앞 삼거리에서 사찰 쪽으로 접어들어 300m 지점에 이르면 두 갈래 길이 나오는데, 왼쪽 길로 가면 주차장과 일주문이 있다. 불이문 현판을 단 일주문은 기둥이 4개다. 현판은 해강 김규진의 글씨다. 각각 석재로 된 원주를 세우고 그 위에 나무 기둥을 올렸다. 석주에 금강저 그림을 새겼는데 사찰을 지키겠다는 결의의 표현이다. 천왕문이 따로 없고 일주문이 두 문의 역할을 겸하고 있다. 건봉사 일대는 6·25때 16차례 공방전을 벌인 가장 치열한 격전지에 속했다. 때문에 가람이 모두 불탔지만 유일하게 일주문만 살아남았다. 바로 옆의 500년 된 팽나무가 지켜줬다는 이야기가 전해온다.
　조금 들어가면 왼쪽 석축 위에 보기 드문 돌솟대가 나온다. 기둥의 사면으로 글이 새겨져 있는데 한글로 '나무아미타불'도 있어 아미타 도량의 이적을 알리는 듯 다가온다. 맨 위엔 오리처럼 생긴 새가 있는데 사찰명을 감안하고 보면 봉황으로 느껴진다.

십바라밀 석주

　건봉사는 개울을 따라 영역이 두 개로 나뉘어진다. 그 연결 통로가 능파교凌波橋다. 전쟁의 참화로 파괴되어 다시 보수한 돌이 고풍미는 없지만 개울 위에 가로지르는 이 무지개다리는 역시 아름답다. 조선 숙종 때1707년 대웅전과 극락전 영역을 연결하기 위해 처음 건설한 보물이다. '능파'란 말은 '거친 물결에도 아랑곳하지 않고 그 위를 살랑살랑 걷는 미인의 걸음걸이'를 형용한 말이다.

　생명을 앗아갈 거센 물살을 비웃듯 위에서 여유로운 풍류를 즐기는 모습을 상상해보라. 조선 중엽 지리산 옛 신흥사 앞 개울 위에 '능파각'이 세워진 적이 있다. 물길 위에서 풍류를 즐기던 아름다운 누각으로, 서산대사도 그곳에서 감탄한 누각이다. 그러니 험한 세상의 다리가 되어주는 것이 또한 능파교인 셈이다.

　능파교를 건너면 또 낯선 유물을 만난다. 다리 양 끝에 각각 세워진 사각형의 석기둥, 십바라밀十波羅蜜이다. 이승의 번뇌를 해탈하기 위해

만일염불원

실천해야 할 10단계 수행을 뜻한다. 다리를 건너면서 해탈하라는 뜻이다.

앞의 문을 들어서면 대웅전이다. 동절기에 가면 이곳이 얼마나 추운가를 대웅전 문에 둘러친 비닐에서도 느낄 수 있다.

우측의 건물은 만일염불원으로 넓은 강당이 있고 그 안에 석가모니 치아진신사리 5과가 있다. 사연이 많았던 이 치아사리를 관람할 수 있게 배려했다. 자장율사가 당나라에서 가져온 것으로 통도사에 모셨던 것을 임진왜란 때 왜군이 탈취해갔고, 사명대사가 1605년 일본에 강화사로 갔을 때 찾아와 건봉사에 나눠 1606년 봉안했다. 이는 1986년 도굴되면서 모든 사실이 알려졌다. 도굴꾼들은 1986년 6월 10일, 민통선 이북지역인 이곳에 '모 대학 건봉사 복원조사단'이라는 위장 출입증으로 검문소를 통과해 치아사리를 훔쳐 달아났다. 그런데 그달 하순께 꿈에 부처님이 며칠씩 나타나 "사리를 돌려주라."라고 꾸짖자 겁에 질

1. 적멸보궁 뒤 2. 건봉사 소나무

렸다. 7월 14일, 주범이 공범을 시켜 서울 봉천동 모 호텔로 찾아가 훔친 사리 12과 중 8과를 맡겨놓고 달아났다. 나머지 4과는 다른 공범이 가진 채 달아나 오리무중이다. 이렇게 되찾은 8과 중 5과는 참배자들에게 친견할 수 있게 전시했고 나머지 3과는 적멸보궁 뒤 사리탑에 봉안했다. 사라진 4과가 속히 돌아오길 기다릴 뿐이다. 이렇게 찾은 것 자체도 또 하나의 이적이다. 대웅전과 명부전 사이로 200m 정도 가면 산비탈에 장군샘 광천수가 졸졸 흘러나온다. 임진왜란 때 사명대사의 의승병 6000명이 마신 물이니 나라를 구한 샘물이다.

　근처에 등공대 가는 길이 있지만 일정 인원을 갖춰 신청하면 안내자와 함께 갈 수 있다. 군사 지역이라 개별 입장은 불가하다.

　능파교를 건너 나오면 극락전 영역이다. 지금의 극락전은 최근에 다시 지었다. 주변 땅은 과거 절터였으나 앞으로 하나씩 채워갈 공간으로 남아 있다.

1300년 전 금강산 아미타 정토에서 극락왕생의 이적을 보인 건봉사는 극락전이 또 하나의 상징물인 셈이다. 극락전 옆길로 오르면 아름다운 연못 정원을 지나 적멸보궁이 있다. 적멸보궁 뒤뜰엔 사명대사가 찾아온 석가모니 치아사리 3과를 봉안한 부도탑이 있다. 오래된 부도와 가까운 과거에 세운 부도 등 여러 개가 줄을 지었는데, 이는 과거 도난의 아픔 때문에 여러 개 탑 중 어느 한 곳에 봉안해 아무도 알 수 없게 했다고 한다. 성역에서 불미스러운 일이 발생했다는 것이 안타깝다.

극락전 영역 산 아래에는 키 큰 소나무 한 그루가 외로이 서 있다. 300년 넘게 살아오면서 온갖 화마를 다 이겨내고 독야청청한 소나무다. 자리를 피할 수도 없는 이 나무가 어떻게 피해가 없었는지, 이 역시 미스터리다. 이곳에서 대웅전 쪽을 바라보면 사찰 전경이 한눈에 들어온다.

나가는 길에 주차장 옆의 사명당 의승기념관에서 의승병 활동과 일본까지 가서 포로와 진신사리를 찾아오는데 앞장섰던 사명대사의 얼을 새기며, 앞서 걸어간 선현들의 자취를 살펴볼 수 있다. 만해 한용운 기념관도 함께 있다. 건물 옆에는 과거 건봉사 스님들이 곡식 저장용으로 썼던 돌확이 여러 개 있어 눈길 끈다.

* **건봉사에서 꼭 봐야 할 것들**
  사명대사 동상, 부도군, 불이문, 팽나무, 돌솟대, 능파교, 십바라밀, 대웅전, 만일염불원 내 석가모니 치아진신사리, 장군샘, 등공대, 극락전, 적멸보궁 뒤뜰 사리탑, 소나무, 사명당 의승기념관, 돌확

9장

여승사찰

천상의 정원

운문사
청암사
불영사
석남사
보탑사

비로전과 동서 삼층석탑

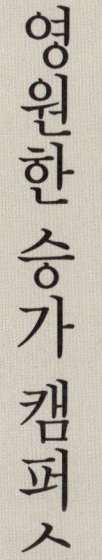

1편

청도 호거산 운문사

영원한 승가 캠퍼스

원광법사의
'화랑 세속오계'

보양법사寶壤法師가 중국 유학을 마치고 서해 중간쯤 이르렀을 때 용이 용궁으로 맞이해 시주한 후 아들 이목璃目을 따라 보내며 말하길, "지금 후삼국이 어지러워 작갑鵲岬에 절을 지어 머물면 적을 피할 수 있고, 수년 내 불법을 보호하는 어진 임금이 삼국을 평정할 것입니다."라고 말했다.

고국으로 돌아온 보양이 어느 산골짜기에 이르니 한 노승이 자신을 원광圓光(원광법사)이라며 도장이 든 상자를 건네주고 사라졌다. 보양법사는 없어진 절을 다시 세우려 북쪽 고개에 올라 바라보니 뜰에 5층 황색 탑이 보였다. 내려가 보니 흔적이 사라졌다. 다시 고개에 올라 바라보니 까치가 땅을 쪼고 있었다. 그제서야 용이 '작갑鵲岬'이라 한 말이 생각나서 까치가 쪼던 땅을 파보니 예전의 벽돌이 쏟아져 나왔다. 이 돌로 탑을 쌓아 완성하니 남은 벽돌이 하나도 없이 맞았다. 보양법사는 절을 창건하고 작갑사鵲岬寺라 이름 지었다. '작鵲'은 까치를 뜻한다.

고려 태조는 삼국을 통일한 후 보양법사가 이 절을 재건했다는 말을 듣고 937년 전지 500결을 하사하고 절 이름을 운문선사雲門禪寺라 지어 내렸다. 사액 사찰이 된 것이다. 태조는 앞서 동쪽을 정벌하러 청도에서 산적과 싸울 때 보양법사를 만나 산적을 제압할 방책을 구해 쉽게 이길 수 있었던 인연을 갖고 있었기에 보시한 것이다. 용궁에서 들은

정원 조경

'삼국을 평정할 어진 임금'이 바로 태조였던 것이다. '운문'은 당나라 선승 운문 문언雲門文偃 스님 이름에서 나온 말이다. 광동성 운문산에서 운문종을 창시한 고승이다.

원래 운문사는 앞서 557년진흥왕 18년에 한 신승神僧이 북대암 옆 금수동에 작은 암자를 짓고 3년 동안 수도하여 도를 깨닫고 560년 5갑사 건립을 시작했는데, 동쪽에 가슬갑사, 서쪽에 대비갑사현 대비사, 남쪽에 천문갑사, 북쪽에 소보갑사를 짓고 중앙에 대작갑사현 운문사를 창건했다. 현재 남은 곳은 운문사와 대비사다. 5갑사의 '갑岬'은 호랑이 흉맥을 누르기 위해 쓴 글자라고 한다.

그 후 600년 원광법사가 제1차 중창에 나서 대작갑사와 가슬갑사에 머물며 점찰법회를 열었다. 진흥왕이 불교를 중흥하고 삼국 통일을 위

대웅보전

해 국력과 군비를 정비한 직후다. 진흥왕은 사찰이 세워지자 자신의 원찰로 삼고 화랑들을 수련시키며 영토 확장을 꾀했다. 그러니 신라가 전성기를 맞이한 데에는 운문사의 역할이 컸음을 알 수 있다.

원광법사는 만년에 이곳에 머물며 화랑 정신을 전수했는데, 화랑 추항과 귀산에게 세속오계世俗五戒(사군이충·사친이효·교우이신·임전무퇴·살생유택)를 내려 줌으로써 화랑 정신의 발원지가 되었다.

원광에 이어 제2차 중창을 한 스님이 바로 보양법사다. 왕건의 도움으로 사세를 키웠다. 다음으로 1105년 원응국사 학일圓鷹國師學—이 제3차 중창했다. 왕사였던 원응국사는 1129년인조 7부터 이 절에 머물렀고 이때 운문사의 전성기를 이루었다.

『삼국유사』의 저자 일연선사도 1277년 충렬왕에 의해 운문사의 주지로 추대되어 1281년까지 머물며 『삼국유사』 집필에 착수했다.

해방 이후 불교 정화 운동을 거쳐 1955년 금룡金龍 스님이 초대 비구니 주지로 부임하면서 운문사는 비구니 사찰로 자리 잡았다. 1958년 비구니 전문강원이 개설된 후 수많은 졸업생을 배출하며 승가대학이 되었고, 최초로 승가대학원까지 개설해 비구니 양성 요람으로 떠올랐다. 운문사 스님들은 '하루 일하지 않으면 하루 먹지 않는다'는 백장청규百丈淸規를 실천한다.

서쪽 산이 호거산虎踞山으로 '호거산 운문사'라 부른다. 호거산은 '호랑이가 웅크리고 앉은 산'이란 뜻이다.

여승들의 합창
청아한 새벽 예불 소리

주차장에서 담장길을 따라 걷다 보면 범종루를 겸한 2층 누각으로 진입하는 구조다. 들어서면 정면에 '운문사 처진 소나무'를 만난다. 수령이 500년 된 이 나무는 어느 선사가 시든 나뭇가지를 꽂아둔 것이 뿌리를 내렸다고 전하는데 수직으로 솟지 않고 우산처럼 특이한 모습으로 자란다. 매년 음력 삼월삼짇날 막걸리 12말을 물로 희석해 영양제로 준다. 술 마시는 소나무다.

만세루와 대웅보전이 넓은 마당을 사이에 두고 우람하게 서 있다. 거대한 대웅보전 지붕의 치미가 눈길 끈다. 궁전 건축에서 볼 수 있는 양식이다. 대웅보전은 1994년에 지은 건물이다. 칠흑같은 새벽, 이 대웅보전에서는 여승들이 모여 합창하듯 청아한 새벽 예불 소리로 온 세상의 영혼을 깨운다. 이 '운문사 새벽 예불'은 이제 세계인의 문화유산 격으로 명성이 높다. 대웅보전 뒤 정원도 예술이다.

7칸의 웅장한 만세루는 사면에 벽이 없이 오픈돼 있다. 워낙 낡아 2020년 해체 수리에 들어갔다.

만세루 옆 비로전 정원은 과연 여승 사찰답다는 느낌이 들 정도로 잘 꾸며져 있다. 마치 천상에서 내려온 정원 같다. 비로전은 1105년 원응국사가 건립한 후 1653년 중창한 것으로 전해진다. 내부의 비로자나삼신불회도는 안정감 있는 화면 구성 등으로 18세기 불화의 격조를 잘 보여주는 작품이란 평가다. 비로전 후불벽 뒷면에는 관음보살과 달마대사가 나란히 그려져 있다. 보기 드문 그림이다. 서로 다른 그림을 함께 표현한 것은 결국 하나로 연결된 공간임을 시사한 것으로 해석된다. 1653년에서 1718년 사이에 그려진 것으로 추정한다.

비로전 앞에는 통일 신라 시대 작품인 동·서 삼층석탑이 있다. 기단의 각 면에 탱주와 우주가 새겨져 있고 여덟 면에는 팔부신중이 1구씩 조각되어 있다.

비로전 옆 오백전五百殿은 1년에 한 번 '오백나한 백일 기도법회'로 유명하다. 백일 되는 날엔 누구나 참가할 수 있다.

흥미로운 건물은 만세루 뒤의 한 칸짜리 작은 작압전鵲鴨殿이다. 까치와 탑으로 창건 설화를 간직한 건물이다. '작압'은 운문사 전신 '작갑사'에서 유래한 명칭임을 알 수 있다. 안에는 운문사 석조여래좌상이 항마촉지인 수인을 하고 있는데, 이 석조여래에서 865년에 제작된 것으로 보이는 납석제 사리호와 통일 신라 시대의 사리병·옥구슬 등이 나와 놀라움을 줬다. 이곳엔 또 석조사천왕상이 있어 불교 조각 예술의 다양한 미를 향유할 수 있다. 석굴암 사천왕상의 조각 기법을 착실하

1. 작압전 2. 작압전 내부

게 계승한 유일한 상이란 평가도 있다. 사천왕문이 아닌 창건 설화를 간직한 전각에 모셔진 것도 시사하는 바가 있다.

승가대학이 있는 남쪽 영역으로 들어가는 입구엔 원응국사 비각이 있다. 귀부와 이수는 없고 비는 세 조각으로 깨진 채 붙여져 있다.

승가대학

　승가대학 영역은 스님들이 공부하고 수행하는 곳이어서 지정된 날 외에는 출입할 수 없다. 그곳의 금당은 운문사 요사채 중 가장 오래된 건물이다. 현재 건물은 원응국사가 괴목으로 건축한 것을 꾸준히 유지 보수하여 사용하고 있으며, 운문승가대학 강의실이자 요사다. 지금도 아궁이에 불을 때는 구들장을 사용하고 있다. 동절기에는 굴뚝에서 흰 연기가 피어오르는 서정적 풍경을 볼 수 있는 사찰이다. 굴뚝도 사각형으로 높이 쌓아 올린 모습이 이채롭다.

　금당 앞의 석등은 통일 신라 시대 전통을 잘 표현하고 있다. 방형 지대석 위에 상대·중대·하대석을 갖춘 기단부와 화사석, 옥개석으로 이루어져 있고 상륜부에 보주가 놓여 있다. 기단부와 몸체의 비례·균형이 조화를 이루는 작품이다.

　이 남쪽 영역엔 교육 시설인 강당과 도서관 삼장원 등이 밀집된 '승가僧伽 캠퍼스'다. 원광법사 때부터 교육의 명소가 된 운문사의 교육은 현대에 와서도 회주 명성明星 스님이 활짝 꽃피웠다. 명성 스님은 홍륜·일진 스님에게 전강함으로써 비구니 강사 스님이 비구니 스님에게 전강하는 사례를 처음 만들었다. 이후 진광眞光 스님 등에게도 전강, 총 16분의 전강 제자를 양성했다.

금당과 석등

승가대학은 수업 연한이 4년이다. 사미니과 1학년는 인도불교사·불교학개론·염불 등을, 사집과 2학년는 선요·절요·중국불교사 등을, 사교과 3학년는 능엄경·금강경·한국불교사 등을, 대교과 4학년는 화엄경·화엄학개론 등을 배우며. 교양과목으로 영어·맹자·염불·꽃꽂이·피아노·서예·사군자·컴퓨터·요가 등을 배운다.

운문사에는 동호銅壺라고 하는 청동으로 만들어진 항아리 모양의 불교 용기가 귀한 유물이다. '감로준甘露樽'이라고도 불려 감로수를 담던 의식용 항아리로 보인다. 국내에서 달리 발견된 적이 없는 고려 시대 불교 유물의 용기이다.

* **운문사에서 꼭 봐야 할 것들**
  처진 소나무, 만세루, 대웅보전 치미, 대웅보전 불상, 대웅보전 뒤 정원, 비로전, 비로전 정원, 비로전 해태, 비로전 관음보살·달마대사 벽화, 삼층석탑, 오백전, 작압전, 작압전 내부 석불상, 원응국사 비각, 금당과 석등(통제구역), 승가대학 사각형 굴뚝(통제구역)

대웅전과 다층석탑

2편

김천 불령산 청암사

폐위 인현왕후의 간절한 기도처

궁궐 상궁들이
몰려오다

859년 도선국사가 창건하고, 당시 구산선문 중 동리산문 개조 혜철 조사慧哲祖師가 머물렀다고 전하는 김천 청암사는 속세 여성들의 사연과 인연이 끊이지 않은 유별난 사찰이다.

창건 직후부터 고려와 조선 중기까지의 역사는 거의 알려지지 않고 있다가 조선 중기 화재로 소실된 후 중건하는 기록이 속속 등장한다.

그러던 중 숙종의 두 번째 왕비인 인현왕후가 장희빈에 의해 폐비로 퇴출된 뒤 비밀리에 청암사 극락전에서 복위를 위한 기도를 올렸다는 이야기가 전해온다. 이때 인현왕후는 극락전 서쪽 남별당에 머물며 보광전을 세웠다고 하는 비교적 자세한 이야기가 있다. 인현왕후가 궁궐에서 쫓겨나 5년간 서인 생활을 했는데 청암사에서 3년을 보냈다고 한다.

실제로 인현왕후는 1689년 기사환국己巳換局으로 장희빈 집안의 남인南人 정권이 들어서면서 신분 강등과 함께 궁궐에서 추방됐고, 1694년 갑술환국甲戌換局으로 인현왕후 집안의 서인西人이 정권을 잡으면서 궁궐로 복귀했다.

청암사는 조선 말기까지 궁궐에서 상궁들이 내려와 신앙 생활을 했다. 1911년 대웅전과 보광전을 중수할 때 시주록 현판에 26명의 궁전 상궁 이름과 또 다른 시주록에 17명의 상궁 이름이 기록되어 있었다.

불령동천 계곡

 1905년에는 주지 대운당 스님이 빨간 주머니를 얻는 꿈을 꾸고 한양에 올라가니 어느 노보살이 자신의 사후 염불을 부탁하며 대시주를 했다. 쇠락했던 사찰은 극락전을 중건하고 염불만일회를 결성해 활기가 넘쳐났다고 한다.
 여성들의 발길이 끊이지 않은 사찰이었다. 사찰 역사상 제5중창기였던 1987년 비구니 의정 지형강백志炯講伯과 의진 상덕강백相德講伯이 청암사 최초 비구니 승가대학을 설립하면서 대대적인 불사를 이뤄냈다. 이때 전각을 모두 보수해 2005년에 일단락을 봤다. 이젠 비구니 교육도량으로 일신한 모습을 갖췄다. 2007년에는 청암사 율학승가대학원도 개원해 교육 전문 기관으로 발돋움했다.
 청암사는 도선국사가 최고 명당으로 극찬한 수도산修道山 북쪽 기슭의 불령산佛靈山 품에 안겨 있다. '수도'와 '불령'이 이미 수행 정진의 의미를 담고 있으니 이곳이 바로 청정 도량임을 알 수 있겠다. 청암사青巖寺라는 사찰명 유래는 특별히 알려져 있지 않으나, 주변 자연경관으로 지어진 것으로 보인다. 청암사 주변은 불령동천佛靈洞天으로 불릴 만큼 맑은 계곡물과 기암이 아름답고 청정한 곳이다. 그 푸른 물과 푸른 이끼 낀 바위가 곧 청암青巖일 테니.

사찰에 유교식
솟을대문이 있는 이유

청암사는 김천시에 있다지만 첩첩산중에 자리해 웬만한 도회지로 나가려면 동서남북 승용차로 1시간 거리다. 동쪽의 성주 38km 50분, 서쪽의 무주 48km 1시간, 남쪽의 거창 40km 45분, 북쪽의 김천 37km 45분의 딱 중간 산속에 위치해 있다. 네 방향 어느 곳에서 청암사로 와도 현기중 나는 구절양장을 통과해야 한다. 원래 별천지는 그러한 천연 요새 안에 있는 법이니 이를 마다할 이유가 없다. 세상의 이치는 오직 하나, 있는 그대로 받아들이고 가면 된다. 그것이 그곳에 존재하는 이유이니까.

청암사로 들어가는 길목의 암반에 '불령동천'이라 쓴 글씨를 보면 과연 별천지 속으로 들어가는 느낌을 받는다. 그 절정은 일주문을 들어서서 확인하게 된다.

일주문 앞에 주차하고 일주문을 통해 들어가면 잠시 후 목을 축여갈 샘을 만난다. 우비천牛鼻泉이다. 풍수상 소의 코에 해당한다 하여 지은

이름으로 이 물을 마시면 부자가
된다 했다. 그래서 재물을 멀리했
던 스님들은 우비천 앞에서 부채
로 눈을 가리고 지나다녔다 한다.

우비천 주변에는 작은 계곡이
멋진 풍광을 자랑한다. 맑은 물이
흐르는 절벽 바위에는 수많은 풍
류객이 자신의 흔적을 남겼다. 혼
탁한 세상을 등지고 이곳에서 샘

우비천

물로 입을 씻고 냇물로 귀를 씻었을 테고 바위에 걸터앉아 솔바람에 마음도 씻었을 테다.

다리를 건너 계단을 오르면 절은 개울을 중심으로 좌우 두 영역이다. 우측은 대웅전 영역이고, 좌측은 극락전 영역이다.

먼저 대웅전 영역으로 향하면 범종각 앞에서 극락교를 건너게 되는데 사찰에서 보기로는 낯선 건축물이 건너편에 서 있다. 붉은색을 칠한 기둥에 2층은 유리문인 정법루다. 지형 고도차에 따라 뒤쪽에서는 1.5층 높이여서 석축 위의 대웅전을 편한 눈높이로 바라볼 수 있다. 승가대학 건물로 쓰인다.

대웅전 앞으로 올라가면 중정에 갸름한 다층석탑이 있다. 탑은 흔히 3층·5층·7층 등 홀수 층인데 이 탑은 4층이라서 몇 개 층이 유실된 것으로 보인다. 확실치 않으므로 다층탑이다. 전하기로는 도선국사가 제작했다고도 하나, 1912년 성주의 논바닥에 있던 것을 옮겨왔다고도 한다. 옥개석에 비해 탑신은 매우 가늘고 길다. 1층 탑신에는 아치형 얕은 감실에 사방불을 새겼다.

극락전과 솟을대문

　대웅전은 2단의 석축 위에 세워졌으며 화단도 조성돼 있어 중정과 함께 아늑한 느낌을 준다. 비구니 사찰의 정원풍이 묻어난다. 대웅전은 1911년 화재로 모두 소실되어 1912년 신축했다. 이때 주지 스님은 무슨 일인지 중국 영은사靈隱寺에 주문해 목조석가여래좌상을 조성해왔다. 우리나라 불상과는 다소 차이가 난다. 입술과 법의 안쪽 깃의 붉은색이 특징이다. 이마엔 점이 있다. 연화대좌에 결가부좌해 선정인禪定印의 수인을 취하고 있다. 이 자세는 석가모니가 보리수 아래 금강좌에서 선정禪定(번뇌가 사라지고 몸과 마음이 평온한 상태)에 들었을 때 취한 손의 모습으

보광전

로, 잡념을 버리고 마음을 한데 모아 삼매경에 드는 수인이다.

대웅전 좌우의 건물은 크기만 다를 뿐 둘 다 '乙'자형 건물이다. 큰 건물이 육화료, 작은 건물이 진영각이다. 육화료는 승가대학 용도로 사용된다. 대웅전 영역은 사방에서 건물이 에워싸고 중정이 아담하게 꾸며져 있다.

반면 다리 건너 반대편으로 가면 전원 풍경이 펼쳐진다. 언덕 위로 오르면 저 앞에 느닷없이 솟을대문이 나타난다. 그 앞으로 밭이 펼쳐져 영락없는 시골 사대부 집 풍경이다. 대웅전 중정과는 또 다른 아늑

부도

함이다. 그런데 다가가서 보면 솟을대문 옆으로 돌담이 어른 키만큼 높고 담장 안에는 사대부 한옥과 궁정식 한옥이 혼재된 극락전이다. 극락전은 인현왕후가 기도했던 곳이었는데 지금의 극락전은 1905년 '빨간 주머니 꿈'으로 다시 탄생했다. 솟을대문에 궁궐풍을 가미한 것은 인현왕후를 위한 배려로 전해온다. 극락전은 건물이 매우 특이한데, 앞에서 보면 분명 'ㄱ'자형이지만 'ㄱ'자형에 'ㄷ'자를 결합한 형태다. 담장 끝의 출입문으로 가면 극락전과 이웃해 왼쪽에 백화당이 있는데, 바로 인현왕후가 머물렀다는 남별당 건물을 확장 신축한 것이다. 의젓한 왕비가 궁중에서 라이벌을 만나 폐위되어 쫓겨났으니 그 신세가 얼마나 한탄스러웠을까? 누구도 알 수 없는, 한양에서 머나먼 이곳에, 거기에 구절양장 몇 고개를 넘어와야 했던가? 이곳에서 3년을 눈물로 기도하며 보냈을 비운의 왕비 모습이 뇌리를 스쳐 지나간다. 이 두 건물 사이 저 안쪽 건물은 보광전이다. 이 전각은 인현왕후가 세웠다고 전해온다. 그후 없어졌다가 1905년 다시 지었다. 청동사십이수관세음보살상을 봉안하고 있다. 42개의 손에 들고 있는 다양한 지물들을 유심히 들여다보면 관세음보살의 할 일이 참으로 많겠다는 생각이 든다. 이 불상은 1992년에 조성했다.

작은 주차장 아래쪽 건물 뒤로는 개울가에 부도군이 있다.

300년 전통의 청암사 강원을 발판으로 1987년 비구니 승가대학을 설립해 청암사가 새로운 시대에 사찰의 사명을 이어가고 있다.

* **청암사에서 꼭 봐야 할 것들**
  우비천, 바위 암각, 정법루, 다층석탑, 대웅전, 대웅전 목조석가여래좌상, 중정 풍경, 솟을대문과 극락전, 극락전 앞 전원 풍경, 백화당(남별당), 보광전, 부도군

사찰음식의 메카 불영사 장독대

3편

울진 천축산 불영사

인현왕후 환궁 미리 알다

죽은 사람 살리고
죽을 사람도 살리다

651년 의상대사가 경주에서 해변을 따라 단하동丹霞洞(현재 불영사 자리)에 들어와 해운봉에 올라 북쪽을 바라보고 감탄하기를 "서역 천축산을 바다를 건너 만들어 놓은 듯하며, 또한 산골짜기 물 위에는 다섯 부처님의 영상이 비치니 더욱 기이하구나."라며 감탄했다. 내려와 보니 연못에 독룡이 있어 용에게 사찰 지을 땅 베풀기를 청했으나 따르지 않자, 주술을 부려 몰아내고 절을 지은 후 '천축산 불영사天竺山佛影寺'라 편액했다. 훗날 의상이 천하를 주유하고 다시 돌아오자 한 노인이 "우리 부처님이 돌아오신다佛歸."라며 기뻐했다. 이로써 후세 사람들은 한때 '불귀사'라 부르기도 했다.

불영사에 대한 가장 오래된 기록이 이러했다. 고려말 문신 유백유柳伯濡가 1370년공민왕 19년에 쓴 〈천축산 불영사기〉에 전한다. '천축산'은 인도의 산을 뜻하고, '불영佛影'이라 한 것은 산 위의 불상 같은 바위가 사찰 연못에 비친다는 뜻이다.

의상이 661년 당나라로 유학을 떠났으니, 그 10년 전 불영사를 창건한 것으로 의상의 화엄십찰이 본격 세워지기 전에 이미 탄생한 사찰임을 암시한다.

조선 초 태조 5년1396년에 울진 현령으로 부임한 백극재白克齋는 부임한 지 사흘 만에 왜구가 쳐들어와 울진 읍성까지 완전히 불타고 백성이 막대한 참사를 겪었다. 조정에 알려 흩어진 백성을 모으고 고산성에 읍성을 신축하다 이듬해 갑자기 죽었다. 그날 밤 백 현령 부인의 꿈에 백발노인이 나타나 말하기를 "남편의 시신을 불영사에 옮겨 백일기도를 올리면 다시 살아날 것이다."라고 했다. 부인이 불영사에서 백일기도를 올리니 죽은 남편이 과연 다시 살아났다. 부인은 현몽한 백발노인이 불영사의 도승인 소운대사와 너무나 닮은 데다 불영사 부처님에게 보답하기 위해 법당을 짓고 환생전還生殿이라 이름했다. 환생전은 지금도 있다. 이와 달리, 백극재 현령이 부임하러 가던 길에 죽어 불영사에 옮겨 기도했다는 이야기도 있다.

또 불영사는 궁궐에서 추방된 인현왕후를 살려 환궁시킨 사찰이다. 조선 숙종은 첫 왕비 인경왕후가 죽자 인현왕후를 계비로 맞았다. 그러나 아이를 낳지 못했다. 인현왕후는 당시 서인西人의 집안 동춘당 송준길의 외손녀였다. 당파싸움이 극심하던 시절, 남인 계열의 장옥정이 숙종의 눈에 들고 아들훗날 경종까지 낳았다. 장옥정은 장희빈이 되어 인현왕후를 궁궐에서 추방했고 인현왕후는 사가 감고당에서 고된 나날을 보냈다. 숙종은 장희빈과의 애정이 시들해지면서 인현왕후를 지극정성으로 모시던 최 무수리훗날 숙빈 최씨에게 감동을 받고 후궁으로 삼았다.

왕에게 버림받고 장희빈에게 시달린 인현왕후는 자결을 결심하다 살며시 잠이 들었다. 꿈에 백발노인이 나타나 "부디 옥체를 보전하시고 사흘만 기다리십시오."라고 말했다. 왕후가 함자만이라도 알려달라고 하자 "천축산 불영사의 중이라 하옵니다." 하고 사라졌다. 과연 사흘 후 인현왕후는 환궁했다. 이 이야기를 들은 숙종은 명을 내려 꿈에서 본 얼굴 그림으로 찾게 하니 스님은 중종 때인 1516년 입적한 양성당養性堂 혜능선사惠能禪師로 밝혀졌다. 숙종은 주변 10리 토지를 불영

1. 의상전 2. 양성당 혜능선사 부도

사에 하사했다. 인현왕후가 5년 만에 궁궐로 돌아오고 숙빈 최씨는 아들훗날 영조을 낳았다. 1694년의 일이다. 불영사는 인현왕후 사후 원당을 짓고 극락왕생을 빌었다. 그 건물이 의상전義湘殿으로, 이러한 내용의 상량문이 발견됐다.

  이 기이한 인연의 양성당 혜능선사는 울진군 원남면현 매화면 금매리 영양남씨 가문 태생으로, 어머니가 신선이 품에 드는 꿈을 꾼 뒤 잉태를 했다 하여 속명을 몽선夢仙이라 했는데, 전국을 주유하며 큰 깨우침을 얻었다 한다.

  죽은 사람도 살리고, 죽을 사람도 살린 불영사의 인연은 신비의 영역이다. 조선 후기까지 꾸준히 중건을 거듭하며 이어오던 명맥은 조선 말 이후 쇠퇴했다가 1991년에 이르러서야 본격적으로 옛 명성을 되찾기 시작했다. 회주 심전 일운 스님이 대만 유학 후 불영사에 오면서 또 하나의 인연을 만들었고 사찰은 큰 가람을 이루며 동해안 최대 비구니 참선 도량이 되었다.

불영계곡이라는 때 묻지 않은 자연 생태계 품속의 불영사 주변에는 궁궐 목재로 쓰이는 금강송 군락지가 있다.

연못에 비치는 부처바위

불영사의 지형은 산과 불영계곡, 불영사 가람이 완전히 삼태극을 이루어 역동적인 기운을 느끼게 한다. 주차장에서 흙길을 따라 청정 불영계곡을 건너고 금강송 숲을 걷는 것만으로도 피로가 회복될 것 같다. 숲속 '명상의 길'로 접어들면 '사흘만 기다리소서'라며 인현왕후를 살리고 왕비로 복귀시킨 양성당 혜능선사의 오래된 승탑을 만난다. 검게 변한 석종형 승탑 앞에 서서 전설 같은 이야기를 현실에서 만나니 가히 신비롭다. 스님은 화장했을 때 사리가 나왔다고 한다. 스님 덕분에 불영사는 거대한 토지를 하사받았다.

사찰 안으로 들어서면 한가로운 시골 밭을 만난다. 절에서 스님들이 직접 채마를 가꾸는 꽤 큰 밭이다. 평화로운 광경이다.

밭을 지나면 사찰 이름을 낳은 큰 연못이 있다. 왼쪽 산 위에 솟아오른 바위가 이 연못에 비치는데 그것이 바로 부처님의 그림자 '불영佛影'이고, 불영사의 이름이 됐다. 실제로 부처바위가 연못에 비치는데 수초가 없는 수면 위로 불영을 볼 수 있다.

연못과 불영을 본 후 대웅보전으로 향하면 삼층석탑과 함께 고즈넉

산 위 부처바위와
물속에 비친 불영

대웅보전과 황화실

한 풍경이 맞이한다. 대웅보전은 조선 후기 지어진 건물을 1994년 복원했고 귀중한 문화재로 인정받았다. 석가여래와 문수·보현보살을 봉안했는데 경내 600년 된 은행나무가 부러진 것으로 조성했다고 한다. 1735년에 조성한 후불탱화도 눈길을 끈다. 대웅전 기단 아래는 돌거북이 두 마리가 대웅보전 건물을 짊어지고 있다. 머리와 어깨만 드러냈다. 거북이는 화기를 누르기 위한 장치다.

　삼층석탑은 통일 신라 또는 고려 초 세운 것으로 추정하는데 오래된 흔적이 역력하다. 옥개석 모퉁이의 뚜렷한 반전이 매력 넘친다. 주변엔 사각형의 돌기둥과 테두리를 엮었고 앞엔 작은 배례석도 놓여 있다.

　옆의 황화실은 죽은 백극재 현령의 부인이 백일기도로 남편이 살아나자 보답으로 지은 건물이다. 환생전이 황화실로 현판이 바뀐 것은 조선 후기 어느 시점으로 보인다. 역사 속 이야기를 현실에서 만날 때

가을에 붉게 익은 석류

여행의 묘미는 배가 된다.

종무소 앞엔 10월이면 빨갛게 익은 석류가 주렁주렁 열리는 데 퍽 인상 깊다. '여성의 과일'로 불리는 석류가 비구니 사찰과도 묘한 어울림을 갖게 한다. 석류나무를 지나 오른쪽 길로 들어가면 자그마한 의상전이 나온다. 2001년 이 건물에서 발견된 상량문에 인현왕후 원당으로 지은 사실이 기록돼 있었다 하니 놀랍다. 건물은 1867년에 지어 인현왕후의 극락왕생을 빈 것이다. 한양에서 머나먼 울진의 사찰에 주석했던, 이미 오래 전 입적한 스님이 쫓겨난 왕후의 꿈에 나타나 해준 이야기가 현실로 나타났으니 이 영험함을 어떻게 표현해야 할까? 간절한 바람은 이렇게 이루어지는 걸까?

옆의 또 하나의 작고 아담한 건물 응진전은 1578년 건축해 변화를 거쳐온 것으로, 원래 영산전으로 사용됐다는 기록이 있다. 조선 전기 건축물이라는 가치를 지니고 있다.

연못가 정자 같은 큰 건물은 법영루로 불전사물佛殿四物(범종·법고·목어·운판)이 있다. 연못 반대편에 있는 <극락전> 현판은 해사 김성근의 명필로 주목받는다. 이 극락전 뒤, 산 위에 부처바위가 있다.

불영사의 귀중한 문화재 중에 불연佛輦(불교 의식용 가마)이 있다. 조선시대 유물로 가장 완벽하고 가장 오래된 연이다. 4개의 가마채 끝부분에 여의주를 물고 있는 용머리가 조각돼 있다.

불영사 사찰음식 [사진=불영사 제공]

불영사는 건강한 삶에 대한 화두와 함께 사찰음식으로 새로운 사찰문화를 창조해왔다. 일운 스님은 울진의 산과 바다에서 나는 청정 식재료를 이용해 국내 사찰음식 문화를 크게 발전시킨 주인공이다.

* **불영사에서 꼭 봐야 할 것들**
  불영계곡, 양성 혜능 승탑, 전원풍 밭, 연못, 산 위 부처바위, 연못에 비친 불영, 장독대, 대웅전, 돌거북이, 삼층석탑, 황화실, 석류나무, 의상전, 응진전, 극락전, <극락전> 현판 글씨

대웅전과 삼층석탑

4편

울산 가지산 석남사

비구니 승가의 상징

어수선한 왕권,
호국 기도 위해 창건

신라 제37대 선덕왕宣德王(재위 780~785년)이 즉위하면서 왕실은 그동안의 무열왕 후손에서 내물왕 후손으로 왕권이 바뀌는 큰 변화를 겪었다. 제36대 혜공왕惠恭王을 끝으로 무열왕 후손은 왕위에서 밀려났고 선덕왕부터 내물왕계가 원성왕·소성왕·애장왕을 거쳐 제41대 헌덕왕憲德王(재위 809~826년)에 이르자 마침내 무열왕계가 폭발했다.

약 40년간 정권을 빼앗긴 822년, 무열왕의 후손 김헌창金憲昌이 난김헌창의 난을 일으켰다. 웅천주지금의 충남 공주 도독 김헌창은 과거 백제 땅을 주무대로 새로운 정부를 세운 후 국호를 '장안長安', 연호를 '경운慶雲'이라 했다. 난을 일으킨 이유는 아버지가 왕위에 오르지 못하고 밀려났기 때문이다. 난은 김헌창이 자결하면서 한 달 만에 종료됐지만 신라 말 극도로 어수선한 사회가 이어졌다.

그 1년 전, 도의선사道義禪師는 당나라에서 선禪을 공부하고 우리나라에 최초로 남종선南宗禪을 도입해 귀국했다. 하지만 화엄 교학 중심의 신라 사회에서 그의 선법이 받아들여지지 않자 그는 양양 진전사로 들어가 일생을 보낸다. 그의 법손 체징이 장흥 보림사에 가지산문을 열고 도의를 개산조로 받들면서 도의는 가지산파 종조가 된 것이다.

도의선사가 진전사로 들어간 정확한 시점을 알 수는 없지만 824년 경주의 남쪽 석남산石南山 기슭에 호국 기도를 위해 석남사碩南寺를 창건

잘 조성된 경내

했다고 한다. 직접 지은 것인지 제자가 지은 것인지는 알 수 없다. 호국 기도를 위해 지었다면 반란과 왕권 약화를 우려한 왕실에서 어떠한 방식이든 지원이 있었을 수도 있다.

훗날 이 산과 절은 '가지산 석남사迦智山石南寺'로 바뀌게 된다. '가지산 迦智山'은 흥덕왕 때 보림사에서 가지산서라는 스님이 와서 석남사를 지었다 하여 불렀다는 설, 까치의 옛말 '가치'를 한자로 옮겼다는 설 등 분분해서 어느 것이라고 특정할 수는 없다. 그 산의 남쪽에 있다 하여 절 이름의 한자도 바뀌게 됐다.

창건 이후 여러 차례 중건해오다 임진왜란 때 소실된 후 다시 중창·쇠락을 거듭했다. 그러던 중 1957년 비구니 인홍仁弘 스님이 주지로 부임하면서 이때부터 비구니 수도처가 되었고, 거대한 중창 불사를 이끌어 오늘날 석남사로 만들었다.

　인홍 스님은 1908년 칠월 칠석날 태어났는데, 어머니 태몽에 장군이 백마를 타고 나타나더니 과연 이 여장부가 태어났다. 스님은 어릴 때 주로 남자아이들과 전쟁놀이를 즐겼고 종종 인생무상에 빠지곤 했다고 한다. 이후 오대산 상원사에서 한암대종사를 만났고 희양산 봉암사에서 성철 스님을 만나 수행 정진을 이어갔다. 1987년에는 대한불교 전국 비구니회 총재로 추대되면서 전 비구니계에 비구니 승가의 상징적 존재가 되었다. 이로써 석남사 또한 비구니 사찰의 상징으로 유명세를 탔다.

산이
여승을 부르다

　석남사가 있는 산 일대를 '영남의 알프스'라 부른다. 천주교가 이 땅에 들어오면서 박해를 피할 때 탄생한 이름이다. 신자들은 깊은 산속에 숨어 옹기를 구웠고 프랑스 신부들은 몰래 그들을 찾아 예배를 올리곤 했다. 가지산 일대에 있는 죽림굴도 천주교 신자들이 숨어지내던 곳이다. 이때 프랑스 신부들은 자기들만의 위치 정보를 전달할 암호가 필요했다. 그래서 고국의 알프스를 떠올리며 가지산을 비롯한 일대의 험준한 산을 '알프스'라 불렀고 오늘날 '영남의 알프스'로 불리고 있다.

　재미있는 것은 풍수에서 말하기를, 가지산과 이웃 운문산은 암산女山이라 하는데, 그래선지 석남사와 운문사는 지금 우리나라 대표 비구니 도량으로 유명하다. 천주교 경신박해1860년 때 동정녀 김아가다 역시

부도군

이 산에 숨어 활동했고 지금도 이곳에 잠들어 있다.

  주차장에서 먼저 하늘과 땅의 경계선을 수려한 곡선으로 그어놓은 영남의 알프스 봉우리를 보면, 가운데쯤 바위군이 솟은 것을 쌀바위라 부른다. 전설에 따르면 옛날 이 바위에서 쌀이 나왔는데 스님이 올라가 더 많이 가져오려고 바위에 구멍을 낸 후 쌀이 나오지 않았다는 것이다. 주는 만큼 받아야지 탐욕을 부리면 모든 일이 허사가 된다는 가르침이다. 왼쪽으로 가장 높은 봉우리가 가지산 정상해발 1241m이고, 쌀바위에서 오른쪽으로 시선을 돌리면 작은 바위가 보이는데 귀바위라 한다. 사람의 귀 모양 같아서 불렀다 하는데 여기선 확인이 어렵다.

  일주문은 사각형의 석주 난간을 둘러 색다른 풍경이다. 숲길 따라 700m 걷다 보면 소나무에 깊게 상처가 난 것을 볼 수 있다. 일제 강점기 때 일본군이 연료로 사용하려고 소나무 송진을 채취한 상처다. 중간쯤에 부도군이 있고 그 길 끝 계류 앞에서 사찰 경내로 진입하는 침계루를 만난다.

침계루를 들어서면 아담한 중정 한가운데 높이 솟은 탑이 시선을 사로잡는다. 삼층석가사리탑이다. 창건 이후 원래 15층 석탑이 있었지만 임진왜란 때 없어졌다 한다. 15층 탑이라면 얼마나 높았을까? 갑자기 궁금해진다. 현재의 탑은 1973년 스리랑카에서 부처님 진신사리를 모셔와 새로 세우며 봉안한 탑이다. 3층이지만 11m에 이를 만큼 웅장하다.

1. 침계루 앞 계곡 2. 대웅전 소맷돌

대웅전은 1974년 인홍 스님이 해체 복원한 것으로 석가모니불과 문수·보현보살을 모시고 있다. 조선 현종 때 조성한 것으로 추정한다. 대웅전 중앙 계단 소맷돌이 인상적인데, 용이 여의주를 물고 있고 측면에도 다양한 문양이 새겨져 있다.

대웅전을 바라보는 위치에서 왼쪽으로 극락전이 배치돼 있다. 〈극락전〉 현판은 탄허 스님의 친필이다. 극락전 앞마당에도 삼층석탑이 있다. 원래 대웅전 앞에 1957년에 세웠다가 석가사리탑을 세우면서 옮겨왔다. 이중기단과 지붕돌 받침이 4단인 점을 감안, 나말여초 조성한 탑으로 보고 있다.

조사전에는 창건주로 알려진 도의선사 등 스님들의 진영이 모셔져 있어 천년고찰 옛 스님들의 분위기를 느낄 수 있다.

정수원은 30여 명의 운수납자雲水衲子(수행 승려)들이 좌선할 수 있는 공간이다. 비구니도량 석남사는 '겁 없고 두려움 없는 선禪 수행'을 이어가고 있다.

대웅전 우측 뒤편으로 오르면 아늑한 오솔길이 나오는데 그 끝에 도의선사의 것으로 전해오는 부도가 있다. 팔각 원당형에 하대석에는 사자와 구름무늬가 조각돼 있다. 중대석에는 창모양 안상 속에 꽃무늬 띠가 있다. 기

승탑

단석부터 탑신석, 상륜부까지 하나씩 포개 올린 승탑이 무척 아름답다. 'ㄱ'자로 꺾어지는 이 오솔길 또한 잘 단장한 손길을 느낄 수 있다. 비구니 사찰 어디에서나 볼 수 있듯 아기자기하고 아늑한 정원이다.

석남사 경내 소재한 눈길 끄는 별도의 유물도 있다. 대웅전 뒤의 엄나무 구유는 옛날 스님들 공양 때 쌀을 씻어 두거나 밥을 담아두던 용도로 쓰였다. 길이 6.3m, 폭 72cm, 높이 62cm의 크기다. 약 500년 전 간월사에서 옮겨왔다고 한다. 운반도 쉽지 않았을 테다.

1. 구유 2. 수조

　석가사리탑이 있는 중정 한쪽에는 물을 담는 화강암 수조도 있다. 길이 2.7m, 높이 0.9m, 너비 1m, 두께 14cm로 비교적 큰 편이다. 직사각 형태이긴 하지만 모서리 부분을 둥글게 다듬은 정성이 눈에 띈다. 여말선초에 만들어진 것으로 보인다.

석남사는 두 개울이 'Y'자형으로 만나는 쌍계 안쪽에 자리잡고 있다. 침계루 반대쪽 개울 다리를 건너 150여m 오르면 원래 창건 때 동인암 東仁庵이라 불리던 전각이 있었다 하는데, 1995년 낡은 것을 헐고 증축해 30여명이 좌선할 수 있는 선원으로 만들었다. 현판을 〈금당 金堂〉이라 걸었는데, 원래 금당은 불상을 모신 사찰의 중심 법당을 말한다. 내부를 금색으로 장식한데다 금색 불상을 봉안하므로 금당이라 부른다. 지금 선방으로 사용하는 이곳을 금당이라 부르는 것은 수행 중인 사람들을 부처라고 보기 때문이다.

　선방이라 내부에 들어갈 순 없지만 초창기 터였다는 상징성과 금당 앞의 밭 풍경을 눈에 담으며 산책 삼아 다녀오는 것도 좋다.

* **석남사에서 꼭 봐야 할 것들**
　가지산 조망, 일주문, 소나무 상흔, 부도군, 침계루, 석가사리탑, 화강암 수조, 대웅전, 대웅전 소맷돌, 구유, 극락전 앞 삼층석탑, <극락전> 현판, 부도, 금당

통일대탑

5편

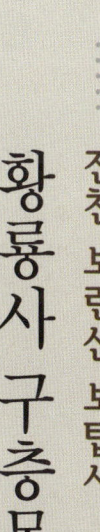

진천 보련산 보탑사

황룡사 구층목탑을 꿈꾸다

통일 염원하는 '통일대탑'

자장율사가 당나라 유학 중 오대산에서 문수보살에게 불법을 이어받고 태화지太和池 옆을 지날 때 신인이 나타나 "그대의 나라에 무슨 어려운 일이라도 있는가?" 하고 물었다.

자장이 "우리나라는 북쪽으로 말갈과 이어져 있고 남쪽으로는 왜국과 접해있습니다. 고구려와 백제 두 나라가 번갈아 국경을 침범해 이웃 나라의 도적들이 맘대로 돌아다닙니다. 이것이 백성들의 걱정입니다."라 하니, "지금 그대 나라는 여자가 왕위에 있어 덕은 있지만 위엄이 없도다. 그래서 이웃 나라가 침략을 꾀하고 있는 것이오. 그대는 빨리 돌아가야만 하오."삼국유사라고 했다.

자장이 "돌아가서 어떤 이로운 일을 해야 합니까?" 하니, "황룡사의 호법용護法龍은 바로 나의 맏아들이오. 범왕梵王의 명을 받아 그 절을 보호하고 있소. 돌아가거든 절 안에 구층탑을 세우시오. 그러면 이웃 나라들이 항복할 것이고 구한九韓이 와서 조공할 것이며 왕업이 오래도록 편안할 것이오. 탑을 세운 후 팔관회를 열고 죄인을 용서해 풀어주면 외적이 해를 끼치지 못할 것이오. 그리고 나를 위해 서울 인근 남쪽 언덕에 절 하나 지어 내 복을 빌어준다면 나 또한 그 은덕에 보답할 것이오."라고 말하고는 사라졌다.

643년 자장이 귀국해 황룡사에 탑 세우는 일을 선덕여왕에게 아뢰

입구

었다. 왕은 신하들과 논의해 백제 장인 아비지阿非知를 초청해 공사에 착수했다.

  아비지가 처음 절 기둥을 세우던 날 꿈에 자기 나라 백제가 멸망하는 꿈을 꾸고 의구심이 생겨 공사를 멈추었는데 노승과 장사가 기둥을 세우고 사라졌다. 아비지는 뉘우치고 그 탑을 완성했다.

  자장은 중국에서 가져온 사리 일부를 탑 기둥 속에 봉안했다. 훗날 고구려 왕이 신라를 공격하려다 황룡사 장육존상과 구층탑, 진평왕의 천사옥대가 있다는 말을 듣고 계획을 포기했다.

  553년 진흥왕 때 황룡사 건설을 시작했고 구층목탑은 645년 선덕여왕 때 완성했다. 구층탑은 698년 벼락을 시작으로 1095년까지 다섯 번의 벼락을 맞았고 그때마다 매번 다시 지었다. 1096년 여섯 번째 다시 지을 때까지 신라 시대 세 번, 고려 시대 세 번 지은 것이다. 이후 1238년 몽골 침략으로 불에 탄 이후 다시는 짓지 못했다. 그리고 높이 80m에 이르는 황룡사 구층목탑의 모습은 지금까지 상상 속에서만 그려왔다.

처음 완성된 645년부터 마지막 지은 1096년까지 451년간 여섯 차례나 지은 황룡사 구층목탑은, 그 후 오늘날에 이르기까지 780년 이상 동안 지을 수 없었던 기술이란 말인가?

1000년의 공백 속 누군가는 또 나선다. 1992년 지광·묘순·능현 세 비구니 스님이 고려 시대 절터로 전해져 오던 곳에 터를 잡고 황룡사 구층목탑의 호국·통일 염원을 이어받았다. 여기에는 '현대판 아비지'가 총출동해 지었다. 대목장 신영훈, 단청 명장 한석성, 도편수 조희환, 시공을 총 지휘한 한옥 전문가 김영일 등 한옥 건축 최고 명사들이 1996년 황룡사 구층목탑을 모델로 목탑사원을 세웠다. 높이는 3층에 42m상륜부 약 10m는 제외, 황룡사 구층목탑 높이의 딱 절반에 불과한데도 으리으리한 규모다. 저 목탑 건물을 세우는데 못 하나 쓰지 않았다. 순수한 전통 한옥 건축 기술로 올렸다.

법주사 팔상전과 쌍봉사 대웅전이 목탑 형식을 계승했지만 규모와 내부 구조 등에서 황룡사 구층목탑을 잘 이어받은 것은 보탑사다. 그러니 몽골 침략 이후 사라진 황룡사 구층목탑을 가장 비슷하게 탄생시킨 목탑이다. 이것이 바로 진천 보련산寶蓮山 보탑사寶塔寺의 탄생이다.

자장율사가 황룡사 구층목탑을 세워야 했던 이유와 목적에서 보았듯이 이웃 나라들이 감히 멸시하지 못하고 항복해 오며, 우리 민족이 통일로 단합해 나가는 것을 이상으로 삼았으니 뜻있는 많은 사람들이 불사에 참여했다.

마침 이 사찰이 자리 잡은 곳이 삼국통일을 이룩한 김유신金庾信의 탄생지다. 김유신은 아버지 김서현金舒玄이 만노군지금의 충북 진천의 태수 시

통일대탑의 측면

절 태어났는데 지금의 진천읍 상계리다. 보탑사가 있는 연곡리 아랫마을이다. 어린 시절 이곳에서 자란 김유신은 15살에 화랑이 되어 마침내 삼국통일의 주역이 되었다.

우리나라의 많은 사찰이 천년고찰로 지금까지 '있어 온 사찰'이라면 보탑사는 이제 '있어야 할 사찰'로 탄생했다. 천년 후 후세들은 이 보탑사를 천년고찰이라 부를 것이다. 과거에도 그랬듯이 사찰도 그 시대의 사명을 띠고 항상 탄생하곤 했다. 보탑사의 목탑 전각의 공식 명칭은 '통일대탑統一大塔'이다. 이름에서 그 성격을 알 수 있다. 통일을 염원하는 사찰의 꿈과, 전통 목조 건축 문화를 통해 문화 민족으로서의 긍지를 후세에 전하고자 건축물에 표현했다.

보련산은 사찰을 에워싼 산이 진귀한 연꽃잎 모양이라 해서 불린 이름이고, 목탑은 그 꽃수술에 해당하는 자리라 한다. 그 보배스러운 자리에 탑을 세웠으니 보탑사다. 지광·묘순·능현 세 스님의 원력으로 출발한 보탑사는 비구니 사찰로 사시사철 특유의 꽃동산을 가꾼다.

사철 화사한
여승 꽃동산

보탑사 목탑은 현대식으로 보면 '멀티플렉스'와 같은 건물이다. 목탑 하나에 수많은 전각과 서로 다른 부처님이 층별로 입주했다. 법주사 팔상전과 쌍봉사 대웅전 목탑은 내부가 통층이지만 보탑사 목탑은 3층으로 구분돼 있고 사람이 3개 층을 오를 수 있게 돼 있다. 좀 더 엄밀히 말하면 층 사이 중간 지대가 있어 5층으로 볼 수 있는 구조다.

산신각

　1층은 대웅전, 2층은 법보전, 3층은 미륵전 영역이다. 대웅전에는 사방불을 모셨다. 네 분 부처님에게 차례로 참배하면 자연스럽게 탑돌이까지 하게 된다. 동쪽엔 약사여래를 모셨는데 짧은 사찰 역사에도 기이한 이야기가 전해온다. 초파일을 전후해 신도들이 수박을 많이 올리는데 동짓날 팥죽을 먹을 때 이 수박도 함께 먹었다는 것이다. 무려 7개월이 지나도 썩지 않았다는, 믿을 수 없는 이야기가 있다. 1층 찰주擦柱(중심 기둥)에는 999개의 탑을 장식했고 이 통일대탑을 합치면 1000개의 탑이 된다.

　법보전에는 팔만대장경 번역본을 안치해 윤장대를 두었으며, 미륵전에는 미륵삼존불을 봉안했다. 2층과 3층 사이의 공간은 외부에서는 보이지 않기 때문에 암층이라 부르는데 각국의 탑과 관련된 자료 전시실로 꾸며져 있다. 1층과 2층 사이 암실은 1층 부처님의 머리 위에 있어 개방하지 않는다. 2층과 3층에는 외부에 난간이 설치돼 있어 밖에

1. 범종각과 법고각 2. 고려 석비

서 한 바퀴 돌 수도 있다.

상륜부에는 비밀이 숨어 있다. 앞으로 당분간 후손들도 볼 수 없는 '타임캡슐'이다. 순금 80냥으로 만든 연꽃 봉안함 속에 16가지 보석류로 만든 염주와 사적기, 법화경 등을 봉안했다. 공개는 불기 3000년이다. 서기 2456년에 해당한다. 누군가는 얼굴도 모를 후세를 위해 오늘의 사명을 다한다.

목탑을 외부에서 보면 층별, 그리고 네 방향마다 현판 명칭이 모두 다르다. 1층은 내부 사면불 방향에 맞춰 약사여래동쪽 쪽엔 약사불전, 아미타여래서쪽 쪽엔 극락보전, 석가여래남쪽 쪽엔 대웅보전, 비로자나불북쪽 쪽엔 적광보전 현판을 달았다. 2층과 3층도 해당 편액을 달아 총 12개가 걸려 있다.

목탑 이외 건물도 저마다 특색을 갖고 있다. 지장전 건물은 장수왕릉을 재현했고, 산신각은 너와 지붕을 한 귀틀집이며, 약수터 지붕은 원형으로, 범종각은 칠각, 영산전은 팔각, 법고각은 구각 지붕이다. 한

꽃동산 가꾸기

옥이 표현할 수 있는 모든 것을 담으려 했다는 것이다.

각각의 전각들 사이에는 꽃동산과 연못이 있어 작은 이상향과 같은 곳이다. 스님들이 특히 꽃을 좋아해 봄이면 보탑사는 온통 꽃동산이 된다. 사계절 철따라 정원이 꾸며지는 보탑 꽃동산이다.

경내엔 고려 시대 석비인 '진천 연곡리 석비'가 있다. 돌거북 귀부와 이수가 완벽하다. 특이한 점은 비면에 글씨가 새겨져 있지 않은 '백비 白碑'라는 것이다. 글자를 새기려다 만 것인지, 의도적으로 글을 새기지 않은 것인지는 알 수 없다. 이 주변에 고려 시대 큰 절이 있었다 하나 절 이름이 남아 있지는 않다. 주변에서 잔존 유물이 나오고 있다. 절 입구엔 수령 350년 된 느티나무가 있다.

* **보탑사에서 꼭 봐야 할 것들**
  느티나무, 통일대탑, 통일대탑 내부 전층, 통일대탑 3층에서 주변 전각 지붕 관람, 와불, 고려 연곡리 석비(백비), 꽃동산

10장

절경이색

"절이 예술이다"

도솔암
향일암
간월암
와우정사
대원사

절벽 위 도솔암

1편

해남 달마산 도솔암

까마득한 절벽 위 수행처

달마대사가
살 만한 산

앙상하고 뾰족한 바위가 촘촘하게 솟아난 곳, 그 속의 한 뼘 되는 자리에 앉은 작은 암자, 주변은 수직 절벽이다. 마추픽추 요새 같은 곳이다. 이 이국적인 풍광, 관심 끌기에 충분하다. 사찰을 바라보는 시선이 그러하다면, 사찰에서 좌우로 보는 경치는 바다에 수놓은 한 폭의 그림 다도해로 가득 찬다. '땅끝 마을'로 잘 알려진 전남 해남 달마산 도솔암兜率庵이다. 달마산達摩山은 『동국여지승람』에 '달마대사의 법신이 늘 상주하는 곳'이라고 소개돼 있을 정도로 불성佛性을 간직한 산이다. 전하는 이야기로는, 1218년 중국 남송 사람들이 근처 바다에서 표류한 후 달마산을 보고는, "이름만 듣고 멀리 공경해 왔는데 가히 달마대사가 살고 계실 만하다."라고 감탄했다 한다.

대둔산이 남쪽으로 길게 한줄기 뻗어 내려가 땅끝을 이루는 그 등줄기 산이 달마산이다. 그 산은 능선을 따라 유난히 많은 암반이 줄지어 치솟아 있다. 그래서 흔히 '공룡 바위'로 불린다. 도솔암은 그 능선의 암반 사이에 자리했으니 기이한 풍광이 아닐 수 없다. 그야말로 도솔천兜率天에 세워진 사찰이다.

원래 이 자리는 의상대사가 사찰을 창건했다고 전한다. 천년 기도사찰로 유명했다지만 임진왜란 때 사라진 후 절이 들어서지 못했다. 그러다 2002년 강원도 월정사의 법조 스님이 한 번도 와보지 않았던 이

천상의 제비집 같은 도솔암

곳에 대해 사흘간 연속 선몽을 꾼 후 무작정 찾아 내려왔다. 그렇게 찾은 이 터에 32일 만에 암자를 짓고 단청까지 끝냈다고 하는 천년 전 전설 같은 이야기를 남겼다. 법조 스님은 지금도 홀로 이곳에 주석하고 계신다. 초창 때처럼 기도도량의 맥을 이어가고 있다.

공룡 바위 너머 다도해

가는 길도 쉽지는 않다. 해남읍에서 35km, 자동차로 50분 거리다. 땅끝마을이 있는 송지면에 이르면 마봉리 마련 마을로 접어드는데 유난히 '말馬'과 관련된 지명이 많다. 옛날 제주도에서 말을 싣고와 관리했던 곳이어서 생겨난 지명이다.

마봉리 앞으로 난 2차로에서 농경지가 끝나고 양쪽으로 산이 나오는 지점의 삼거리에서 좌회전하면, 도솔암 근처까지 차가 지그재그 산길로 오르게 된다. 마지막 민가 도솔봉 약수터를 지나면서 길은 좁아지고 경사도는 높아진다. 8부 능선쯤 오르면 오른쪽으로 가파른 절벽이 아찔하게 느껴질 수도 있다. 이 길을 관광버스가 오른다니 강심장이 아니고선 운전하기 어려울 것이다.

오금이 저렸던 순간은 차에서 내리면서부터 확 풀린다. 바다 가까운 곳 높은 산에 올랐으니 좌우로 펼쳐지는 다도해에 숨통이 시원스레 터지기 때문이다.

도솔암 입구 표지 앞에 차를 세우고 약 800m의 돌부리가 억센 오솔길을 따라가면 바위 속에 숨은 작은 암자 도솔암을 만난다. 한 사람이 들어서면 꽉 차는 좁은 오솔길에서 뾰족하게 박힌 돌을 밟으며 걷는

진도와 다도해

바위 속에 안긴 법당

것 자체가 수행이다. 가면서 좌우로 수많은 뾰족하게 솟은 바위를 만나는데 이를 1만 불상으로 여긴다. 따라서 달마산에서 삼배 기도하면 자연스레 삼만 배 기도한 것과 같다고 한다. 구경하며 천천히 걷다 보면 암자가 보이기도 전에 바람결에 목탁소리가 먼저 들려오기도 한다.

　암자 앞 능선에 이르면 왼쪽에 석문 사이로 보일 듯 말 듯 절집이 신비감을 자아낸다. 다가가면 사람이 열 명 남짓 들어서면 꽉 찰 작은 마당, 그리고 너덧 명 들어길 수 있는 선사이 이 비밀스러운 공간에 있다. 그 마당엔 운치 있는 나무가 거센 바람을 이겨내며 자라고 있다. 나무도 생명체인데 벗이라도 있으면 좋으련만, 산바람을 맞으며 홀로 서 있다. 바다만 아니었지, 육지 속 절해고도 絶海孤島와 같은 이곳의 암자라 해야 불당과 아래쪽 삼성각이 전부이고 스님의 요사채가 있을 뿐

달마산 1만 불상

이다. 절벽 위 바위 사이는 옛날부터 스님이 돌을 채워 담장을 쌓았다고 한다. 담장이 있어 심리적으로도 안정감을 준다.

마당에서 삼성각 쪽을 바라보는 경치는 1만 불상이 바다로 달려가는 듯한 장관이다. 저 멀리 내려다보이는 마을과 농경지, 그 너머 다도해, 서쪽 아련히 보이는 진도珍島, 능선 동쪽에는 완도莞島가 발아래 다가온다. 한자리에서 너무 많은 풍경을 보는 게 고마울 따름이다.

절에서 바깥 경치를 봤으면 이젠 이 절 경치를 절묘하게 감상할 곳으로 향해야 한다. 아래쪽 삼성각으로 가는 길목에서 뒤돌아보면 도솔암의 절경을 감상할 수 있다. 절벽 위 바위 돌담 속에 제비집처럼 둥지 튼 도솔암은 보는 이로 하여금 경외감을 갖게 한다. 이국풍 운치를 자아낸다. 이곳 법조 스님은 처음 보는 사람에겐 '괴팍'하기로 유명하고 두 번째로 보는 사람에겐 다정하기로 유명하다. 자타공인 '괴팍 스님'으로 통한다. 왜 처음 보는 사람에게 괴팍하시냐고 여쭤보면, 농담 삼아 하시는 말씀이 "이렇게 경치 좋은 곳에서 스님마저 너무 좋아버리면 안되재."라고 하신다.

삼성각

스님이 이곳에 왔을 때, 법당 아래쪽 용담굴우물을 기도처로 삼고 지내던 무속인들이 있었는데 모두 '추방'했다고 한다. 그 당시 암자가 비어있듯이 방치돼 있다 보니 무속인들이 기도처로 삼아 모여들었던 것이다. 이 오지의 도솔암도 어느 때부턴가 이동통신사의 광고와 〈각시탈〉·〈추노〉·〈내 여자친구는 구미호〉 등을 통해 서서히 알려지기 시작해 알음알음 찾아오는 사람이 늘었다. 달마산 등산객들 또한 들러간다. 사정이 허락된다면 이 자리에서 일출과 일몰을 다 누릴 수 있다.

달마산 남쪽 능선에 자리한 도솔암은 달마산 서쪽 기슭에 터를 닦은 미황사美黃寺와 함께 이 땅 끝자리에 자리잡은 경치 좋은 사찰이다. 안개가 휘감기는 날, 미륵불이 상주하는 도솔천에 신선도 함께하려나? 어느 날 아침 구름에 휘감길 도솔암의 황홀한 모습이 그려진다.

* **도솔암에서 꼭 봐야 할 것들**
  1만 불상 바위(공룡 바위), 도솔암, 삼성각, 삼성각에서 바라본 도솔암, 다도해

향일암 석문

2편

여수 금오산 향일암

떠오르는 해 품은 암자

용궁으로 향하는 거북이

신라 태종 무열왕의 딸 요석공주와 달콤한 시간을 보내고 설총을 낳은 원효대사는 파계승이 되어 전국을 유람했다.

644년 여수에 도착한 원효는 배를 타고 돌산突山 섬으로 건너 70리길 남쪽 끝 깨개임포(荏浦·돌깨가 많은 포구)에 이르렀다. 절터를 찾았지만 식수가 없자 아쉬운 마음으로 돌아섰다. 그곳은 바닷가 절벽 위였다.

돌아오다 뒤를 돌아보니 금오산에서 바다로 툭 튀어나온 지형이 마치 자라목같이 생겨 좀 전에 산 위에서 본 거북이 등처럼 생긴 바위들이 생각났다. 자라라면 분명히 소변을 보는 생식기가 있을 테니 그곳에 다시 올라 찾아보니 과연 샘을 발견할 수 있었다. 원효가 지금의 관음전 자리에 원통암圓通庵을 지었다는 창건 이야기다. 하지만 당시 백제와 신라가 전쟁이 잦았던 시기임을 감안하면 원효대사가 백제 땅을 유람하며 사찰을 지었다는 것이 선뜻 와닿지는 않는다. 물론 사찰만은 특별한 교류가 있었는지는 알 수 없다.

고려 초 950년 윤필대사潤筆大師가 섬의 모양새를 보고 금오암金鰲菴이라 불렀고, 이때부터 거북 바위에 대한 신앙이 시작되었다. 조선 숙종 때 1715년 돌산 주민들이 논과 밭 52두락을 시주하자 인묵대사는 관음전 아래 대웅전을 짓고 사찰 이름도 '해를 향하는 암자, 대일여래비로자나 부처께 귀의한다'는 뜻으로 '향일암向日庵'이라 고쳤다. 바다 가운데서 일출

거북이 머리 지형

을 정면으로 맞이하는 사찰이다. 그러나 그동안 영구암·책육암으로 불려오다 본격적으로 향일암이라 부른 것은 1970년대부터다.

향일암이 위치한 산의 모습이 마치 거북이가 경전을 등에 지고 용궁으로 들어가는 모습과 같은데 이로 인해 '쇠 금金', '큰 바다거북 오鰲'자를 써서 금오산이라 불렀다 한다. 또 산의 바위가 거북이 등처럼 생겼다 해서 금오산이라 불렀다고도 한다.

이 때문에 전설도 많이 생겨났다. 왼쪽에는 중생이 서원에 감응했다고 하는 감응도가 있고, 앞바다에는 부처가 머물렀다는 세존도, 오른쪽에는 아미타불이 화현했다는 미타도가 있다고 한다. 향일암과 이웃한 남해 보리암, 그리고 바다의 세존도라는 섬을 삼각으로 선 그은 중앙에 용궁이 있다는 재미있는 전설도 생겨났다. 이러한 전설과 함께 암자에 용궁전龍宮殿과 같은 전각이 있어 해수관음신앙의 특징을 부각시키고 있다.

지금의 향일암은 1900년대 들어와 반복된 소실과 중수를 거쳐오다 2009년 겨울 화재로 모두 소실된 후 복원했다.

우리 조상들은 풍수를 매우 중시했는데 향일암에서도 풍수와 관련된 불행했던 이야기가 전해온다. 거북의 혈穴에는 금속을 붙이거나 구멍을 뚫으면 큰 재앙이 닥친다고 했다. 과거 안전을 위해 철주 난간을 박고 철책을 친 이후, 향일암 마을 주민들이 지하수 개발을 위해 굴착기를 동원하자 굴착기가 부러져 주민들이 깜짝 놀라 작업을 중단했다 한다. 또한 그때부터 주지 스님의 건강이 극도로 나빠지며 한쪽 다리가 마비되었는데 사람들은 풍수의 금기를 깨뜨렸기 때문이라 반성하고 철책을 철거했으며 샘을 매립했더니 주지 스님의 건강이 거짓말처럼 호전되었다 한다. 세상에 미스터리는 정말로 많다.

또 풍수로 향일암이 지금처럼 흥한 이야기도 있다. 향일암의 출입문은 원래 북쪽으로 나 있었다. 그런데 풍수상 동쪽에 있어야 절이 흥한다 하여 1970년대 지금처럼 동쪽으로 출입문을 내고 나니 1984년에 돌산대교가 생겼고, 1990년 초 우두리~율림리 도로가 확·포장되어 향일암이 본격적으로 주목을 받으며 흥성했다고 한다. 현실이 됐으니 전설이 아닌 예언이 적중한 격이다.

7개 석문 지나면 소원 성취

마을 상가 골목에서부터 경사도가 만만찮음을 예고한다. 곧이어 왼쪽으로 가파른 수직 계단이 나오면 다소 숨이 막히겠지만 그래도 사찰

또 하나의 석문

까지 짧은 코스이니 큰 어려움은 없다. 계단을 원치 않으면 그냥 직진해서 완만한 길로 걸어가도 된다.

　재밌는 것은 경내에 이르면 마치 검열이라도 하듯 좁은 천연 암반 굴 사이로 통과하는 '의례'를 거치는 데 있다. 한 사람이 겨우 통과할 암반이니 이 검열에 통과한 자만이 사찰에 들어갈 수 있는 셈이다. 좁은 천연 석문을 지나고 계단을 오르면 큰 법당인 원통보전이다. 좁은 경사지에 마당도 갖췄다. 근래에 다시 지은 전각이라 고즈넉함은 없지만 달리 새로운 시대성의 가치를 느껴볼 수도 있다. 문이 열렸을 땐 볼 수 없지만 닫으면 문창살에 온갖 수초와 거북이·물고기 등 수생 동식물은 물론 새·잠자리 등 다양한 생명체가 함께 어울려 문양을 이루고 있다. 원통보전 마당으로 오르는 계단 근처에서 바다를 바라보면 왼쪽

1. 원통보전 2. 책바위(경전바위)

아래에 바다로 튀어나간 지형이 있는데 이것이 거북 머리 지형이다. 그러니 거북등에 올라탄 모습이 된다.

　원통보전 지붕 위로 보이는 거대한 바위는 책바위라고도 불리는 경전바위다. 원효대사가 관세음보살을 친견하고 절을 떠날 때 걸망이 무거워 경전들을 바다로 던졌더니 허공으로 치솟아 경전바위가 되었다는 전설을 갖고 있다. 책처럼 네모로 생긴 바위가 경전바위다. 이 바위는 한 사람이 흔드나 열 사람이 흔드나 똑같이 흔들린다 하는데 한 번 흔들면 경전을 사경한 공덕이 있다는 의미를 부여하고 있다.

　원통보전 오른쪽 길로 접어들면 삼성각이다. 계단에 작은 거북돌이 줄지어 있어 과연 금오산의 거북신앙을 실감나게 한다.

　다시 나와 원통보전 왼쪽 뒤편으로 가면 두 개의 바위굴을 지나 관음전에 이른다. 좁은 경사지에 절을 지을 생각을 한 것 자체가 경이롭다. 관음전 옆에는 해수관세음보살상이 바다를 향해 서 있다. 그 앞에는 후박나무와 동백나무 뿌리가 하나로 붙어 '사랑나무'가 되었다.

　여기서 아래쪽을 내려다보면 네모난 평평한 바위가 있는데 원효대사가 좌선했다고 하는 좌선대다. 좌선하기에는 아주 좋아 보이는 바위다.

다시 내려와 종각 아래로 가면 동백 고목 아래 벤치에 앉아 바다를 감상할 수 있어 잠시 사색을 즐기기에 좋다. 앞에 광활하게 펼쳐진 바다, 머리 위엔

원효대사 좌선대

우산처럼 드리운 동백 고목, 그 사이에서 자연과 공존하는 순간이다.

옆으로는 천수관음전이 있다. 달리 용왕전으로도 불린다. 용왕이 협시불로 모셔져 있다. 향일암은 바다를 접한 관음 기도도량이니 관음전 전각이 많다.

향일암에서 총 7개의 바위 동굴을 다 통과하면 한 가지 소원은 꼭 이뤄진다는 전설이 있다.

발아래 바다가 있지만 향일암에서는 바닷내음이 나지 않는데 이는 전 세계적으로도 드문 일이라고 한다. 높은 절벽 때문에 염분을 함유한 공기가 올라오지 못하기 때문이라는 것이다.

* **향일암에서 꼭 봐야 할 것들**
  석문, 거북이 머리 지형, 원통보전 꽃창살, 경전바위, 거북돌, 관음전 사랑나무, 좌선대, 용왕전

바다 위에 뜬 간월암

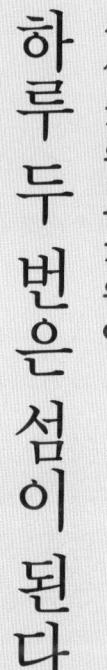

3편

서산 간월도 간월암

하루 두 번은 섬이 된다

달을 보고
깨우침 얻다

당나라 시인 이태백은 술과 달에 취해 많은 시를 읊었다. 말없이 한동안 달을 바라보노라면 어떤 생각에 젖어들까?

여말선초 무학대사는 바다 위에 뜬 작은 섬에 올라 달을 바라보다 홀연히 도를 깨우치고는 그곳에 절을 지어 무학사無學寺라 불렀다 한다. 집 한 채 지으면 남는 공간이 없을 만큼 작은 섬이 무학의 득도처가 된 것이다.

무학대사는 이곳에서 수행할 때 특산물인 어리굴젓을 이성계에게 보냈다고 한다. 어리굴젓은 지금도 서산의 인기 특산품으로, 생굴에 소금과 고춧가루를 버무려 담근 젓갈이다.

무학대사는 이곳을 떠나면서 짚고 다니던 주장자를 뜰에 꽂으며, "이 지팡이에 잎이 피어 나무가 자랄 것인데, 나무가 말라 죽으면 나라가 쇠망할 것이요, 죽었던 나무에 다시 잎이 피면 국운이 흥성할 것이다."라고 예언했다고 한다.

500년이 흘러 1914년 만공滿空(1871~1946년) 스님은 죽었다던 나무가 다시 살아났다는 소문을 듣고 무학사를 찾아왔지만 절은 간 데 없고 이름 모를 묘만 있었다. 그리고 귀목나무가 살아있는 것을 보고 중창을 위한 기도를 올렸다. 그랬더니 후손이 묘를 이장해 갔고 만공 스님은 암자를 지어 손수 간월암이라는 현판을 써서 달았다. 무학대사가 달을 보고 득도했다 해서 '간월암看月庵'이라 한 것이다. 딱 간월암 하나뿐인 섬이니 섬 이름도 간월도다. 충남 서산 앞바다, 육지와 안면도 사이의 깊숙한 만灣에 자리한다. 만공 스님은 비슷한 시기에 수덕사 주변 정혜사와 견성암도 지었다.

간월도는 과거 피안도彼岸島로, 간월암은 피안사彼岸寺로 불린 적이 있다. 흔적도 없이 사라진 절을 만공 스님이 간월도로 다시 일으킨 것이다. 이에 성철 스님 등 불교계 큰 스님들이 수행을 거쳐갔다 하니 바다 위에 뜬 이 작은 암자가 만만치 않다.

만공선사 천일기도
사흘 후 광복

간월도가 세상에 본격적으로 알려진 것은 1942년 8월부터 1945년 8월까지 만공 스님이 조선의 독립을 위해 천일기도를 했는데, 이 천일기도 회향 사흘 후 독립을 맞이하면서라고 한다. 일본의 총독부에게도

썰물 땐 육지가 되는 간월도 간월암

무학대사의 전설, 사철나무

굴하지 않고 대항한 만공 스님의 일화는 유명하다. 그래서 지금도 기도도량으로 그 명맥을 이어가고 있다.

간월도는 하루에 두 번씩 섬이 되었다 뭍이 되었다 하는 재미있는 곳이다. 조수 간만의 차로 생기는 현상이다.

물이 들어오면 육지와 불과 100m 떨어진 섬이지만 작은 섬이 물 위에 두둥실 뜬 모습은 마치 먼 바다의 낙도落島처럼 느껴진다.

아무래도 간조 때 보다는 만조 때 섬 풍경이 더욱 아름답다. 대신 섬으로 들어갈 순 없다. 물길 변화를 잘 맞춰서 들어가고 나와야 하는 곳이다.

하늘에 뜬 보름달, 물속에 잠긴 달을 바라보노라면 누구든 도를 깨우칠 것만 같다.

법당

　언덕 위 주차장에서 끄트머리로 가면 만조 때는 그림 속 풍경 같은 간월도가 물 위에 떠있다. 어찌 보면 요새에 세워진 유럽의 작은 성城 같기도 하다. 바다 쪽 등대 방조제로 가서 보는 풍경은 마치 육지 쪽 튀어나온 땅의 끄트머리가 팔을 뻗어 간월도에 손을 내미는 형상이다. 간월암 여행을 가장 멋지게 하려면 만조가 끝나기 직전에 와서 섬 풍경을 보고 간조로 변할 때 간월암으로 들어갔다 나오는 것이다. 물때는 미리 확인할 수 있다.

　섬에 이르면 장승처럼 조각상을 세운 나무 기둥이 다양한 표정으로 서 있다. 법당 앞 마당에 오르면 깔끔한 정원으로 조성되어 인상 깊게 한다. 250년 된 사철나무와 팽나무가 자라고 흙마당은 시골집 안마당 같다. 이 사철나무가 무학대사가 지팡이를 꽂았다는 귀목나무다. 한

1. 산신각 2. 용왕전

때 죽었다 새로 싹이 나서 250여 년 된 것이다.

  법당의 보살상이 매우 특이한데, 긴 머리를 땋아 양쪽 어깨까지 흘러내렸고, 검은 수염이 살짝 난 모습에 눈길이 저절로 간다. 이러한 모습은 여느 보살상과도 확연히 구별된다. 이 간월암 목조보살좌상은 제작 시기에 대한 기록은 없지만 양식적인 특징상 1600년 전후에 조성된 것으로 추정한다. 임진왜란 이후 기존의 전형적인 보살상과는 달리 비교적 긴 상체, 높고 안정감 있는 무릎, 부드러운 옷 주름의 표현 등의 특징을 보이고 있다. 내부에는 무학대사의 영정이 있다.

법당 앞에는 작은 용왕전이 바다를 등에 업고 있으며, 법당 옆에는 산신각이 있다. 바다에 산신각이 있다니 오히려 신비롭다. 이는 또 우리에게 상식을 깨는 무한한 상상력을 제공한다.

낙조의 아름다움은 덤으로 얻는 풍경이다. 이곳 어부들은 가까운 바다로 나가 광어를 많이 잡는다.

* **간월암에서 꼭 봐야 할 것들**
  만조 풍경, 간조 풍경, 목장승, 사철나무, 팽나무, 목조보살좌상, 무학대사 영정, 산신각, 용왕전

불두

4편

용인 연화산 와우정사

동남아풍 불탑·불상

경내는
동남아 불교문화 박물관

　이 땅에서 불교 역사가 시작되어 오랜 세월을 이어오면서 수많은 사찰이 탄생하고 소멸돼 갔다. 외침이 잦은 지리적 환경으로 사라진 사찰도 많지만 그래도 천년 넘은 고찰도 수두룩하다.

　그리고 사찰은 또 탄생하고 있다. 사찰은 시대에 따라, 창건주에 따라 그 시대성을 품은 다양한 목표를 갖고 탄생하곤 했다. 신라와 고려 시대에는 삼국통일과 호국을 이념으로 탄생한 사찰이 많았다. 현대에 와서 창건된 용인 연화산 와우정사는 남북한 평화 통일을 그 염원으로 삼았다. 7000만 민족이 평화적으로 하나가 되기를 바라는 것이다. 나아가 세계 평화를 기원한다.

　일제 강점기가 끝나고 불교계가 어수선했던 시절 실향민 해곡海谷 조실 스님이 1970년 '누워 계신 석가모니'를 모시고 용인에 와우정사臥牛精舍를 창건했다. 따라서 이 산은 자연스레 연꽃이 활짝 핀 연화산蓮花山이 된다. '와우'란, 석가모니의 이름인 고타마 싯다르타의 '고타마'가 '소'라는 의미로, 돌아가신 부처님 모습이 소가 누워있는 모습과 같다는데서 유래한 것으로 풀이한다. 해곡 스님은 석가탄신일의 국가 공휴일 지정과 불교방송 설립에 앞장서며 현대 불교의 길을 닦는데 큰 공을 세웠다.

　와우정사는 열반종涅槃宗이라는 다소 생소한 종파의 사찰이자 그 총

열반전

본산이다. 대승불교의 『열반경』을 연구하는 종파다. 열반종은 서기 623년 고구려 보덕성사普德聖師가 창종했다. 잘 알려져 있듯이, 신라 시대에 율종律宗은 자장율사, 법성종法性宗은 원효대사, 화엄종華嚴宗은 의상대사, 법상종法相宗은 진표율사가 창종했다.

와우정사는 통일을 지향한 황룡사의 창건 이념을 이으며 몽골군을 격퇴시킨 용인 땅에 자리를 잡았다. 1232년 몽골군이 용인으로 진격했을 때 김윤후金允侯 스님이 주민들과 처인성處仁城에서 몽골의 원수 살리타撒禮塔를 활로 쏘아 죽이고 물리쳤다. 바로 그 정신을 잇고 나라를 지킨 터전 위에서 남북 평화 통일과 세계 평화라는 새로운 가치를 추구하는 사찰이다. 그러나 그러한 목표를 향해 나아가는 와우정사는 외형상으로는 세계 불교 문화사로 표출하고 있다. 경내에 들어서면 동남아 불교문화 박물관처럼 느껴진다. 각국의 승려들이 부처님의 사리며 돌 하나까지 '보시'해 이룩했기 때문이다. 와우정사가 추구하는 새로운 콘셉트이다. 덕분에 와우정사에서 동남아 각국의 다양한 불교문화를 들여다볼 수 있다.

외국인에 더 알려진 '부처님 동산'

와우정사는 용인 시내 중심 처인구청에서 동남쪽으로 10km 지점 해곡동海谷洞 산기슭에 자리 잡았다. 주차장에서 내리면 멀리서도 가장 먼저 눈에 띄는 랜드마크가 있다. 바로 얼굴 크기가 8m나 되는 거대한 황금색 불두佛頭다. 이 거대한 석가모니불의 얼굴상을 조성한 목적은 자비로운 모습을 친견하고 기도함으로써 행운이 더 가까이 다가올 수 있게 하기 위해서다.

불두 앞에는 석가모니가 태어나 '천상천하 유아독존'을 외치는 모습의 불상이 있다. 태어난 직후 9마리의 용이 관욕한 것을 9개의 분수로 조성했다. 이 석가모니상을 탄생불이라 하는데 네팔의 석가족이 만들어 2020년에 기증했다.

와우정사 불교 박물관 건물 왼쪽에는 스리랑카 대통령이 기증한 석가모니 진신사리탑이 있다. 세계에서 유일하게 보석 비취로 만든 진신사리탑이라고 한다.

산기슭에는 이국풍의 탑들이 줄지어 있는데 '통일의 탑'이라 부른다. 작은 돌 하나하나를 오밀조밀하게 쌓아 올린 탑이다. 그 하나하나의 돌에 소원을 담아 쌓았다. 헤어진 사람을 만나게 하고, 동서 화합하며,

1. 비취 진신사리탑 **2.** 통일의 탑

남북 막힌 곳을 뚫리게 하고, 맺힌 것은 풀리게 하려는 작은 정성 하나로 크게 쌓아 탑을 조성했다는 것이다. 불교성지 네팔 룸비니 동산에서 가져온 돌은, 아기 불자가 얹은 돌과 나란히 했고, 인도 부다가야 마하보디 사원에서 가져온 돌은 무명의 나이 든 불자가 얹은 돌과 맞잡았다. 또 쿠시나가르의 부처님 열반 성지에서 가져온 성석은 전국의 불자들이 가족수 대로 가져와 쌓은 돌들과 함께했고 대한민국 국회 정각회 회원 불교성지 순례단이 부처님 성지에서 가져온 성보는 민족의 영산 백두와 한라에서 가져온 돌과 나란히 쌓아 올렸다.

대웅보전에는 장육존상 5존불을 모셨다. 왼쪽부터 대세지보살·아미타불·비로자나불·석가모니불·관세음보살이 봉안돼 있다. 인도에서 가져온 동 8만 5000근으로 10여 년에 걸쳐 완성했다 한다.

대웅보전 오른쪽 떨어진 곳의 황금빛 종은 '통일의 종'이다. 88서울

1. 태국서 온 황금부처 2. 석가모니 고행상

올림픽 개회식에서 타종식을 했던 바로 그 종으로, 세계 최대 황금종이다. 신라 황룡사 종과 같은 크기로, 지금까지 세계 어디에서도 보기 힘든 성보다.

대웅보전 왼쪽 뜰엔 거대한 청동 미륵반가사유상이 있다. 미륵은 새로운 희망의 시대를 열 부처다.

다시 위쪽으로 오르는 계단 옆에서는 네팔의 사찰을 만난다. 사각형의 트인 전각에 황금색과 흰색으로 칠해진 네팔 사찰엔 네팔 부처님을 모시고 있다. 이 부처님은 석가모니가 네팔 땅에서 태어났음을 알리기 위해 네팔의 전 국민이 성금을 모아 대한민국 와우정사에 기증했다.

근처 대각전의 석가모니 부처 고행상은 고행 후 해탈한 석가모니의 메마른 신체를 형상화한 것으로, 세계 최초 미얀마 백옥으로 조성했다. 29세의 왕자 고타마 싯다르타가 출가해 6년 고행 후 보리수 아래서 깨달은 35세 석가모니의 모습이다. 각국에서 온 고승들로부터 가장 성스럽게 조성되었다고 인정받았다 한다.

계단을 오르면 좌우로 이국풍의 서로 닮은 전탑 2기가 있다. 세계 각국 불교도가 기와를 시주해 만든 세계평화탑과 우리나라 불교도가 동참해 만든 남북평화기원탑이다. 탑 중앙에 작은 불상을 봉안한 감실이 눈길을 끈다.

바로 옆 산기슭의 열반전에는 '누워 계신 석가모니'가 있다. 인도네시아에서 가져온 통 향나무로 조성한 12m의 이 와불은 세계 최대 목불상으로 영국 기네스북에 올랐다 한다.

반대편 작은 전각 안의 황금부처는 태국 왕실의 인간문화재가 조성하고 태국 국왕이 세계 평화와 남북통일을 기원하기 위해 기증한 불상이다. 매우 동안인 부처의 모습과 달리 배가 불룩하게 표현된 것이 익살스럽다.

길 따라 산으로 오르면 무수한 돌탑과 장대한 오백나한상을 만나고 조금 더 오르면 아미타불을 만난다.

입구 쪽 세계만불전에는 한국 불상을 비롯해 중국·인도·미얀마·스리랑카 등에서 들여온 3000여 점의 불상이 있다. 특이하게 쌀로 만든 불상, 크리스탈 불상 등 아시아 불교의 진수를 맛볼 수 있다.

* **와우정사에서 꼭 봐야 할 것들**
  탄생불, 불두, 비취 진신사리탑, 통일의 탑, 대웅보전 장육존, 통일의 종, 청동미륵반가사유상, 네팔 사찰, 전탑 2기, 석가모니 부처 고행상, 누워 계신 석가모니, 황금부처, 돌탑, 오백나한, 아미타불, 세계만불전

수미광명탑

5편

보성 천봉산 대원사

티베트 사원을 옮겨왔나

석가모니 후예
석가족이 만든 불상

대원사는 백제 무령왕 시절인 503년, 신라에 불교를 전파하던 고구려 승려 아도阿道가 창건했다고 전한다.

1260년 고려 원종 때 송광사 제5대 국사였던 자진 원오慈眞圓悟(1215~1286년)가 중흥시켜 대가람을 이뤘다. 이때 산 이름 중봉산中鳳山을 천봉산天鳳山으로, 죽원사竹原寺를 대원사大原寺로 바꾸었다. 1757년 대화재로 거의 소실된 것을 4년간 극락전 등 16동의 전각을 복원했다. 하지만 여순사건과 한국 전쟁을 거치며 다시 화염 속으로 사라졌는데 이때 극락전만 살아남았다. 때문에 극락전은 현재 대원사에서 매우 가치있는 유물 대접을 받고 있다.

지금의 대원사는 1990년 현장玄藏 스님이 복원 불사 추진위원회를 결성하면서 재탄생했다. 이후 선원·자인당·일주문·요사 등을 지었고, 1993년에는 태아 영가천도를 위해 태안胎安 지장보살과 6지장보살 및 108동자상을 봉안했다. 이때 수자水子 지장보살을 세우는 등 수자령水子靈(낙태나 유산으로 죽은 아기의 영혼)을 위로하는 지장 기도도량으로 변했다. 여기저기 아기 부처상이 많이 있고 경내 한쪽에 유치원 정원처럼 조성한 것은 다른 사찰에서 볼 수 없는 광경이다. 태아령 천도와 백일기도는 여름과 겨울 안거 기간을 이용해 1년에 두 번 올린다.

대원사에서 가장 눈길 끄는 것은 하얀 티베트 사원의 탑과 티벳불교

극락전

박물관이다. 입구에서 만나는 이 두 건축물이 대원사의 이미지를 각인시킨다. 마치 티베트 히말라야의 어느 고산지대에 들어온 느낌이다. 히말라야 풍 불교사원으로 들어가서 한국 불교 대원사를 두루 둘러보는 여행이다.

이 흰 탑은 티베트 초르텐mchod-rten인 수미광명탑으로, 백탑白搭이라고도 한다. 대원사에 티베트 불교가 들어온 것은 현장 스님이 인도에서 달라이 라마를 만난 것이 계기가 됐다. 달라이 라마는 티베트 불교의 지도자였던 만큼 현장 스님은 티베트의 정신 문화와 불교 예술을 한국 불교와 영적 교류를 이어가고자 했다.

티베트에서 보내온 사리를 봉안하기 위해 15m 높이로 이 탑을 세웠는데 내부에는 사람의 병을 고쳐주는 약사여래를 모셨다. 더욱 의미 깊은 것은 네팔에 사는 석가족 장인들이 직접 불상을 만들었다고 한다. 석가모니의 후예들이 만든 것이다.

울다 지쳐 잠든
갓난아기 영혼의 엄마

대원사는 15번 국도에서 주암호를 지나 십 리 벚꽃길 종점 깊은 산속에 있다. 티베트 전통 양식의 수미광명탑은 주차장 옆에 있다. 2003년에 완공했다. 흰색은 허공을 상징한다. 내부에 들어가면 석가족이 만든 불상도 볼 수 있다. 이 탑을 시작으로 근처에 있는 박물관까지는 티베트 여행 기분으로 즐길 수 있다. 대원사 티벳불교박물관에는 달라이 라마 기념실을 비롯, 티베트 불교 미술품을 1000여 점 이상 소장하고 있다.

대원사는 사이사이에 이색 불상이 여러 개 있다. '귀자모신鬼子母神'이란 불상도 있다. 아기를 500명 가진 '하리티'라는 야차 귀신이 있었는데 늘 남의 집 아기를 유괴해서 잡아먹자 부처님이 신통을 부려 하리

1. 귀자모신 2. 부모 공덕불

티의 막내 아기 빈가라를 숨겼다. 하리티가 부처님에게 아기를 찾아줄 것을 청하자 부처님은 "너는 500명의 자식을 두고도 마음이 아픈데 하나뿐인 자식을 잃은 부모의 고통을 생각해봤느냐?"라고 하니 크게 깨우쳐 불제자가 된 후 산모의 출산을 돕는 신이 되었다고 한다. 그 불상이 정원에 있다.

1. 달마대사 벽화 2. 관음보살 벽화 [사진=대원사 제공]

또 특이한 김지장전金地藏殿이 있다. 중국 불교에 크게 이름을 남기며 신라 성덕왕의 왕자로 알려진 김교각 스님 전각이다. 법명이 지장地藏이다. 입적 때 화장하지 말고 돌함에 넣어 3년 후 꺼내 육신이 썩지 않았으면 개금하라고 했는데 과연 썩지 않았다고 한다. 중국 불교 4대 명산인 안후이성의 구화산九華山에 797년 지은 육신보전이 그의 법당이라 한다. 중국에서 구화산은 지장보살, 오대산은 문수보살, 아미산은 보현보살, 보타낙가산은 관세음보살의 성산이다.

경내에는 부모에 대한 불효를 참회하고 깊은 은혜에 눈뜨게 해주는 지혜父와 자비母의 부처인 '부모 공덕불父母功德佛'도 있다.

조선 태종 때 남원으로 유배 온 황희 정승이 대원사와 맺은 인연으로 세운 황희 영각도 눈길 끈다. 1419년 대원사를 참배한 인연이 있었다고 한다. 그 후 황희 정승의 넷째 아들 직신공이 보성에 내려와 살면서 황희 정승의 영당을 대원사에 건립하게 되었다.

1. 자진국사 부도 **2.** 영아들의 어머니 태안 지장보살

    현존 가장 오래된 전각인 극락전으로 가면 고전미 넘치는 맞배지붕의 건물이 우뚝 서 있다. 다포식 공포에 맞배지붕이다. 내부의 두 벽화도 볼 만하다.
    위에는 백의를 입고 아래에는 녹색 법의를 입은 관음보살이 있다. 의상대사가 낙산사 홍련암을 창건할 때 관음보살을 친견한 자리에 대나무가 솟아났듯이, 이 관음보살 뒤 절벽에도 대나무 두 그루가 솟아난 게 인상적이다. 대나무 아래엔 선재동자가 파랑새를 들고 관음보살에게 바치는 모습이다. 버드나무 가지가 꽂힌 정병은 옆에 놓여 있다.
    또 하나의 벽화는 선종의 개조인 달마대사다. 달마대사의 부라린 눈빛이 인상적이다. 수행을 방해하는 졸음을 쫓기 위한 눈빛이다. 1767년 조성한 것으로 추정된다. 하나의 전각에 관음보살과 달마대사를 함께 조성한 것은 청도 운문사와 함께 특이한 사례에 속한다.

극락전 왼쪽 옆에는 중창자 자진국사 부도가 있다. 매우 갸름하게 조성한 흔치 않은 양식이다. 탑신 앞면에는 '자진원오국사정조지탑慈眞圓悟國師淨照之塔'이라는 명문이 새겨져 있고, 뒷면에는 범자梵字 3개가 양각돼 있다. 뒤쪽엔 창건주로 전해진 아도화상 영각이 있다.

극락전 오른쪽에는 태안 지장보살이 있다. 오른손엔 석장을 짚고 왼손엔 동자를 안은 모습 속에는 슬픈 이야기가 있다. 어려서 죽은 갓난아기가 이승과 저승 사이 삼도의 강三途川을 건너기 위해 어머니·아버지 이름을 부르며 고사리손으로 탑을 쌓는데 하나씩 완성될 만하면 저승의 도깨비가 나타나 호통치며 탑을 부숴버린다. 어린 영혼들이 모래밭에 쓰러져 울다 지쳐 잠이 들 즈음 지장보살이 나타나 감싸 안으며 어머니가 되어 삼도의 강을 건네준다는 이야기다. 대원사는 어린 영혼들을 위해 1년에 두 번 여기서 백일기도를 올린다.

* 대원사에서 꼭 봐야 할 것들
수미광명탑, 티벳박물관, 부모 공덕불, 귀자모신, 김지장전, 황희 영각, 극락전, 극락전 내부 벽화, 자진국사탑, 아도 영각, 태안 지장보살

참고 문헌

<1차 참고 저본>

『삼국사기』, 김부식 저, 박장렬 외 5인 옮김, 한국인문고전연구소, 2012

『삼국유사』, 일연 저, 신태영 옮김, 한국인문고전연구소, 2012

<2차 참고 문헌>

『고운 최치원 학술회의 : 최치원 선생의 문학과 사상』, 함양문화원, 2006

곽철환, 『불교의 모든 것』, 행성:B잎새, 2014

김구, 『백범일지』, 도진순 역, 돌베개, 2005

김태형, 『다시 읽는 부석사』, 상상창작소 봄, 2018

남동신 책임편집, 『조선시대 칠장사의 역사와 문화』, 칠장사, 2011

남민, 『논어 여행』, 테마있는명소, 2020

남민, 『방구석 인문학 여행』, 믹스커피, 2020

남민, 『조선의 유토피아 십승지를 걷다』, 믹스커피, 2019

노자, 『도덕경』, 노태준 역해, 홍신문화사, 2015

노승대, 『사찰에는 도깨비도 살고 삼신할미도 산다』, 불광출판사, 2019

박성연, <보림사 철조비로자나불좌상 연구>, 이화여자대학교, 2013

세종대왕기념사업회, 『한국고전용어사전』, 사단법인 세종대왕기념사업회, 2001

손상국, 『최치원을 추억하다』, 신아출판사, 2016

신대현, 『신낙산사』, 낙산사, 2011

신대현, 『전등사』, 대한불교진흥원, 2009

신대현, 『화엄사』, 대한불교진흥원, 2009

왕필, 『왕필의 노자주』, 임채우 옮김, 한길사, 2009

운문사지 간행위원회, 『운문사지』, 성보문화재연구원, 2018

운산 스님 외 5인, 『운문사의 역사와 문화』, 운문사, 2017

윤기엽·심효섭, 『호거산 운문사』, 대한불교진흥원, 2014

이경수, 『역사의 섬 강화도』, 도서출판 신서원, 2002

이도흠, 『오대산 월정사 이야기』, 오대산 월정사, 2013

이상각, 『고려사 : 열정과 지존의 오백년』, 들녘, 2012